# 高胜率价值投资

## 两低一高股票实战

思索的瓶起子______著

High-Probability
Value Investing



化学工业出版社
·北京·

**图书在版编目（CIP）数据**

高胜率价值投资 ： 两低一高股票实战 / 思索的瓶起子著. -- 北京 ： 化学工业出版社， 2026. 3. -- ISBN 978-7-122-49891-5

Ⅰ. F830.91

中国国家版本馆CIP数据核字第2026HC7923号

责任编辑：葛亚丽　　　　装帧设计：王　婧
责任校对：刘　一　　　　内文插画：杜　鹃

出版发行：化学工业出版社
（北京市东城区青年湖南街13号　邮政编码100011）
印　　装：三河市双峰印刷装订有限公司
710mm×1000mm　1/16　印张16½　字数219千字
2026年2月北京第1版第1次印刷

购书咨询：010-64518888　　　　售后服务：010-64518899
网　　址：http://www.cip.com.cn
凡购买本书，如有缺损质量问题，本社销售中心负责调换。

定　　价：68.00元　　　　

# 前　言

作为一名投资博主，我在 2025 年初在自己的公众号写下了一篇总结个人投资方法的文章《分享一下我的投资方法！》，本意是想总结并记录自己的投资心得，结果文章发出后反响热烈，粉丝不断留言提问，恨不得早些知道这种方法。

在回答问题的过程中，我发现**中国股民急需一套可实操落地的投资方法论。**并且随着问题越来越深入，想要清楚解答其中的内在逻辑，又会连带出更多的知识点。比如部分股民第一次知道了市盈率指标（PE），第一次了解到在股价走势图外，估值指标也存在自己独特的历史走势，且估值与股价存在内在关联。

为了把这套方法讲清楚，本书应运而生。

**很多时候散户股民关注的核心问题是：我作为一个对金融投资一知半解的普通人，也可以玩转股票投资吗？**答案是肯定的，我自己就是最好的例子。

可能此刻打开本书的您并不了解，我本科毕业于哈尔滨工业大学建筑学专业，硕士又来到同济大学建筑学院深造，毕业后也一直在房地产行业工作。**在成为全职投资博主之前，我也曾是一个地地道道的投资小白，因此我能更深刻地体会到，散户股民在投资股票过程中，所遇到的各种困扰。**

在房地产市场依然火爆的 2018 年，我毅然辞去了全球 500 强地产公司的高薪工作，转型全职投资博主，因为我深刻明白一个道理：**财富的密码，不在于你赚了多少薪金，而是如何让钱为你工作。**而在大类资产中，股票资产的长期收益率最高，可有效对抗通胀，维持资产购买力，因此是投资致富的首选，这也是我专心研究股票投资的原因。

2018年，正赶上A股大熊市，全年单边下跌，市场惨不忍睹，比较幸运的是，我没有盲目入市，而且免费学习到了投资之路上最宝贵的一课：**永远要把避免亏损当作投资中最重要的事**！

当时受巴菲特价值投资理念的影响，我坚信以合理价格买入好公司并长期持有可以跑赢市场，因此在2018—2019年，我陆续买入了美的集团、海康威视、三一重工、长江电力、伊利股份等多只股票，并在2020年牛市期间，赚到了不菲的投资收益。

我买入的清单里，并不包括当时大热的白酒、医药、新能源三大板块，因为我并不能理解，这些板块的估值已经明显进入高估甚至疯狂阶段，为什么还能受到市场的热捧，这种疯狂让我害怕！

后来，美的集团、海康威视、三一重工、伊利股份等股票的估值，同样慢慢涨到了历史最高水平，因此在2020年下半年，我开始陆续卖出手中盈利颇丰的股票，不参与最后的投机狂欢。因为家里的老股民妈妈很早就跟我说过："当周围每个人都在讨论股票的时候，就说明股市马上就要见顶了。"这是她在2007年和2015年用真金白银买回的经验。

果不其然，2021年初，白马股抱团牛市结束了，那些曾经的好股票，股价动辄腰斩起步，亏得股民生不如死。我虽然也承受了一定的回撤，但由于仓位较轻，依然保住了绝大部分利润。而后在2022年市场信心惨淡之时，坚定抄底腾讯控股、美的集团，2023年买入招商银行、长江电力，2024年买入阳光电源、中国平安等公司，算是安然渡过了熊市底部阶段，并捡到了一些非常便宜的优质公司股权，且在随后2025年的行情中，再次为我带来了可观的收益。

这几年，我在股市的金融资产，已经翻了5倍还要多，而这一轮牛熊周期给我最大的启示是：**买好的不如买得好**！再好的股票、再好的公司，如果买入价格过高，依然会变成一笔失败的投资。只有在好价格买入，才能有效回避投资风险，赚取丰厚的投资回报，这也是本书投资理念形成的基础。

什么是好价格？每个人心中都有自己的判断标准。许多散户简单地认为，股价跌多了，就会出现好价格；而我认为，只有当公司股价远远低于自身内在价值时，这时的股价才是好价格。

普通投资者如何取得超越市场平均水平的投资收益？如图 1 所示，答案非常简单：**价格总是围绕价值上下波动，我们只需要在价格低于价值时买入，并在价格高于价值时卖出。**

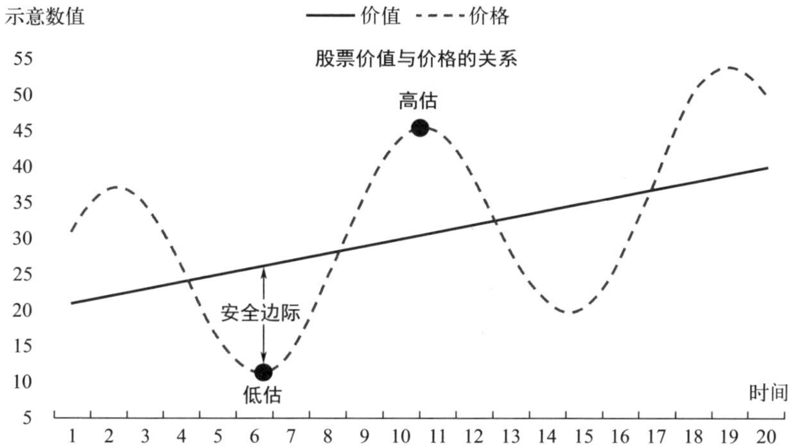


**图 1　股票价值与价格的关系**

如果用市盈率（PE）、市净率（PB）、股息率这些最常用的估值指标来衡量一家公司的价值，那么上述问题的答案就变成了：**“在低市盈率、低市净率、高股息率位置买入，并在高市盈率、高市净率、低股息率位置卖出。”**只要抓住了价格与价值的相对关系，那么获取投资收益自然水到渠成。这也是本书“两低一高”投资方法论的理论基础。

当然，投资不是件简单的事情，这套方法并不能机械地生搬硬套，而是要基于投资理论基础知识，并基于对公司基本面的详尽分析，这样才能有效提高对投资目标的价值认知，从而提高投资成功率。这也是我反复强调的一句话：**赚钱的道理很简单，低买高卖即可，但掌握方法并不容易。**

我并非金融科班出身，完全是从股市中摸爬滚打不断成长的实战派。我每周在公众号分析上市公司，一年下来分析总数超过 100 家，几乎篇篇都是 5000 字以上的深度解析，并且长期跟踪分析公司的估值变化情况，为的就是抓住投资目标的价值变化规律，从而在机会出现时，牢牢抓住。

格雷厄姆曾说："投资艺术有一个特点不为大众所知。门外汉只需些许努力与能力，便可以取得令人尊敬（即使并不可观）的结果。但是如果人们想在这个容易获取的标准上更进一步，就需要更多的实践和智慧。"

如果让我总结，我认为投资是由两个公式组成的：

**好机会 = 好价格 + 好公司**

**好结果 = 好方法 + 好心态**

而本书就是要分享一种投资智慧，帮助我们找到好公司出现好价格的时机，并且提供了一套可应用于实践的投资方法论。希望我这些小小的投资经验，可以帮助那些对投资迷惘的股民朋友建立投资体系，掌握投资方法。

全书共七章：

第 1 章：拨开价格与价值的迷雾。

我们每天看到的价格波动，究竟是市场的真实评价，还是喧嚣的泡沫？本章带你穿透 K 线图的表象，建立对资产"内在价值"的直觉，从此不再被短期波动迷惑双眼。

第 2 章：以价值投资为基石，构建你的投资哲学。

投资不只是技巧，更是一种世界观。

第 3 章：三大估值指标深度解读。

PE、PB、股息率——这些常被提及的指标，你真的会用吗？化繁为简，揭示这些指标背后的逻辑，让你像内行一样，一眼看穿公司的估值。

第 4 章："两低一高"实战解析。

这是本书的核心篇章。通过多个真实案例，手把手教你运用"两低一高"战法在复杂的市场环境中精准定位那些被低估的"宝藏"。

第 5 章：拥抱让投资更聪明的 AI 工具。

在信息爆炸的时代，如何高效研究投资标的？本章会分享一套实用的工具组合，教你绘制“两低一高”分析图，巧妙利用 AI 赋能投资。

第 6 章：发现能够穿越周期的好企业。

好价格很重要，但好公司才是根本。本章剖析好企业的特征，让大家从纷繁的市场中识别出真正值得长期陪伴的卓越标的。

第 7 章：战胜心魔，投资最终是与自己博弈。

市场波动最大的地方，不在屏幕，而在人心。剖析投资心理学，直面恐惧与贪婪，锻造一颗冷静、理性的强大心脏，在市场的狂热和疯狂中，学习如何坚守投资体系。

相信我，只要坚持看完本书，一定会打开你对投资世界的新认知。虽然我们都是普普通通的股民，但只要用对了方法，同样可以玩转股票投资！

特殊说明：我在书中收录了自行绘制的超过 100 张股价与估值走势图，数据均来源于付费数据网站——投资数据网，由于制图数据大多取每周收盘价做成变化曲线，因此无法像 K 线图一样，记录交易时段中的开盘价、最大值与最小值，所以可能会导致我做的图形，与读者股票软件中的 K 线图稍有区别。

另外个股股价分前复权、后复权与不复权价格，指数点位的计算也分为加权平均、等权平均等多种算法，不同行情软件对于估值指标的计算方式各不相同，因此如果书中指标数据与各行情软件显示的稍有差别，也都是正常现象。

思索的瓶起子

2026.2

# 目　录

Value

第 1 章

# 入门即高手：读懂股市这盘棋

Investing

## 1.1　股市到底是什么？

股市到底是什么？让我们从一个故事讲起。

小 A 经营一家早餐店，每天顾客络绎不绝，生意非常红火。因此，小 A 想要扩大经营，开一家新店。在缓解客流压力的同时，也能赚到更多利润。

开新店需要投入初始启动资金 100 万，而小 A 只能拿出 50 万，为了解决资金缺口问题，小 A 想到的办法是发行股份融资。他将新店的股权分为 100 万份，每

份标价 1 元，自己出资 50 万元，占股 50%，余下的 50%，他在资本市场卖给了 50 个投资者，每人出资 1 万元，占股 1%。通过这种方式，小 A 快速筹集到了足够的资金，将新店开张运营。

这就是一家新公司上市融资过程的缩影。由此我们得知，股市是一个**股票发行融资的场所**，在这里，上市企业可以通过出售股权的形式，快速筹集资金，谋求公司发展。

公司上市是为了筹集资金，那么股民购买股票又是为了什么呢？我们接着讲故事。

假设新店开张后，每年可以赚回 20 万元净利润，那么对于每个出资 1 万元的投资者而言，持有 1% 的公司股权，将在每年为其带来 2000 元的投资回报，相当于这笔投资的年化回报率为 20%，这也是投资者**在股市中赚钱的第一种方法：赚取企业经营过程中创造的收益。**

这时，有其他投资者认可公司价值，愿意出价 1.5 万元，购买公司 1% 的股份，交易在股市中进行，由此引出了股市的第二项功能：**它是一个进行股票交易**

**的场所。**

当这笔交易成功后，卖出股份的投资者赚取了 5000 元的买卖差价，这就是**在股市赚钱的第二种方法：赚股价上涨的买卖差价。**

按照金融学课本定义，股市就是“股票发行和交易的场所”。但我认为，**由交易导致财富的创造与蒸发，**才是股市真实且残酷的模样！

还是上文的例子，当这笔出价 1.5 万元购买 1% 股份的交易成功后，就代表公司股权在股市中的每股定价，由 1 元上涨到了 1.5 元，**哪怕其他股东并未参与交易，他们手中的股权价值也同时获得了增长，**公司市值也由 100 万元提升至 150 万元（市值 = 股价 × 总股本 =1.5 元 ×100 万股 =150 万元）。

但与此同时，公司股权背后所代表的价值载体——新开的早餐店，无论其资产价值，还是创造财富的能力，均未发生改变。也就是说，股票市值与其背后的资产价值，并不是时刻画等号的。

假设它 1% 的股权的真实价值就是 1 万元，那么经过市场充分定价后，最终它的市值依然会由 150 万元跌回 100 万元。

股票市场素来有“七亏两平一赚”的说法，这代表大多数股民都在亏钱。而亏钱的主要原因，恰恰就像上文故事讲的那样——用 1.5 元的价格，去购买价值 1 元的股票。

至于购买动机，**主要是由于大多数散户股民并未建立起有效的投资体系，往往盲目相信市场上的嘈杂声音，匆匆做出买入决策。**比如“早餐属于刚需”“早餐产品配方独特，具备核心竞争力”“小 A 将在 3 年内，将新店数量增加至 100 家”“已有大资金进入这只股票，股价即将翻倍”，等等，这些都会诱惑股民高价买入，最终导致投资失败。

作为聪明的股民，**我们可以利用股市不断创造与湮灭财富的价格波动，在价值低估时买入，并在价值高估时卖出。**正确的方法与冷静的头脑，让普通人也可以在股市中游刃有余，做到资产稳定增值，成为最终赢家。这也是本书想要教会大家的投资方法。

股市是由一只只股票组成的，下面我们来看看，股票又是什么。

## 1.2　股票买卖的本质是“交换”

承接上文的例子，我们先思考一个问题：小 A 发行股票筹集资金的前后，相关参与人员的财富发生了怎样的变化？

发行股票前：小 A 拥有现金 50 万元，其他 50 个投资者各持有闲置现金 1 万元，总计 100 万元。

发行股票后：小 A 与其他投资者的现金归零，新成立的公司账面多出了 100 万元现金，同时小 A 与其他投资者共同持有新公司 100 万份股权，每股价值 1 元。

从个人层面来看，全体投资者的资产总额并未改变，只是形式由现金变为了同等价值的股权；但从公司层面来看，公司资产却增加了 100 万元现金，整体算下来，财富总量由最初的 100 万元，直接变成了 200 万元。**（可以理解为股权是虚拟的，被交易这一行为赋予了价值。）**

之后，由于有新的投资者出价 1.5 万元，购买公司 1% 的股权，这笔交易使得公司市值，也就是个人持有的股权价值，由 100 万元上涨至 150 万元，同时公司账面 100 万元的现金资产未发生变化，总财富也因此变成了 150 万元 +100 万元 = 250 万元。

要知道，在这个过程中，财富的根基——这家新开的早餐店，并未发生任何改变，**只因发行股票并上市交易，就使社会财富总量出现了增长**，而增长的总额，就是股票所展现出的**市值**。所以，**市值就是股票在交换过程中凭空多出来的社会财富的表现形式**。

注意，**想要实现价值变化，必须经过交换。**

股票上市是第一次交换，上市前，全部股权属于小 A，但由于没经过交换，这些股权的市值为 0。而上市之后，股权经过市场定价，拥有了 100 万元的市值。再之后，投资者可以在股市中交易股票，随着股价上涨，新公司的市值也不断上升，财富被不断创造出来，而每一次的市值变化，都代表发生了一次新的交换，对公司市值进行了重定价。

为什么老板们都热衷于推动自家公司上市？就是因为一旦上市成功，财富大概率就会增长，公司所有者也成为最大的受益人。

**股票买卖的本质是什么？是现金货币与股权资产的交换，买入时把货币换成股票，卖出时又把股票换回现金。**

当股权的估值较低时，同样数量的现金可以换回更多的股权，这是买入的好时机。比如我们选择在 2023 年 1 月 6 日以 3.59 元的价格买入工商银行，如果你有 10000 元本金，就能换回 2785.5 股公司股票。

当股权的估值较高时，同样的股份可以换回更多的现金，这就是我们卖股票的时机。比如两年后的 2025 年 1 月 6 日，工商银行的收盘价为 6.61 元，这时我们将股票卖出，就能换回 18412.16 元现金。

**所以成功的股票买卖，就是要在交换比率占优时交易**！仅仅过了两年时间，我们通过两次交换，就使得财富增长了 84.12%！

只有交换，才能改变财富总量。低买高卖的过程也是交换的过程，因此**以更**

**好的交换比率来买卖股票，这是我们做股票投资最需要重视的一个底层逻辑。**

本书阐述的“两低一高”投资方法，本质上就是教大家如何寻找现金与股权交换比率最优的操作时机。

## 1.3　如何衡量股票的价值？

马克思曾说：“价格围绕价值上下波动。”（马克思著《资本论》第三卷）

在股市中想要寻找股票价值，不能光盯着 K 线图，要学会运用“估值指标”，才能有效掌握股票价值变化规律。

常见估值指标有市盈率（PE）、市净率（PB）、股息率，等等，下面我来举例讲讲它们分别代表什么。

**市盈率又叫 PE（price-to-earnings ratio），指上市公司每股股价与其每股收益的比率，通常用上市公司股票市值与其对应的归属母公司股东净利润的比率进行计算。**假设有一家公司甲，它的总市值为 2000 万元，每年能赚回 200 万元的净利润，那么甲公司的市盈率 =2000 万元 ÷200 万元 =10 倍，代表投资这家公司，要经过 10 年才能赚回本金，市盈率的倒数 10%，则代表这笔投资的预期年化回报率为 10%。

可以直观地看到，**市盈率越低，意味着投资回收期越短，投资回报率越高，公司估值越低。**

**市净率又叫 PB（price-to-book ratio），指上市公司每股股价与每股净资产的比率。通常用股票市值与对应的归属母公司股东权益的比率进行计算。**假如甲公司的总资产为 1000 万元，总负债为 500 万元，那么公司净资产为 500 万元（总资产 – 总负债），因此 PB=2000 万元 ÷500 万元 =4 倍，代表投资者每花 4 元钱，就能买回公司价值 1 元的净资产。

**市净率越小代表投资者购买股票支付的资产溢价越少，买得越便宜。**市净率低于 1 称为破净，代表公司市值低于账面净资产金额。股市中总存在许多破净股，比如截至 2025 年 6 月 9 日，万科 A 的 PB 指标为 0.4 倍，这代表公司净资产估值不但没有溢价，反而市场只给出了四折的资产定价，也说明当前房地产行业并不被投资者看好。

**股息率是公司过去 12 个月分红总额与总市值的比值。**如果甲公司将 200 万元净利润中的 100 万元，以股息形式分给股东，那么它的股息率 =100 万元 ÷2000 万元 =5%。对于同一家公司而言，由于短期内分红总额是恒定的，股息率指标受市值变化影响更大，因此**股息率越高，代表公司估值越低。**

无论净利润还是净资产，都只是停留于财务报表中的会计数字，哪怕公司有再多的资产，赚再多的钱，散户股民也没有支配权。唯有股息分红，是看得见、摸得着，每年可以拿到手的真实投资回报，因此用它来衡量公司的绝对估值情况，最真实可信。

市盈率、市净率与股息率是本书投资方法的核心，后文专门有一章节会详细展开讲解，这里就不再赘述了。除这三个指标外，常用的估值指标还包括市销率（PS）、市现率（PCF）、市盈率相对盈利增长比率（PEG）等，这里也简单介绍一下。

**市销率（PS）是公司总市值与其总营业收入的比值，**常用于对暂时处于经营亏损状态的企业进行估值。比如盈利之前的美团和拼多多，投资者就更关注其营收指标。

**市现率（PCF），是公司市值与经营活动净现金流量的比值，**它能更准确地展现一些现金流创造能力较强的企业的真实价值。并且由于现金流数据更难造假，市现率估值相对更真实可信。

**PEG 是公司市盈率与预期净利润增长率的比值，**常用于对成长股进行估值。前些年宁德时代的市盈率超过了 100 倍，单看 PE 指标估值过高，但如果对比其超过 100% 的净利润增长速度，PEG 指标并不算高，这也解释了当年市场给予宁德时代较高 PE 估值的原因。

估值是衡量企业价值的标尺，而股价则是企业价值的外在表现形式。**许多新手股民常常将估值与股价混为一谈，**用股价的高低来判断公司价值，这肯定是不对的。下面我带各位看一下估值与股价的区别。

## 1.4　价格≠价值，别再傻傻分不清

有人说，我炒股只看 K 线图，股价低了就买，股价高了就卖，从来不看估值也照样赚钱，炒股好像也不难。

那么我想问一个问题，**股价均为 1500 元 / 股的贵州茅台，在 2020 年 9 月 25 日与 2025 年 1 月 2 日这两个日子，它的价值是一样的吗？**

从市盈率角度来看，2020 年 9 月 25 日，贵州茅台的滚动市盈率为 46.63 倍，也就是说当时每花 1500 元购买 1 股贵州茅台，它当年可以为股东赚回 32.17 元的净利润；而在 2025 年 1 月 2 日，贵州茅台的滚动市盈率为 22.6 倍，每股贵州茅台可以创造 66.37 元的净利润。

如果把这个价值用股息分红来衡量，2020 年 9 月贵州茅台股息率为 1.04%，也就是说每投资 1500 元，大约可收到 15.6 元的现金分红；而 2025 年 1 月贵州茅台股息率为 3.68%，每股却能分到 55.2 元的现金。同样都是花费 1500 元换回 1 股茅台，哪个 1500 元的投入价值更高，显而易见。

我们再来看看市净率。

2020 年 9 月 25 日，贵州茅台不含商誉的市净率为 14.97 倍，也就是说你每投资 1500 元贵州茅台，能换回价值 100.2 元的净资产，这是当时 1 股贵州茅台股票的账面价值；而 2025 年 1 月 2 日，市净率指标变成了 7.86 倍，这时你同样花 1500 元，就能换回 190.84 元的净资产，接近前者的 2 倍。

以上例子很清晰地告诉我们，**股价是无法用来衡量公司价值的**！如果你还在用股价来指导操作，那我建议你赶紧拿着自己的钱离开股市，以免自己变成一棵绿油油的韭菜。

并且，不光价值投资者不看股价，就连趋势投机者们，也是不看股价的，这是不是颠覆了你的认知？

因为趋势投机的盈利模式为：把自己的股票加价卖给下一个人，那就算成功，与股价高低没有关系。只要有人愿意出更高的价格买入，那么趋势投机就有空间，为什么有那么多人采用打板战法、挂涨停价格买入？就是笃定明天会有人出更高的价格接盘，至于当前是什么价格，根本不重要！

投机者炒的是预期，只要市场对公司未来的价值预期是提升的，那么无论现在以多高的股价买入，未来都可以加价卖出，**所以预期才是投机者真正关心的东西。**

咱们再说回价值投资，你们知道巴菲特是怎么买股票的吗？用一句话就能总结：**价值1块钱的东西，巴菲特只愿意出5毛。**

股市之所以神奇，就是因为这地方总有人愿意以打“骨折”的价格，出售自己手中的股份，同时又有另一群人愿意以极高的溢价购买别人手中的股份。

只要你有耐心，总有机会用5毛钱买到价值1块钱的资产，而衡量这个价值的标准，就是上文提到的最常用的估值指标：市盈率、市净率和股息率，这也是我“两低一高”投资方法的实践基础。

没有人会买没有价值的资产，只要你买了，那么就代表它有让你认同的价值点。在我看来，用5毛钱买价值1块钱的好公司，这就是价值投资的真谛。所以我们要时刻关注公司估值，寻找它的价值洼地。

相比于股价，**估值高低更易衡量，估值底往往也是股价底，**这就为我们的投资之路找到了一个明确抓手。

## 1.5　股市赚钱的终极秘密

许多散户股民投资股市，却根本没想好要怎么赚钱。

有人会说，炒股赚钱，赚的是股价波动的差价。比如你选择一只股票，以10元/股的价格买入，涨到15元/股后卖出，这样就赚到了50%的收益。

又或者通过融券的方式，在10元/股的价位借券卖出，并在股价跌到6元/

股时，买回股票偿还融券，那么每股就能赚到 4 元的做空差价。

这话说得没错，但我再往深入问一句，股价波动的原因是什么？可能许多人就回答不上来了。

**股价 = 每股收益 × 市盈率，其中每股收益是公司内在价值的财务表现，而市盈率则是市场给予公司的估值水平。**

假如市盈率不变，当公司业绩变化时，股价随之变化；又或者当公司业绩不变，市场给予公司的市盈率估值发生变化时，公司股价也会随之变化。

也就是说，**影响股价的两大因素，一是公司业绩，二是市场估值。**

现在我们用矩阵分析法，做一个矩阵表格，将业绩与估值当作两个变量，得出了 9 种组合变化结果，如表格所示。

**表 1-5-1　矩阵分析表**

| | 估值上涨 | 估值不变 | 估值下跌 |
|---|---|---|---|
| 业绩上涨 | ①股价上涨 | ②股价上涨 | ③股价不确定 |
| 业绩不变 | ④股价上涨 | ⑤股价不变 | ⑥股价下跌 |
| 业绩下滑 | ⑦股价不确定 | ⑧股价下跌 | ⑨股价下跌 |

结果很直观，①②④就是赚钱的秘密，而⑥⑧⑨则是亏损的来源。所以我们要么赚业绩上涨的钱，要么赚估值上涨的钱，当然也可以二者兼得，同时获得企业盈利增长和市场估值提升的双重收益，实现投资回报的乘数效应，赚“戴维斯双击”的钱。

业绩上涨包含哪几种情况？

第一种情况，周期股走出业绩底部阶段，进入行业景气上行阶段，是业绩上涨表现最明显的例子。比如 2020 年至 2021 年的中远海控，净利润暴涨 9 倍，同期股价也随之上涨 10 倍。

这里说句题外话，一定要注意，**业绩上涨是因，股价上涨是果。但炒股为什么难？就因为在时间轴上体现为“果在因之前”。**

业绩上涨的原因

周期股
依靠行业景气上行

成长股
依靠自身实力成长

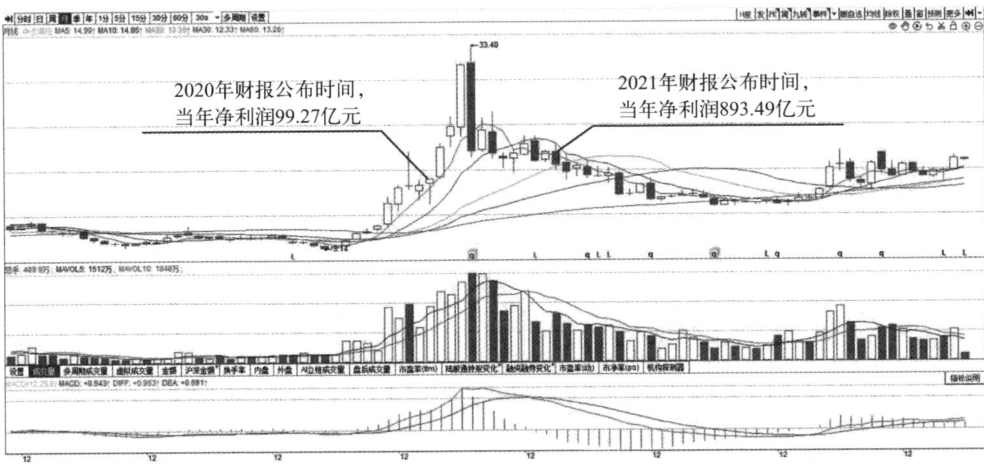


**图 1-5-1　中远海控不复权月 K 线走势图　数据来源：同花顺**

我们用不复权股价来看，中远海控的 10 倍涨幅，出现在 2020 年 6 月—2021 年 7 月之间，但公司在 2021 年 3 月底，也就是我图中所示的位置，才公布 2020 年年度报告，当时公司的净利润仅有不到 100 亿元，业绩还未兑现，而股价已经走完了一半的涨幅。

等到一年之后的 2022 年 3 月底，公司公布 2021 年年度报告，净利润暴涨至 900 亿元，业绩翻了 9 倍，但不幸的是，这时股价早已见顶回落，相比于最高点腰斩。

如果散户不懂得“果在因之前”的道理，反而“寻因求果”，在 2022 年中远海控业绩大涨时买入，被套住也就再正常不过了。

说回主题。

业绩上涨的第二种情况，是公司自身具备强大竞争力，依靠自身实力持续获得业绩增长动力，这就是成长股最典型的特征。比如贵州茅台、美的集团这些龙头白马股，每年业绩都在稳定增长，将时间拉长至10年以上，都为投资者创造了十几倍的投资回报。

以上两种情况中，从投资难易程度的角度区分，肯定是买持续成长的龙头白马股更容易，而精准抄底业绩底部反转的周期股更难。

咱们再看看估值上涨的情景。

估值上涨情景

市场乐观

持续买入以推动估值

估值回归

抄底买入以赚取收益

第一种情景是，市场对公司的未来极度看好，认为当前的估值水平无法反映公司的真实价值，因此选择持续买入公司股票，从而推动估值上涨。

最典型的例子莫过于宁德时代，2020年初宁德时代前复权股价大约为58.5元，当时公司市盈率大约为60倍，而到了一年之后的2021年初，公司股价大涨至216元，而市盈率更是上升到了260倍的历史最高水平，这就是典型的由估值上升催动股价上涨的例子。

估值上涨的第二种情景，是公司目前估值远低于市场平均水平或公司历史平均水平，市场投资者发现了这个机会，抄底买入，希望赚取估值回归的收益，从而推动公司股价上涨。

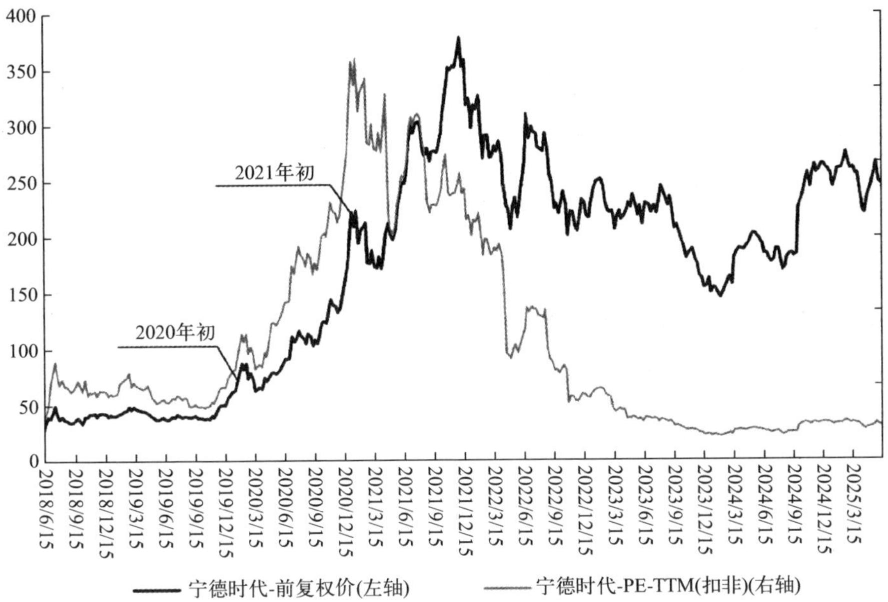


**图 1-5-2　宁德时代前复权价与扣非滚动市盈率走势图**

**图 1-5-3　中证银行指数收盘点位与加权市净率走势图**

比如银行板块，为什么在最近两年表现极佳？是因为它的估值，在 2022 年底与 2023 年底，跌到了自身历史最低的位置，在业绩不变的情况下，估值回归推动了银行股价回升。

我们用安全程度来区分以上两种情景：赚估值上涨的钱，潜在收益高，但所面临的投资风险也不小；而赚估值回归的钱，同样能获得不菲的投资收益，并且只需承担极小的投资风险。因此从安全性角度来看，后一种投资策略优于前者，因为它自投资伊始就立于不败之地。

综上所述，怎么赚钱更容易更安全，这个问题也就有了答案：**我们要赚长期稳定成长的企业的估值回归的钱。**

这也是我坚持分析各行业龙头股，寻找好公司，并坚持用“两低一高”投资方法寻找买入机会的理论基础。

炒股赚钱的方法有很多种，咱只赚稳定安心的钱！

Value

# 第2章 投资的底层逻辑：从“韭菜”到赢家的认知升级

Investing

## 2.1　散户为什么总赚不到钱？

为什么很多人感觉在股市赚钱很难？我描述一下常见的场景，读者朋友们看看对不对。

每当股市开始下跌，散户股民的第一反应往往很慌张，害怕自己账户资产持续缩水，因此总有想要卖出的冲动。而某些时候，比如2024年9月底股市暴涨后，看着股价上涨，散户脑海中又总是充满了追涨买入的想法，好像不买股票，自己就要错过几个亿。

理智客观地分析一下：股价跌了，是不是更便宜了？同样的钱能买到更多股份，买东西是不是越便宜越好？反过来股价上涨了，是不是应该考虑卖出？毕竟低买高卖才能赚钱。

**散户赚不到钱的第一个原因，就是总在追涨杀跌**。没办法，这是人性使然。

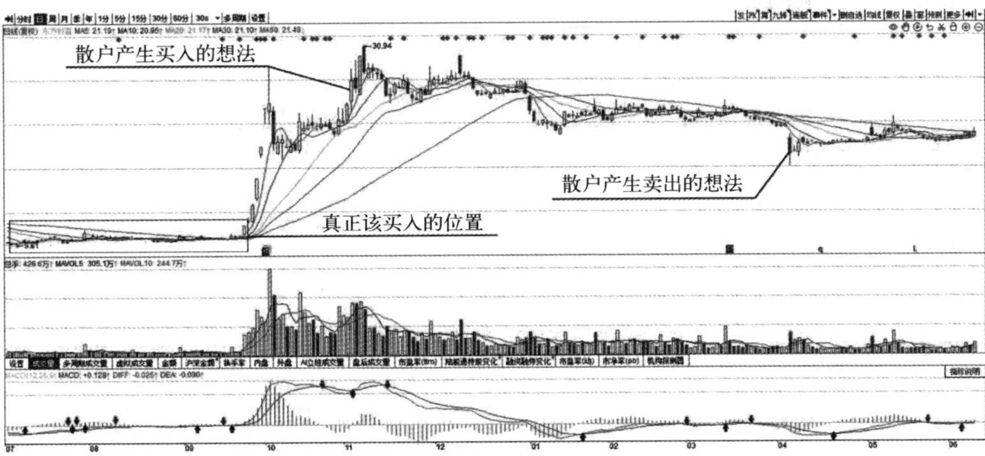


**图 2-1-1　东方财富前复权日 K 线走势图　数据来源：同花顺**

我们拿东方财富举例，在 2025 年初的时候，有不止一个人来问我：“老师，我东财买高了，被套了，怎么办？要不要斩仓止损？”说实话我真给不出建议，因为没人能预测后续走势，万一给错了方向，影响你们赚钱，我也很愧疚。

从上图来看，散户产生买入东财想法时，**往往处于第二轮上涨的中途**，因为第一阶段往往处于犹豫和观望中，已经错过了较好的入场时机。而持续的赚钱效应刺激了人的欲望，因此这时特别想要追高买入。反过来，当公司股价经过高位震荡整理后破位下跌，这时散户内心慌得要命，就想赶紧卖掉，从而获得内心的平静。

也就是说，**以上买卖操作，既不是根据估值，也不是根据股价，而是被情绪操控的结果**。非理智的情绪必然导致非理性的行为与结果，买在高点而割肉在低位，我们的钱就成为最终受害者！

其实我在上图中很明显地画出了真正该买的位置。只要你买得便宜，怎么卖都是有道理的。

寻找买入位置的方法，就是我在本书中想要教给各位的“两低一高”买入法，不要以股价高低为判断标准，而要以估值高低为准绳。

**图 2-1-2　东方财富前复权价、不含商誉市净率和股息率走势图（一）**

上图是东方财富过去 10 年前复权股价、不含商誉市净率和股息率的走势图。虽说它的股息率一直很低，在 0.05%～0.47% 范围内波动，但依然可以辅助判断估值的相对高低情况。当股息率高于 0.4% 时，往往都是公司股价的低位；而当股息率低于 0.1% 时，说明公司价值被高估了。别小看这 0.3 个百分点的差别，它代表了绝对估值相差 4 倍，有可能公司股价也相差好几倍。

市净率指标对于券商股的参考价值更高，因为公司市净率走势与股价走势同步性较强，当东方财富市净率指标处于低位时，往往代表公司估值处于低位，股价大多数时间也处于底部区域。

上图中框出了一些公司市净率处于低位、股息率处于高位的时间，这些位置往往也是公司股价的阶段性低点，如果以估值作为投资依据，在 2022 年—2024 年进行东方财富的买入操作，那么就可以在 10～14 元的位置建仓，耐心等到 2024 年 10 月，公司股价一飞冲天，盈利将会非常可观。

这种操作方法，可以有效排除股价波动与自身情绪的干扰，规避追涨杀跌，从而通过低买高卖来赚钱。

**图 2-1-3　东方财富前复权价、不含商誉市净率和股息率走势图（二）**

卖出也很简单，当公司股息率处于低位、市净率估值处于高位时卖出即可，正好对应着 2015 年与 2020 年的牛市区间。**后文我会讲到一个历史分位值的概念，对于卖出位置选择也特别有参考价值。**当该指标取 10 年时间长度且大于 90% 时，代表着你现在买入，比过去 10 年中的 9 年买得都要贵，那还买什么啊，抓紧跑路才是正解，因为这时买入，约等于替 90% 的前人接盘。

**散户赚不到钱的第二个原因是总是买得太早，卖得也太早。**这里我用药明康德的例子来说明，散户抄底总是买得太早导致被套，而等真正底部来临时，反而不敢买了。

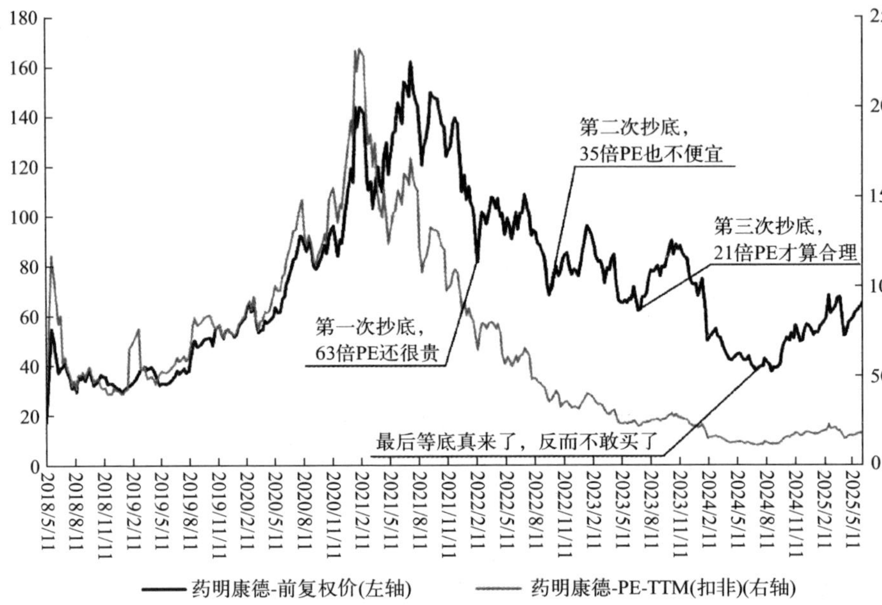


**图 2-1-4　药明康德前复权价与扣非滚动市盈率走势图**

买得太早的原因，**是大多散户只看股价炒股，觉得公司股价回撤了这么多，相比于高点腰斩，“应该”已经到了买入点位。**

上图我标了四个买点，前两次的市盈率估值还很高，第三次也只能说合理，如果在这三个位置抄底，到现在还大概率被套着。只有第四次买入才能抄到历史大底，但太多散户在这个位置反而不敢买。

散户们抄底太早赚不到钱，本质上还是买贵了！

当我们综合了市盈率、市净率和股息率指标后，就能发现，第一次与第二次抄底，根本就不是真买点，因为它完全不符合“两低一高”的特点，估值并不便宜。

第三次抄底属于估值适中的位置，这大概率是公司真实价值所在，**但我们用**

**1 元钱买价值 1 元钱的东西，赚到钱了吗？没有**！这只是等价交换。

真正能赚钱的是最后一次买点，从图中能很清晰地看到，这个抄底机会正好符合低市盈率、低市净率、高股息率的“两低一高”特点，这才是真正的出手良机，相当于用 5 毛钱买回价值 1 元钱的资产，等它价格回归价值后，我们自然可以获得丰厚的投资回报。

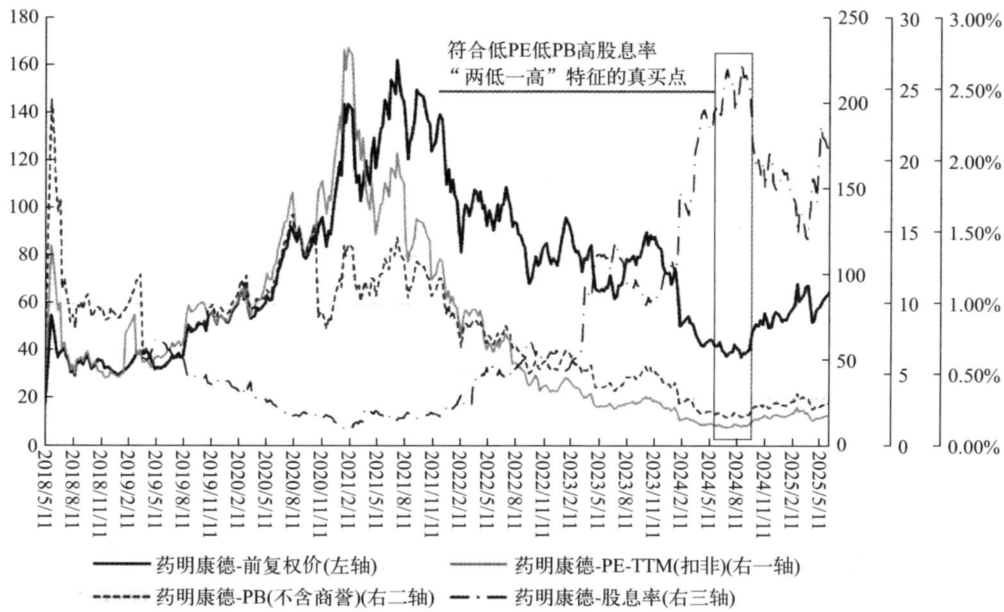


**图 2-1-5　药明康德前复权价与“两低一高”分析图**

至于卖出太早不赚钱的例子，我就不给大家举例了。想想各位卖飞的那些股票，这样的例子一抓一大把。

**散户赚不到钱的第三个原因，在于总想赚尽天下所有钱，正所谓“太贪”**。

我学习芒格，给自己定过一条投资规矩，就是一定不赚最后一个铜板！如果你想赚到最后一分钱，那就需要掌握精准逃顶的短线操作技术。而我敢保证，卖在最高点这事，一回两回还有可能，但全世界没人能做到每次都精准逃顶。因为这事用逆向思维很好理解：假如真有人能做到每次都卖在最高点，就意味着他永远不会亏钱，而一个只赚不赔的人，在复利效应的加持下，不出几年就能成为世界首富，再过几年就可以买下全世界了！

讲个香港首富李嘉诚的例子，自 2015 年起，他就开始逐步卖掉内地不动产，获利止盈，落袋为安。彼时正赶上内地 2016 年房价疯涨，许多人都嘲笑其没眼光，踏空了房地产主升浪。

现在回头看看，踩中主升浪的恒大已经退市，万科徘徊在生死边缘，而李嘉诚的家族财富，依然在安稳传承，高下立判。

想要赚尽天下钱财的人，是不会轻易减仓的，哪怕在一只股票上卖出止盈，也会很快买入下一只，最终难逃被套的命运。

所以说，性格决定命运，选择决定成败。**贪婪而又懂得克制，这才是股市中的生存之道！**

以上就是我总结的散户赚不到钱的三大原因，不知道你中了几条呢？

## 2.2 你是哪种投资者？主流投资流派大起底

前文我以药明康德为例，第一次给大家展示了“两低一高”的简单分析框架，可能会有读者兴奋起来说道：“你说的不就是择时嘛，择时，这是技术分析派擅长的事情啊！”别着急，我们来分析一下投资流派。

常见的投资流派可以粗略分为三种：技术分析派、价值投资派以及量化投资派。预测股价未来走势并确定买卖股票的合适时机，是各种流派的投资者都在坚持不懈、努力做到的事情。

从交易频率上来看，量化交易＞技术分析＞价值投资。

量化投资是利用数学模型、统计学方法和计算机技术来指导交易决策的方式。量化交易需要收集海量的信息，设计各类投资模型（统计套利、趋势跟踪、均值回归等），并通过算法来实现交易决策。

投资流派

量化交易的频率可达到每秒上百次，对操盘人的量化模型构建能力以及运行设备有很高的要求，并不是一种适合绝大多数普通投资者的交易方式，我们在本书中就不再重点讨论。

技术分析，是很多散户喜欢的交易模式，日内短线交易可能一天几次～十几次不等，也有以天、周为单位交易的朋友。总之我们不会见到一个技术派，或者短线高手，一年只交易 2～3 次的！

价值投资者往往更聚焦于企业的基本面分析，研究某家公司的价值究竟几何。他们通过分析公司的经营状况、业绩表现等，来预测公司未来的盈利和现金流表现，以此为依据进行交易，可能几个月才出手一次。

既然各派人士都要对股价有一定的预测，那么预测的周期肯定会跟操作买卖的周期相匹配。也就是说，技术分析派需要预测 5 分钟后、10 分钟后或者第二天的股票价格，而价值投资者的预测则相对长线。

那么问题来了，5 分钟之后的股价，你预测的成功率有多少？

一百多年前，法国人朱利・荷纽在他的书中提到过一个“随机漫步假说”，意为股票市场的价格是随机漫步模式，它是无法被预测的。而在 1973 年，这个理论被普林斯顿大学的伯顿・莫尔基尔教授写进了自己的《漫步华尔街》一书中，让这个理论更加广为人知。

回到之前的问题，如果要验证自己预测的准确程度，方法很简单：随便找一天股市开盘的时候，找到一只股票，不看它的走势，自己画出它未来5分钟的K线（不要求多，5分钟就行），然后跟真实的K线比对一下，看看自己画的准不准。

其实这是非常简单的统计学原理，就像扔硬币猜正反面，只要次数足够多，你的预测准确率将会无限趋近于50%。这个结论已经被实践无数次验证过了，无论你怎么努力，结果都是一样的。更可怕的是，即使你前面运气好，连续预测对了很多次，**这也并不会提升你后面预测成功的概率，**也就是说，后面可能会连续错误更多次。

**因为股价是随机的，所以每一次预测，都是一个“独立事件”。**短线交易的正收益，往往是一种巨大的幻觉。50%的预测成功率，再加上交易产生的摩擦成本，反而亏钱是大概率事件。

而价值投资则不同，我们就以大家耳熟能详的贵州茅台来举例，明天茅台股价会涨还是会跌？我相信大部分人并不敢给出100%确定的答案。但如果我问你，三年后茅台会涨还是会跌？

以茅台的业绩来看，大概率是会涨的吧！这个预测的成功率大概能达到60%～70%。而在投资中，60%的预测成功率已经足够了。

总之，想要搭建一个属于自己的稳定的盈利体系，**我建议遵循投资大师的成功经验和建议，拥抱价值投资，**对目标公司进行深入的基本面分析，而将技术分析作为一定的辅助（下一章我会举例），这样才能真正地发现价值，实现盈利。

## 2.3 为什么高手都选择价值投资?

想要在股市赚钱，就不要在意波动，因为那本就不是你的钱，只是账面数字的变化而已。不要想赚到市场的每一分钱，否则你的钱就会被市场赚走。

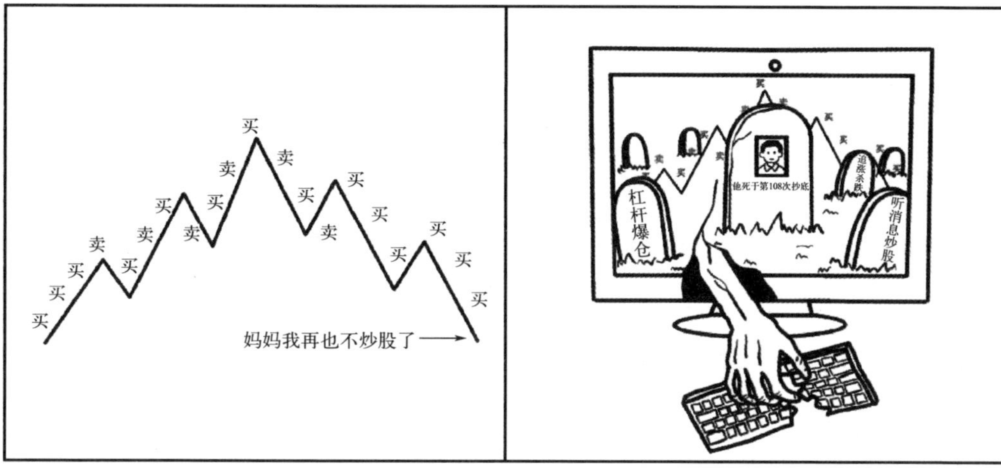


上图是典型的散户被套全过程，你可能会有几次买在低点卖在高点，但同样也有可能买在高点卖在低点，最终导致上涨周期没赚太多钱。

但这赚钱的经验，会让你在下跌周期不断地买买买后被深套，或者买在高点，又在低位割肉。你的钱就这样被股市赚走了。

除非你是万里挑一的炒股奇才，否则不建议采用趋势交易方法。我更建议大家像我一样，做一个价值投资者。

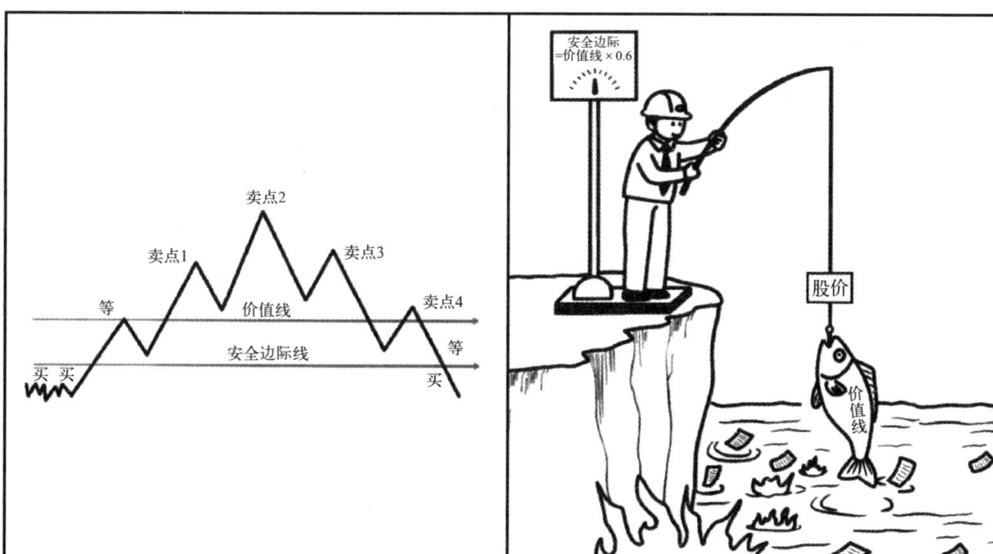

上图是我的交易策略简化版，通过分析公司基本面，估算一家公司的真实价值，也就是估值的过程，这是成功的第一步。为了控制投资风险，避免自己对价值产生错误判断，我会按照估值价格打七折或六折，得出一个安全边际线，只有当股价低于安全边际线后，才开始定投买入，并等待公司价格向合理价值线回归。

当牛市来了（价值回归发生后），无论你是在 1、2、3、4 哪个位置卖出，都是赚钱的，区别只是赚多赚少而已。**之后又是漫长的等待，等股价回到安全边际线之下，再次重复上面的操作。**

既然在股市中追涨杀跌赚不到钱，价格投机流派走不通，自然就要拥抱价值投资。历史也给出了相同的答案。

**约翰·博格在《长赢投资》一书中，将股票投资收益的来源划分为投资收益（包含企业盈利增长与股息分红）和投机收益，**并根据历史数据，将投资股市的收益率进行分解，从而寻找收益的真正来源。

**表 2-3-1　标普 500 指数自 1900 年至 2010 年的投资回报拆解**

**数据来源:《长赢投资》约翰·博格，海通证券研究报告**

| 时间 | 市场回报（%） | 投机回报（%） | 投资回报 - 股利（%） | 投资回报 - 盈利增长（%） |
|---|---|---|---|---|
| 1900s | 9.0 | 0.8 | 3.5 | 4.7 |
| 1910s | 2.9 | –3.4 | 4.3 | 2.0 |
| 1920s | 14.8 | 3.3 | 5.9 | 5.6 |
| 1930s | –0.8 | 0.3 | 4.5 | –5.6 |
| 1940s | 8.6 | –6.3 | 5.0 | 9.9 |
| 1950s | 20.1 | 9.3 | 6.9 | 3.9 |
| 1960s | 7.6 | –1.0 | 3.1 | 5.5 |
| 1970s | 5.9 | –7.5 | 3.5 | 9.9 |
| 1980s | 17.3 | 7.7 | 5.2 | 4.4 |
| 1990s | 17.8 | 7.2 | 3.2 | 7.4 |
| 2000s | –1.2 | –8.0 | 1.1 | 5.7 |
| 年化收益率 | 9.6 | 0.1 | 4.5 | 5.0 |

资料来源：《长赢投资》，约翰·博格，HTI

根据约翰·博格对标普 500 指数自 1900 年至 2010 年的收益来源分析，110 年间标普 500 指数的年化收益率为 9.6%，其中企业盈利增长贡献了 5% 的年化收益率，其次是股息分红贡献了 4.5%，**而估值变化贡献了 0.1% 的收益水平**。

如果将统计时间段改为 2006 年 1 月—2023 年底，标普 500 指数的累计收益率为 415%，其中企业盈利增长贡献了 309%，股息分红贡献了 187.2%，**投机收益甚至为负值**。由此可知，投资股票的收益来源主要由上市公司盈利增长与持续分红贡献。

**表 2-3-2　沪深 300 指数自 2006 年至 2023 年的投资回报拆解**

**数据来源：海通证券研究报告**

| 时间 | 市场回报（%） | 投机回报（%） | 投资回报 - 股利（%） | 投资回报 - 盈利增长（%） |
|---|---|---|---|---|
| 2006 | 126.1 | 72.2 | 5.0 | 28.4 |
| 2007 | 163.5 | 41.1 | 1.9 | 85.4 |
| 2008 | –65.6 | –59.6 | 0.4 | –15.7 |
| 2009 | 98.7 | 54.4 | 2.0 | 27.4 |
| 2010 | –11.4 | –34.5 | 1.1 | 33.6 |
| 2011 | –24.0 | –31.9 | 1.0 | 10.1 |
| 2012 | 9.8 | 9.1 | 2.2 | –1.4 |
| 2013 | –5.3 | –15.8 | 2.3 | 9.7 |
| 2014 | 55.8 | 44.3 | 4.2 | 5.1 |
| 2015 | 7.2 | 1.8 | 1.6 | 3.7 |
| 2016 | –9.3 | –5.3 | 2.0 | –6.3 |
| 2017 | 24.3 | 10.4 | 2.5 | 10.3 |
| 2018 | –23.6 | –31.1 | 1.7 | 8.5 |
| 2019 | 39.2 | 27.8 | 3.1 | 6.5 |
| 2020 | 29.9 | 29.4 | 2.7 | –1.7 |
| 2021 | –3.5 | –1.1 | 1.7 | –4.1 |
| 2022 | –19.8 | –23.9 | 1.8 | 3.0 |
| 2023 | –9.2 | –9.8 | 2.2 | –1.8 |
| 年化收益率 | 9.6 | –1.7 | 2.0 | 9.4 |

资料来源：Bloomberg，HTI测算

看完美股情况，我们再来看看 A 股的历史。根据海通证券测算，2006 年—2023 年，沪深 300 指数的年化收益率同样为 9.6%，其中企业盈利增长贡献了 9.4% 的年化收益率，股息分红贡献了 2%，而投机收益则为 –1.7%，**说明投机不但没给投资者赚到收益，反而还拉低了平均收益率水平。**

搞清楚了收益来源，我们才能选择更有效的投资方式，很显然，在 A 股市场，赚企业成长的钱是 easy 模式，而赚股价波动的钱则是 hard 模式。这也是我们要坚持做一名价值投资者的原因。

## 2.4 价值投资的四大原则

价值投资的原则

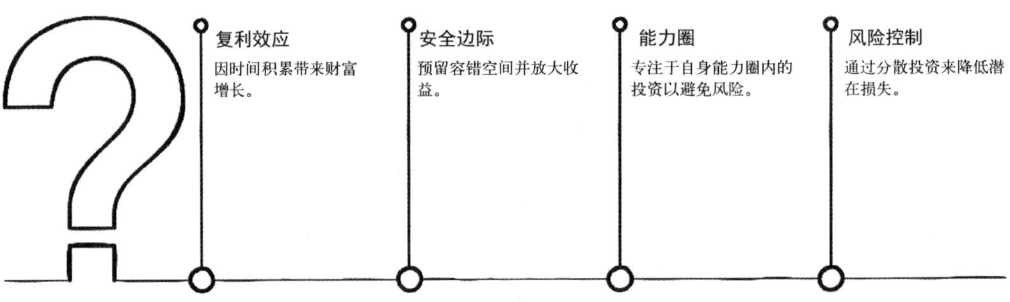


**原则 1：复利效应与长期主义**

投资大师巴菲特曾说：“复利有点像从山上滚雪球，最开始时雪球很小，但是往下滚的时间足够长，而且雪球黏得适当紧，最后雪球会很大很大。”

爱因斯坦曾将复利称为“世界第八大奇迹”，因为它随着时间的积累，能够带来惊人的财富增长。而时间是复利最好的朋友。

我们在工作的时候，都知道深耕一个行业，能让自己在职业生涯中走得更高更远。同时，有“转行穷三年”的说法，没见过有人天天转行。但是到了自己投资的时候，却朝三暮四，恨不得每天换一只股票操作。

与个人成长相同，企业的成长也不是一蹴而就的，需要时间来不断积累。虽然大家很多时候非常嫌弃 A 股，但不可否认，A 股中也出现了贵州茅台、五粮液、东方财富、比亚迪、宁德时代、顺丰控股等一众涨幅超 10 倍的公司。

好企业值得投资者跟着它一起成长。**炒股的收益，一年三倍者众，而三年一倍者少。**在长时间的维度上，拿住一家好公司的收益，要比每天折腾换股的收益高得多。

选择具有长期增长潜力的投资标的，坚持长期持有，避免频繁交易。这种策略不仅适用于投资，也适用于个人成长和事业发展。通过长期的积累和坚持，最终能够收获巨大的回报。

**原则 2：安全边际**

为什么要坚守“安全边际”原则？因为再厉害的投资者也会有看走眼的时候，安全边际就是给自己预留的容错空间，减少错误出现后的损失。

同时，安全边际也是盈利的放大器，在规避风险的同时，它能放大我们的收益。

举个例子，假如你看好一只股价为 100 元的股票，买入后，它先跌到了 70 元，又涨回至 130 元，那你就需要先承受 30% 的本金回撤，如果能坚持住不割肉，之后才能赚到 30% 的盈利。

现在我们加入安全边际原则，给予买入价格 0.8 倍的安全边际系数，也就是说，要等它股价跌回 80 元，才执行买入操作，当它股价跌到 70 元时，你的跌幅仅有 12.5%。

**这使得持仓体验极大改善，能帮你更容易度过股价下跌的恐慌期。**之后股价涨回至 130 元，你的盈利将变为 62.5%！看到了吗，安全边际将盈利水平放大了 1 倍，所以我们为了多赚钱，也要坚持根据安全边际原则买入。

使用安全边际原则会导致投资机会变少，但相信我，真正好的投资机会，本身就不多！

在我看来，安全边际有两层含义。

安全边际的含义

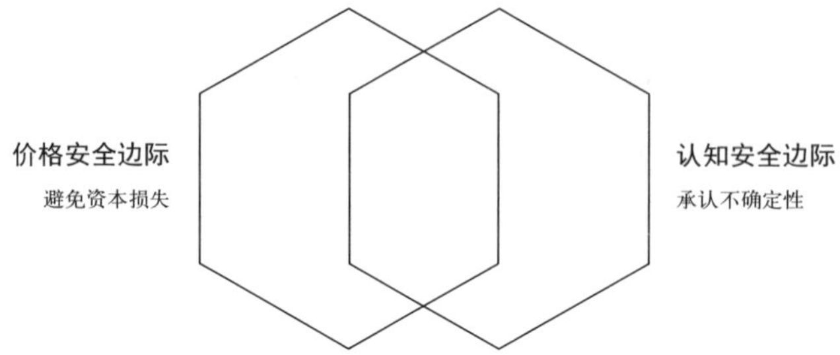


**第一，安全边际指的是，我们要在买入价格上留有充足的余量，**以防自己买入后，股价继续下跌从而造成本金大幅亏损。

**第二，安全边际是指我们要在对公司的认知层面上留足安全边际，**因为没有人可以拍胸脯保证，他彻底了解一家企业。

每个人的认知都有局限性，我们收集的研究资料也存在片面性，因此要对我们可能出现的认知错误留有安全边际。

**原则3：坚守能力圈**

投资大师巴菲特曾说："投资成功不需要天才般的智商，但需要清楚自己的能力边界。"他曾经拒绝投资科技股，尽管在20世纪90年代末的互联网泡沫期间，许多投资者纷纷涌入科技股并获得了短期的暴利。

巴菲特的解释是："我无法理解这些公司的商业模式和未来前景，因此它们超出了我的能力边界。"然而，当互联网泡沫破裂时，那些盲目跟风的投资者遭受了巨大损失，而巴菲特却凭借坚守能力边界，保持了稳健的投资收益。

在投资市场中，**盲目跟风是许多投资者的通病**。当看到别人在某一领域赚得盆满钵满时，很多人会忍不住跟风买入，却忽略了自己对投资标的的了解程度。

例如，2017年加密货币价格飙升，吸引了无数投资者的目光。许多人被加密货币惊人的涨幅所吸引，纷纷投入资金，却对区块链技术、加密货币的法律地位和市场风险一无所知。后来各种山寨币纷纷崩盘时，这些投资者遭受了巨大损失。他们之所以失败，并非因为加密货币本身的好坏，而是因为他们超出了自己的能力边界，盲目跟风投资了一个自己无法理解的领域。

**原则 4：防控风险，分散投资**

很多股民都有单押一只股票的习惯，但我建议不要这样做。因为作为普通投资者，我们首先要考虑的其实不是盈利，而是降低风险。

投资市场是高度不确定的，各种风险可能会随时出现，令我们蒙受巨大的损失。常见的投资风险如下：

### 1. 非系统性风险

例如，一家公司可能因为管理层决策失误、产品质量问题、法律诉讼等自身因素，导致基本面出现重大变化。如果把全部资金都投入这家公司的股票，就会遭受巨大亏损。

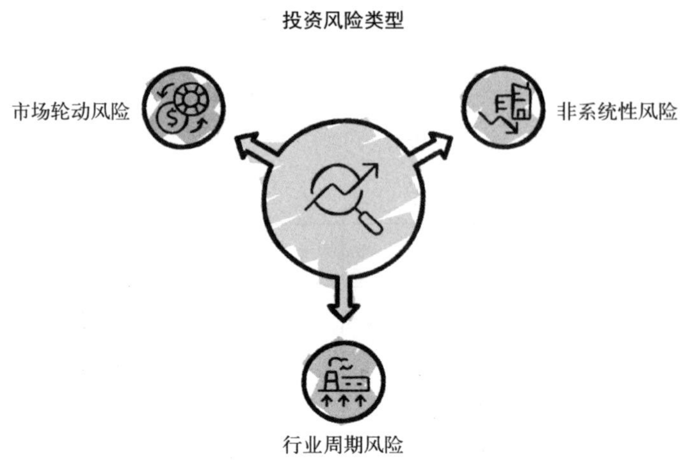


2. 行业周期风险

假设我们只投资于汽车制造行业。当整个汽车行业面临原材料价格上涨、新能源汽车技术冲击传统燃油汽车等不利因素时，投资组合就会受到较大冲击。

3. 市场轮动风险

金融市场存在轮动现象，不同的行业和资产在不同的经济周期阶段表现不同。例如，在经济复苏初期，顺周期行业（如钢铁、建材等）可能会率先受益于经济的复苏而上涨；随着经济的进一步发展，消费行业可能会因为居民收入增加、消费能力提升而表现突出。

**将资金分散投资于多个行业，可以更好地适应市场轮动，**当某个行业或资产处于上升周期时，能够分享其收益，而不是把所有的资金都集中在单一的、可能处于下行周期的资产上。

对于普通人来说，如果把所有的资金都集中在单一股票上，一旦其表现不佳，就会承受巨大的心理压力，容易产生焦虑情绪，进而导致操作变形。

而分散投资可以降低单一资产对整体资产组合的影响，熨平波动，避免做出冲动的买卖决策，从而提高投资成功的概率。

## 2.5　选择比努力更重要

为什么在股市中，选择比努力重要？因为一旦你选好了方法，投资的难易程度也就随之确定了。

我给大家模拟一下股民普遍的心态与行为，大家可以看看这里面有没有自己的身影。

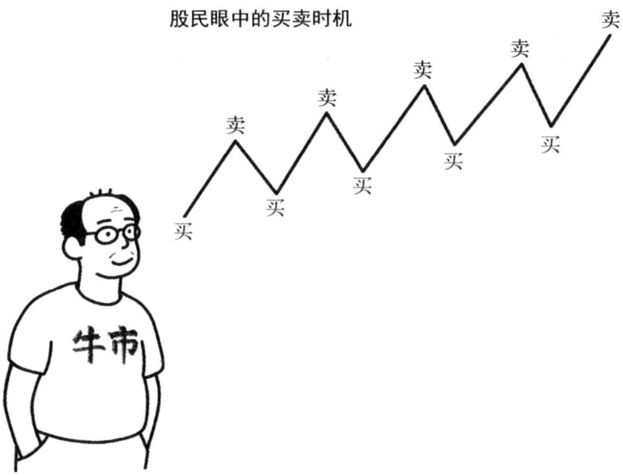


很多股民都是按照 K 线图的最高点和最低点来回测自己的买卖时机，计算自己的潜在盈利。

如上图所示，操作得好，一共可以赚到 5 次波段的最大收益，所以股民往往把这个仅存在于计算中的理想结果，当成自己本应获得的收益。

我只能说，从一开始，这个参照物就是错误的，它就是股民非理性认知的来源。

因为大家仔细想想就能明白，**没人能做到每次买在最低点，卖在最高点**，因为买卖的时候，你是不知道后面走势的，不信我找个 K 线图，把后半部分盖住，你看看你能不能把后面的画出来。

因此所有人的实际收益，都要比这个潜在的图形计算结果要低，自己眼中本应赚到的钱，是一个根本无法实现的期待。

真实的股民情况

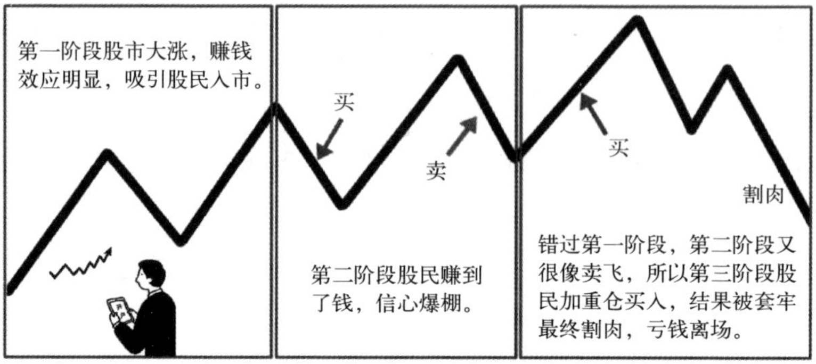


更残酷的是，在真实的市场中，股民的操作节奏一般如上图所示，第一阶段犹犹豫豫，在场外观望；第二阶段入场赚点小钱，觉得自己成神了；第三阶段信心爆棚，加重仓位入市，结果被套。

画这些图就想告诉大家，看着图形赚钱貌似很快很猛，但那并不是真实的，哪怕赚到几次小钱，终究也会亏一把大的。

读者可能会问，哎？我知道有某某短线高手啊！

首先，就算真的有，那肯定也是凤毛麟角。今天我来分析一下底层逻辑，估计能让知道真相的你眼泪掉下来……

我曾经画过一张图，展示了短线高手操作的真实情况。如下图所示：

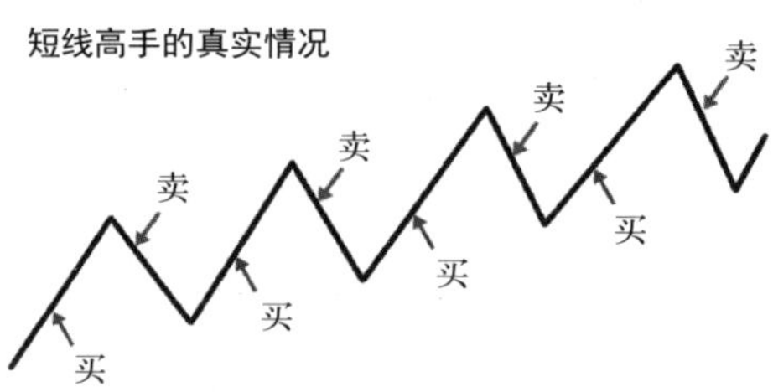


短线操作一般根据股价趋势来交易，严格执行右侧交易方法，也就是说，当股价进入上涨趋势时买进，在股价阶段性见顶，即将进入下跌趋势时，及时止盈卖出，并重复以上操作。

上图是短线高手完成的 4 次投资波段操作示意，可以看到每次都很成功，还是非常厉害的，技术操作能力绝对超过 90% 的散户。

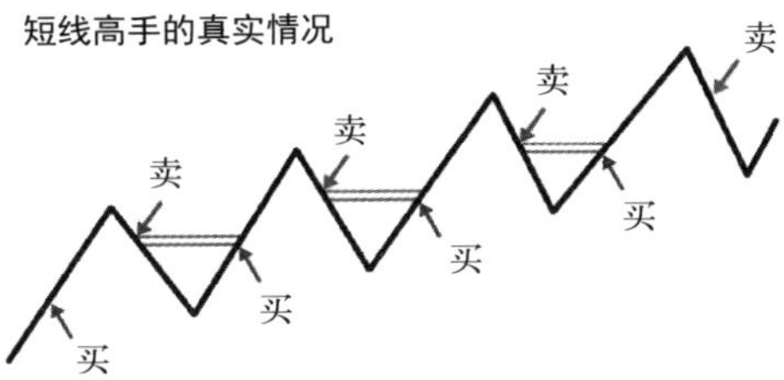


我们再继续往下剖析，由于没人能买在最低点，卖在最高点，且右侧交易的核心是等到趋势明朗出现交易信号后追涨杀跌。

所以你会惊奇地发现，第 1 次卖出与第 2 次买入的价格是很接近的，同理 2 卖与 3 买、3 卖与 4 买皆是如此，如上图双横线所示。由于这些交易价格相近，故可相互抵消。

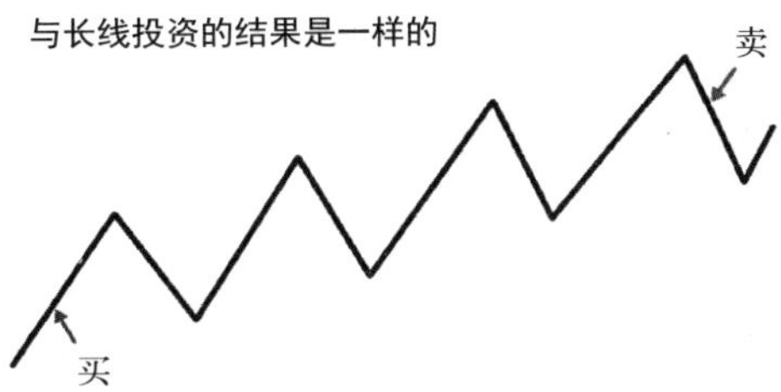


把短线高手的投资收益简化成如上图所示，是不是与长线交易并无区别？这就是最神奇的地方。

所以说无论你选择短期趋势交易，还是长期价值投资，理论上都能获取不错的投资收益。但对于我个人而言，我觉得短线交易难度太大，而长期价值投资更简单，也更适合散户。

因为短线交易需要考虑的因素太多，比如宏观经济的走向、市场资金流动方向、成交量的变化趋势、市场情绪的改变、企业基本面的变化、K 线图形的分析等，并且需要极强的瞬时决断力与判断力，及时止盈止损，追涨杀跌。

说实话，短线交易中的影响变量如此之多，会导致股价的波动在短时间内呈现无规律的状态。因为短期股价无法预测，在上图的K线形态中，只要判断错一次，就会把之前的盈利吃掉，里外里白折腾。

不是我军没实力，而是敌军太狡猾！

并且由于交易频率较高，从概率学的角度来看，普通人的投资胜率将会无限趋近于50%，除非每次赚的都比亏的多一点，否则短线交易赚钱是真不容易。

长期价值投资相对于短线交易，大大简化了交易变量，**按照买卖时不同的估值情况，投资决策类型只有4种：①低估时买入，低估时卖出；②低估时买入，高估时卖出；③高估时买入，低估时卖出；④高估时买入，高估时卖出。**

| | 低估时买入 | 高估时买入 |
|---|---|---|
| 低估时卖出 | ① | ③ |
| 高估时卖出 | ② | ④ |

很明显，第②种情况是最理想的赚钱模式，而第③种情况是最容易亏钱的状态，第①、④两种情况大概率是小赚或者小亏。

**这样投资思路就非常清晰了，我们要力争抓住第②种情况，并极力躲开第③种情况。所以我首先给自己定了一条投资规矩，即不买高估值股票！**

也就是说，直接放弃第③、④种投资的可能性，专注于寻找低估值投资机会，这也是我坚持“两低一高”投资方法的底层逻辑来源。

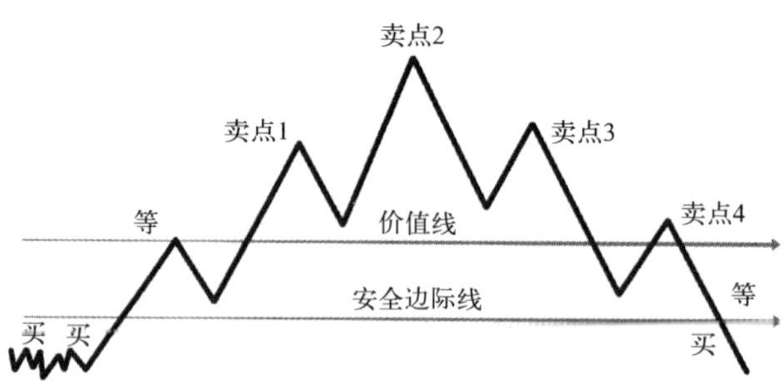

剩下的工作，就是要仔细研究企业基本面，搞清楚一家公司目前到底是不是“低估”，它“低估”的标准是什么。未来估值会不会变得更低？虽说研究的工作量也很大，**但变数比起短线交易来说，减少了可不是一星半点。**

以公司和行业基本面为出发点，去发现真正的价值区间。价值线上只卖不买，安全边际线下只买不卖，剩余的时间，关掉行情软件，耐心等待即可。

在股市中，选择比努力更重要，选错了方向，越努力越不幸！

Value

第 3 章

# 懂估值，才懂投资：人人都该掌握的估值技巧

Investing

## 3.1 市盈率（PE）能告诉你什么？

前文提到市盈率 = 公司总市值 ÷ 净利润，由于市盈率可以直观地衡量公司市值与净利润的关系，因此也成了最常用的估值指标之一。

**市盈率，既能代表公司市值相对于净利润的溢价倍数，又能代表一笔投资的回收期限以及年化投资回报率**。让我们来举个例子说明。

假如你买下一家咖啡店，成交价 1000 万元，它每年能为你创造 100 万元的净利润，那么这家咖啡店的市盈率 = 总市值（1000 万元）÷ 净利润（100 万元）= 10 倍。你想依靠咖啡店经营来赚回投资本金，也就需要 10 年时间（投资回收期）。你的年化投资回报率 = 每年投资收益（100 万元）÷ 总投资金额（1000 万元）× 100%=10%。

当这家咖啡店经营状态极好，每年可以为所有者创造的净利润由 100 万元增长至 200 万元后，假设市值不变，那么店铺的市盈率就变为 5 倍。投资目标的市盈率越低，代表投资回收期越短，年化投资回报率越高，也就代表这笔投资更有价值，所以市盈率可以用来衡量企业盈利能力，直观反映资产的估值高低。

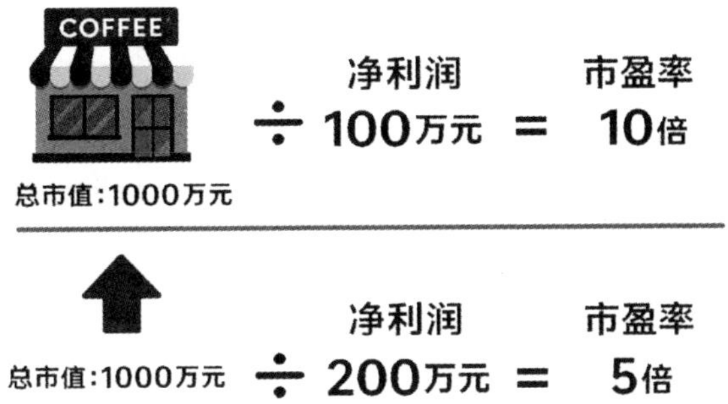


**市盈率既可按照净利润取值时间的不同，分为静态市盈率、动态市盈率和滚动市盈率；也可根据是否包含非经常性损益，分为扣非市盈率与非扣非市盈率。**

我们假设上文中的咖啡店每季度的净利润情况如下表所示：

**表 3-1-1　咖啡店季度净利润**

| 时间 | 2024 年 Q1 | 2024 年 Q2 | 2024 年 Q3 | 2024 年 Q4 | 2025 年 Q1 |
|---|---|---|---|---|---|
| 净利润 | 20 万元 | 25 万元 | 30 万元 | 25 万元 | 30 万元 |

静态市盈率的净利润取值标准为上一完整年度的净利润指标，因此咖啡店的静态市盈率 =1000 ÷（20+25+30+25）=10 倍。

动态市盈率的净利润取值标准为：按照当年最新季度净利润指标，推算全年净利润，因此咖啡店的动态市盈率 =1000 ÷（30 × 4）=8.33 倍。

滚动市盈率的净利润计算方法是最近四个季度的净利润之和，因此咖啡店的滚动市盈率 =1000 ÷（25+30+25+30）=9.09 倍。

可以看到静态市盈率指标的时效性相对较差，而动态市盈率指标可能由于估算错误而产生较大偏差，因此市场往往使用滚动市盈率（PE-TTM）指标来衡量公司估值情况。

我们接着举例，上文的滚动市盈率为 9.09 倍，往往指的是非扣非滚动市盈率，因为净利润指标中并未区分非经常性损益。而在企业经营过程中，往往会产生一次性的偶然收入或损失，从而形成非经常性利润或亏损，它与企业经营状况无关，属于偶然因素，这时把它从净利润中剔除掉，即可更准确地反映企业真实经营利润情况。

假设咖啡店在 2025 年第一季度，因卖出咖啡机和其他设备，赚回了 5 万元的非经常性利润，那么咖啡店的扣非滚动市盈率 =1000 ÷（25+30+25+30−5）=9.52 倍。

我建议各位在投资过程中，**更多使用扣非滚动市盈率指标**来给公司估值。比如 A 股中有许多连年亏损的 ST 上市公司，为了保住上市公司地位（俗称“保壳”），它们每隔几年，就会选择卖掉一些公司早年低价买入的固定资产，从而将当年净利润指标由亏损变成盈利，这样不满足退市条件，自然就“保壳”成功了。

搞清楚了各种市盈率的不同含义后，那么市盈率是如何反映企业估值高低的呢？

我们看下面公式：

市盈率 = 总市值 ÷ 净利润

总市值 = 每股股价 × 总股本

净利润 = 每股收益 × 总股本

即可推导出公式：市盈率 = 每股股价 ÷ 每股收益

由于企业每股收益指标在一段时间内保持稳定，因此，购买同样数量的公司股票，市盈率越低，花费的总金额越少，这也表明公司的估值越低，股价越便宜。

## 3.2 小心“伪低估”的市盈率陷阱

那么是不是市盈率越低，企业价值就一定会更高呢？也不尽然。上文的例子都是以咖啡店每年盈利固定不变的假设为前提，而实际上企业的经营状况每时每刻都在变化。

一旦公司业绩发生大幅改变，那么以过去业绩为基准计算出的市盈率指标，就会出现失真的情况——看似“很低”的市盈率其实并不低，从而误导投资者。**这种情况也被称作“市盈率陷阱”。**

常见的市盈率陷阱有三种，分别出现在成长股、周期股与衰退股上，下面我分别举例说明。

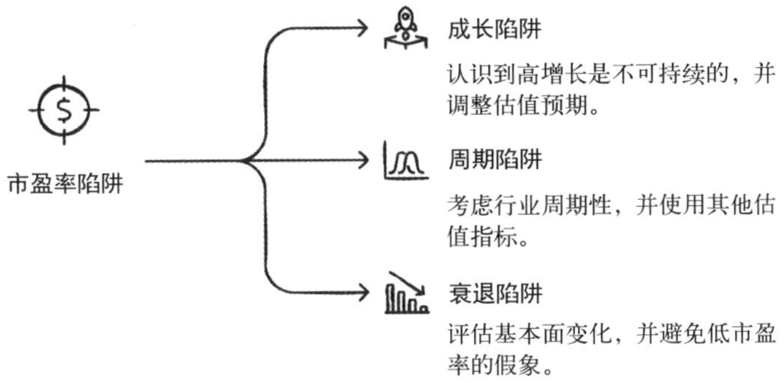


### 1. 成长陷阱

成长股由于净利润增速较高，企业飞速发展，因此往往享受较高的市场估值。但“企业生命周期理论”告诉我们，任何公司都无法长期维持高增长。随着企业规模体量的扩大，继续维持高同比增长将会越来越难。

一家企业净利润由 10 亿增长到 20 亿，取得 100% 的同比增长相对容易，但从 100 亿增加到 200 亿，难度成倍增加，因此成长型企业发展到一定阶段，业绩增速下降也是必然现象。

这时如果依然按照公司历史市盈率来估算公司价值，就有可能掉入成长陷阱。我们以成长股的代表——爱尔眼科为例。

如果我们将时间停留在 2022 年 3 月底，当时爱尔眼科的扣非滚动市盈率为 58.84 倍，处于自身历史的底部区间。因此站在当时的投资视角，按照经验，2017 年、2019 年初低于 60 倍 PE 估值的爱尔眼科，可以选择抄底买入，往往将会提供良好的投资回报。

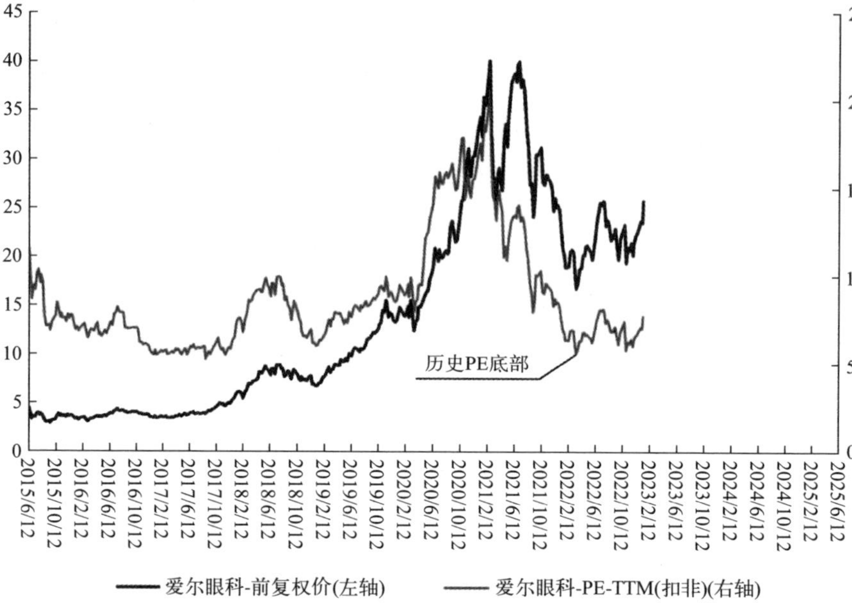


**图 3-2-1　爱尔眼科前复权价与扣非滚动市盈率走势图（一）**

**表 3-2-1　爱尔眼科 2016 年—2022 年净利润指标增速统计**　　单位：元

| 项目名称 | 2016 年 | 2017 年 | 2018 年 | 2019 年 | 2020 年 | 2021 年 | 2022 年 |
|---|---|---|---|---|---|---|---|
| 营业收入 | 40.00 亿 | 59.63 亿 | 80.09 亿 | 99.90 亿 | 119.12 亿 | 150.01 亿 | 161.10 亿 |
| 营业收入增长率（%） | 26.37% | 49.06% | 34.31% | 24.74% | 19.24% | 25.93% | 7.39% |
| 净利润 | 5.67 亿 | 7.93 亿 | 10.66 亿 | 14.31 亿 | 18.77 亿 | 24.70 亿 | 26.89 亿 |
| 净利润同比增长（%） | 29.79% | 39.91% | 34.45% | 34.27% | 31.16% | 31.58% | 8.87% |
| 经营活动产生的现金流量净额 | 7.75 亿 | 13.30 亿 | 14.00 亿 | 20.78 亿 | 33.44 亿 | 40.84 亿 | 44.91 亿 |
| 净利润现金比率（%） | 136.77% | 167.82% | 131.34% | 145.23% | 178.12% | 165.35% | 167.00% |

爱尔眼科之所以享受高估值，原因就在于，它在 2016 年—2021 年持续保持净利润的高速增长，因为高增长所以享受高估值。可一旦高增长不可持续，如爱尔眼科 2022 年的净利润增速突然下滑至 8.87%，那么高估值也就失去了业绩支撑。

**图 3-2-2　爱尔眼科前复权价与扣非滚动市盈率走势图（二）**

从后续爱尔眼科的股价与估值走势图可以明显看到，当公司于 2023 年初公布了 2022 年年报，业绩大幅下降后，股价与估值也一路下滑，目前扣非滚动市盈率已经回到了 35 倍的水平。如果你当时选择在 60 倍 PE 的位置买入爱尔眼科，就掉入了成长陷阱。

### 2. 周期陷阱

周期股由于受行业周期性影响，业绩往往呈现剧烈波动，因此以业绩为估值计算标准的市盈率指标，也会受到周期性影响而忽高忽低，从而失去指导价值。

以典型的周期股牧原股份为例，如果你在 2017 年初，当它市盈率相对较低时买入，就能享受到未来一波超过 10 倍的股价上涨。但同样的市盈率，如果是在 2021 年初买入，反而会买在股价高点，被牢牢套住。

在生猪出栏价格周期的作用下，牧原股份分别于 2019 年、2022 年、2024 年陷入阶段性亏损状态，导致市盈率变为负数，在上图中显示为 PE 指标无穷大。这里我解释一下，**一旦市盈率转负，即表示企业经营陷入亏损状态，市盈率指标也失去了数学上的意义。**

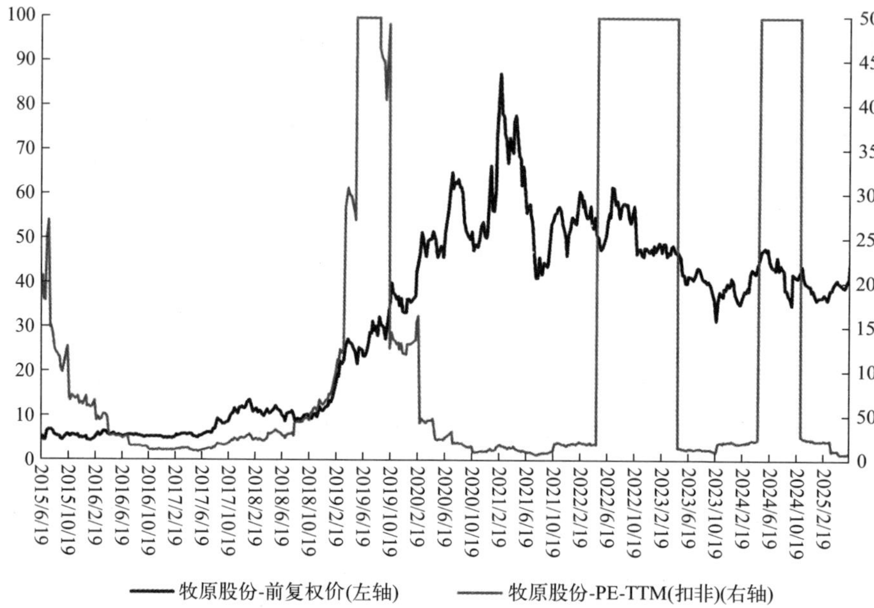


**图 3-2-3　牧原股份前复权价与扣非滚动市盈率走势图**

因为市盈率可以代表一笔投资的回收期，当市盈率转负时，它的意义就变成了代表一笔投资亏光的时间长度，比如负 10 倍 PE，就代表一家公司的市值按照当前亏损幅度，连亏 10 年就会彻底归零。所以从数学角度来看，看似负市盈率比正市盈率数值更低，但实际上负市盈率代表了估值无穷大，因为一笔注定会亏光本金的投资，本身就没有投资价值。

周期陷阱的关键在于，当周期股处于周期最底部时，公司往往也处于经营最艰难的阶段，业绩表现极差甚至亏损，这时公司市盈率指标由于分母（净利润）较低，反而奇高无比甚至转负，看似 PE 估值很贵，实则不然，**因为这预示着公司即将走出低谷，迎来业绩改善。**市场上的聪明投资者可以发现这一变化趋势，提前布局买入，从而推动股价上涨，公司股价的底部反而出现在市盈率估值很高的时间点。当处于周期最顶部时，公司净利润也即将见顶回落，此时公司净利润最高，市盈率最低，从而给人一种低估的假象，但未来股价大概率会随着业绩下滑而下跌。

比如 2020 年的石油行业，因新冠疫情的影响，国际油价持续低迷，甚至出现了短暂的负油价现象。以中国石油为代表的石油资源股，PE 估值上升到了历史高位，看似极贵，但这时反而是公司股价真正触底的投资良机。

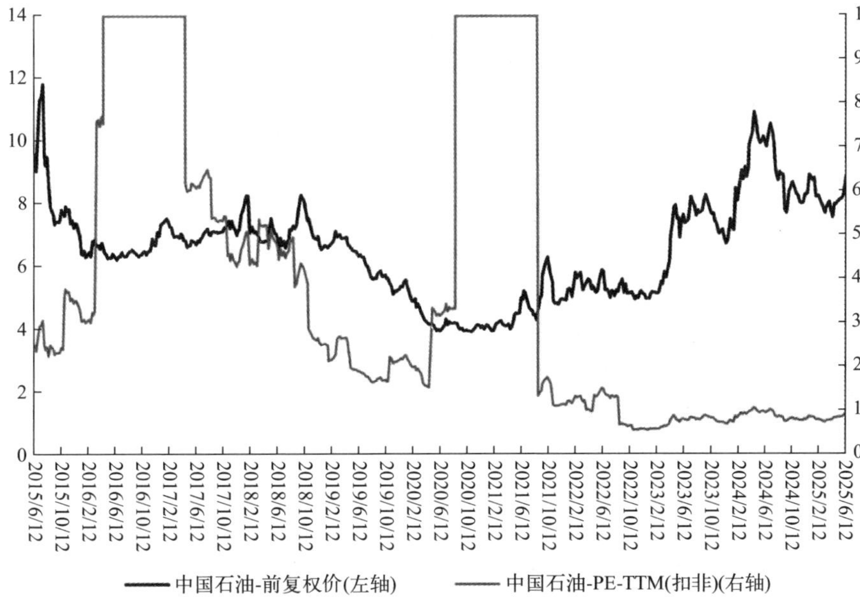


**图 3-2-4　中国石油前复权价与扣非滚动市盈率走势图**

之后随着国际油价反弹，中石油业绩也进入上行周期，净利润持续增长，带动公司市盈率下降，股价不断升高，市盈率反而下降到了近 10 年来的历史底部，但现在的中石油股价相比 5 年前早已翻倍。

我一般不建议新手股民用市盈率指标来判断周期股的估值，使用后文提到的市净率指标相对更准确。

### 3. 衰退陷阱

衰退型企业，由于经营基本面发生了剧烈改变，企业已经失去了成长动力，未来业绩将会不断下滑。一家 5 倍市盈率的企业，看似估值很便宜，但如果它净利润下滑 75%，按照市盈率计算公式，在市值不变的情况下，市盈率马上就会被动上升至 20 倍，所以之前的 5 倍 PE 估值，只是低估的假象。

**图 3-2-5　万科 A 前复权价与扣非滚动市盈率走势图**

我们看一下万科 A 的例子，2021 年时看似公司估值很低，但由于业绩大幅下滑，导致公司估值被动上升，这种“低估”就是非常明显的衰退陷阱，公司股价也一路下跌，始终不见起色。此外，市盈率指标也随着公司净利润一路下降甚至陷入亏损而持续升高，相当于公司越“跌”反而越“贵”。

所以在使用市盈率指标判断股票估值高低之前，**一定要对公司属性有所了解，搞清楚它是成长股、价值股、周期股还是衰退股，**并通过分析公司基本面情况，研究未来业绩变化方向。一般来说，市盈率指标更适用于判断价值股的估值情况，对于成长股、周期股或衰退股的适用性没那么强，建议谨慎使用。

## 3.3　市净率（PB）怎么看?

市净率又叫 PB，是公司总市值与净资产的比值，市净率可以用来衡量公司总市值与净资产的关系，常用于对重资产行业与周期型行业进行估值。

**市净率代表每股价格相对于每股净资产的溢价倍数，因此市净率 = 投资者购买 1 元公司净资产所花费的金额。**

还是上文那个咖啡店的例子，如果这家店账面资产扣除债务后，剩余 500 万元的净资产，那么以 1000 万元价格买下店铺后，这笔交易就是按照 2 倍市净率进行估值决策的。

与市盈率的不同点在于，**市盈率以净利润为出发点，受当期经营状况影响较大，且存在较多的会计调整空间；**而市净率以净资产为估值衡量标准，净资产的稳定程度相对更高，受短期经营状况的影响更小，因此在对企业估值方面，**市净率具有更好的连续性与稳定性。**

按照市净率指标是否含商誉，可以分为不含商誉市净率与含商誉市净率。为什么要用商誉对市净率进行区分？我们先来简单了解一下商誉。

商誉是一种无形资产，来源于收购过程中的购买溢价。比如一家 A 公司以 1 亿元的价格，收购另一家公司账面价值 8000 万元的股权，那么收购完成后，A 公司的货币资金减少 1 亿元，同时增加了 8000 万元的长期股权投资，以及价值 2000 万元的商誉资产。

从净资产的角度来看，A 公司的净资产并未发生改变，但从清算角度来看，由于商誉不能独立购买或出售，因此当公司破产清算时，商誉可能变得一文不值，因此，商誉的存在很有可能夸大公司净资产价值。

有些上市公司为了快速发展，总喜欢溢价收购，从而形成高商誉资产。一旦收购对象出现经营不善，将导致资产价值修正，从而出现商誉减值，使得公司当期净利润与净资产双双减少，给投资者带来投资风险。所以我个人喜欢用不含商誉的市净率指标来对企业进行估值。

**市净率适用于对重资产行业进行估值**，因为较重的资产投入使得公司资产的账面价格能较真实地反映公司价值。而科技、服务行业等带有轻资产运营属性的公司，可能较为依赖无形资产（品牌、专利），从而导致市净率指标失真。所以在应用市净率指标估值时，要关注投资对象的资产特性。

同时，**市净率也适用于对周期型行业进行估值**。因为周期型企业容易受到宏观经济周期、产业周期的影响，从而导致净利润指标暴涨与暴跌，这时市盈率指标就失去了参考价值，反而资产账面价格成为公司的价值锚点。

**市净率从某种角度上讲，既代表着一笔投资的安全边际，也代表着对企业清算价值的衡量**。比如万科 A 当前的市净率约为 0.4 倍，这就代表你每花 0.4 元，就能买回万科账面价值 1 元的净资产，这笔投资天然就带有了四折买入的安全边际。按照这个估值买入，就代表投资者认为，万一哪天万科破产清算，至少也能收回 40% 的清算价值。

**市净率指标不是越低越好**，你会发现低 PB 企业往往属于夕阳产业，或商业模式较差、盈利能力较低的行业，这种企业自身生存都存在问题，更别提为股东创造价值了。

还是那句老话，估值指标不能独立使用，必须结合公司基本面分析，才能更准确地判断一家公司的估值高低。

## 3.4　股息率的魅力

股息率是每股股息与股票价格之间的比值，是衡量股票现金分红回报的重要指标。如果从实操的视角看待股票投资，股民想要赚到现金收益，只有两种方式，其一是通过低买高卖，赚取股票买卖差价；其二是通过持有股票，等待公司发放股利。这两种方式中，无疑后者的确定性更强。

**股息率也是衡量估值的方法，一般来说，估值越低，股息率越高。**比如一家企业，股价 100 元，假设每股分红 3 元不变，这时股息率为 3%；当它股价跌到 50 元时，股息率就被动上涨到 6%；反之，当它股价涨到 200 元时，股息率就被动下降至 1.5%。所以股息率的高低也可以反映公司的估值高低。

股息率分为静态股息率和动态股息率，我们有时会看到，在不同的行情软件平台上，同一家公司的股息率不同，原因就在于此。

静态股息率：取上一个财报年度的分红总额，除以总市值计算。动态股息率：取最近 12 个月的分红总额，除以总市值计算。

**表 3-4-1　贵州茅台 2022 年年报至 2024 年三季报分红情况统计表**

| 报告期 | 2022 年年报 | 2023 年中报 | 2023 年三季报 | 2023 年年报 | 2024 年中报 | 2024 年三季报 |
|---|---|---|---|---|---|---|
| 分红总额 | 325.49 亿元 | 不分配 | 240.01 亿元 | 387.86 亿元 | 不分配 | 300.01 亿元 |

这里我以贵州茅台为例：公司 2023 年三季报，分红 240.01 亿元；2023 年年报，分红 387.86 亿元；2024 年三季报，分红 300.01 亿元。彼时贵州茅台的总市值为 18039 亿元。

因此它的静态股息率 =（240.01+387.86）÷ 18039=3.48%，同花顺网站给出的股息率指标，就是按静态股息率来计算的。动态股息率 =（387.86+300.01）÷ 18039=3.81%，东方财富网站展示的股息率，则是动态计算结果。

需要注意的是，静态股息率隐含了历史分红可持续的假设，一旦由于未来业绩变化导致分红金额变化，静态股息率就会产生较大偏差。对于动态股息率，由于分红时间每个季度存在差异，这会导致 12 个月的滚动统计方法因日期变化出现分红数据空缺或重复统计的情况，因此动态股息率偶尔也会失真。

**股息率也是一种估值指标，并且在我看来，它可以跨行业、跨投资品类进行横向估值比较。**

不同行业的盈利能力与资产价值是不同的。比如白酒行业具备轻资产运营特点，企业依靠品牌、专利技术等无形资产获取价值，因此行业市盈率低于20倍、市净率低于4倍，就已经是非常便宜的估值水平了。而银行板块则属于重资本高杠杆行业，近10年市盈率平均值大约为6倍，市净率平均值更是破净的0.76倍。这就导致我们根本无法用PE或PB指标来横向对比白酒股与银行股的估值高低。

但在不考虑未来成长潜力的情况下（股票投资中，低股息率往往隐含高成长预期）使用股息率指标就可以横向对比不同行业公司的股息回报高低，从而进行跨行业对比。

我们日常可以接触到的投资品，不止股票一种，例如投资性房地产、银行定存产品、国债等，都是可选的投资标的。

这时股票的股息率就可以与房产年化租金回报率、银行定存产品利率、国债收益率进行横向比较，从而帮助我们衡量这只股票的价值高低。假如一家成长潜力较低的成熟企业，它的股息率甚至还没有10年期国债收益率（通常被视为无风险收益率）高，其投资价值自然就很低了。

**股息率的应用也有局限性，它多适用于经营成熟的企业，这种企业利润稳定可预测性强，因此股息率的参考价值更高。**

对于成长型企业与周期型企业，股息率指标的参考价值就会大大下降，前者处于发展阶段，赚回的利润都要用于再投资或偿还前期欠下的债务，因此利润中可供分红的比例较低；后者业绩经常随周期波动暴涨暴跌，股息率指标也会上蹿下跳，参考意义不强。

**通过股息率选股，要特别注重公司盈利的可持续性，因为股息率是静态指标，取的是历史分红金额，如果未来净利润下滑，哪怕分红率不变，那么股息率也会被动下降。**

举个例了，一家企业股价100元，每股净利润10元，每年派发6元/股的股利，那么股息率为6%，还是很不错的；但假如第二年它业绩下滑，每股净利润降低到 6 元，还是按 60% 的分红率计算，那么每股分到的股利就会变成 3.6 元，假设股价不变，这时它的股息率就会被动下降到 3.6%。所以股息率指标不能单独使用，同样要与公司基本面分析相结合。

如果仅从投资者能拿到的现金股利来看，当分红总额不变时，这个金额只与持有的股份数量有关，而与股价涨跌无关。所以一旦执行了买入操作，确定了持仓数量后，这笔投资的股利回报率也就被锁定了下来，并且在未来还有可能持续增长。

再举个例子，当我在 2015 年 3 月，以 15 元每股的价格买入 1000 股招商银行，按照 2014 年公司每 10 股派 6.7 元的分红方案，这笔投资的股利回报率为 4.47%。10 年后的 2025 年 3 月，由于招行没有进行过送转股，因此我的持仓数量依然是 1000 股，按照 2024 年公司每 10 股派 20 元的分红方案，每年的股利回报率已经上升到 13.33%。

**图 3-4-1　招商银行不复权股价与股息率走势图**

这就是股利回报率（一笔具体投资的股息率）会随时间增长，且与股价无关的例子。如果按照 2025 年 3 月招商银行最新 45 元的股价计算，它的股息率为 4.44%，与 10 年前相差不大。所以如果想要长期吃股息，肯定是越早买越划算。

**最后，要小心高股息率陷阱。**股息率是一个偏静态的指标，它只能用过往的分红情况来计算，无法根据公司经营变化动态调整，因此有时会出现虚高的高股息率现象。

根据股息率计算公式：股息率 = 年度分红总额 ÷ 总市值 ×100%=（年度净利润 × 分红率）÷ 总市值 ×100%，因此股息率与企业年度净利润、分红率、总市值（股价 × 总股本）这三个指标有关。

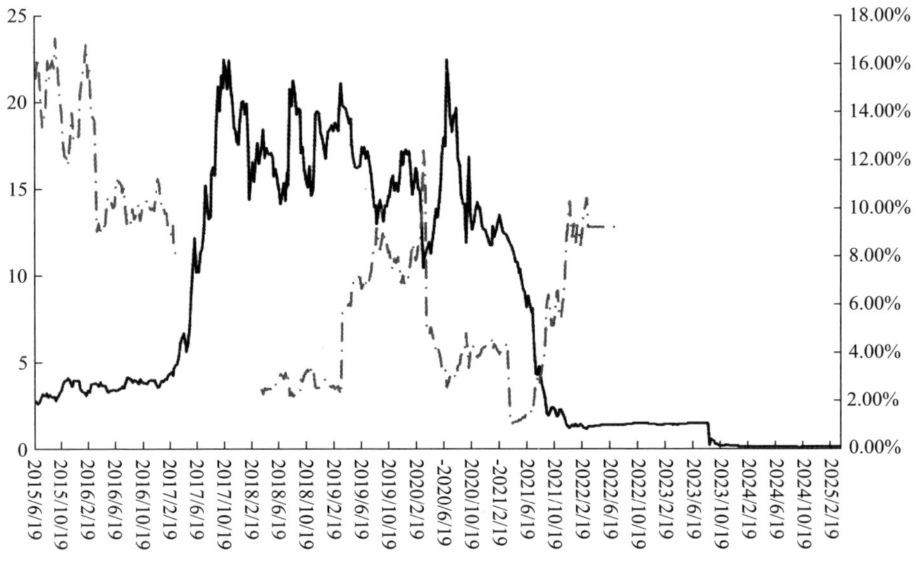


**图 3-4-2　中国恒大股价与股息率走势图**

有些企业会在某年突击分红，大幅提升分红率，从而导致股息率指标异常升高，但由于这种分红不可持续，因此虚假的高股息率指标也同样不持久。最典型的例子就是港股中国恒大，在 2017 年、2018 年年报均不分红的情况下，2018 年

10 月和 2020 年 2 月两次大额分红，将公司股息率分别抬升至 9% 和 12%。事后证明，这只是大股东利用分红转移公司资产的手段。

有的公司会因为净利润大幅升高，快速提高股息率，但这种情况同样不可持续。比如中远海控自 2021 年海运价格暴涨后，净利润指标翻了 10 倍，股价也涨了 10 倍，股息率从常年不分红的状态先上涨至 6%，后最高达到 36% 的极高水平。但高业绩不可持续，就意味着高股息率不可持续，到了 2024 年，公司股息率重新降回 5%，这才属于一个正常的范围。

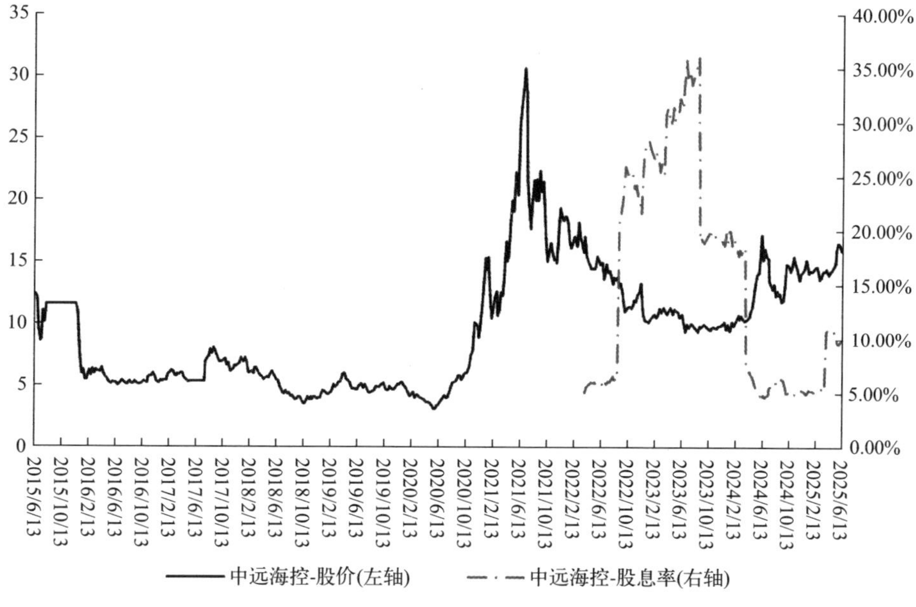


**图 3-4-3　中远海控不复权股价与股息率走势图**

还有些企业，会因为股价暴跌，使自身股息率异常升高。比如华夏幸福在 2020 年 7 月时，股价约为 20 元，股息率约为 6%。到了 2021 年 4 月初，公司股价跌至 6.3 元，股息率也被动升高至 18.4%。**2021 年 4 月底，华夏幸福公布 2020 年年报，从此再也没有分红过，股息率直接归零**，看似极高的股息率，却从未真实存在。所以，过高的股息率，有时会蕴藏着公司未来业绩下滑的预期。

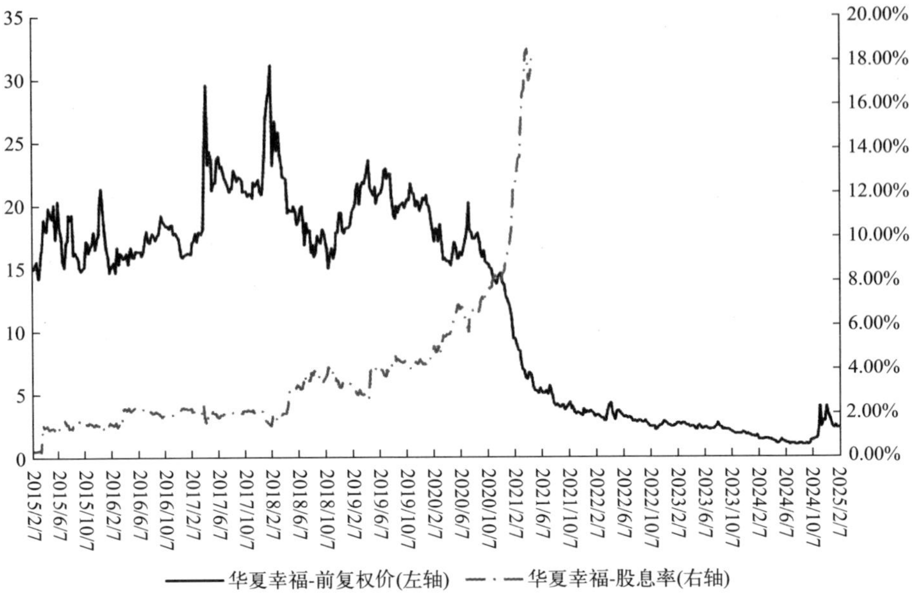


**图 3-4-4　华夏幸福前复权价与股息率走势图**

总结来说，当我们运用股息率估值法时，必须结合基本面分析，考虑企业的未来经营状况。哪怕一家公司当前股息率较高，具备吸引力，但如果其未来发展前景不佳，那么这家公司可能也并不是一个好的投资选择。

## 3.5　估值历史分位值的妙用

我发现很多朋友炒股，连市盈率与市净率这些最基本的估值指标都不看，就更不用说估值指标的历史分位值了。

所谓的历史分位值，是一个统计学概念，用于描述某个数据点在一段数据中的相对位置。这话有点太学术了，我用更直白的例子来解释。

如下图所示，截至 2025 年 6 月 19 日，沪深 300 指数在过去 10 年中的每一个交易日，都会根据总市值与成分股净利润指标，计算出一个加权滚动市盈率估值数据，这个数据 10 年间的最小值为 10.22，最大值为 17.59。

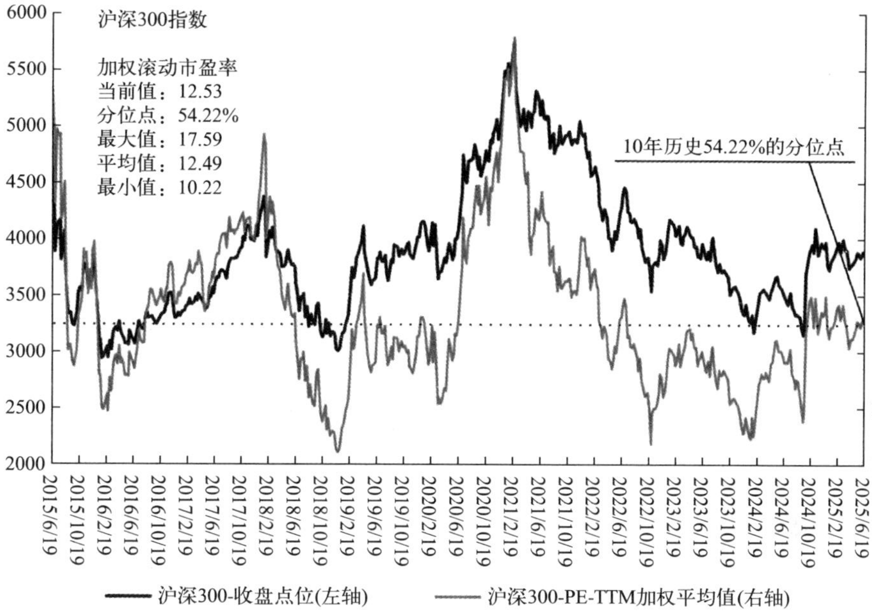


**图 3-5-1　沪深 300 指数收盘点位与加权滚动市盈率走势图**

在这 2500 多个数据中，如果把它们从小到大依次排列，最小的数对应的分位值记为 0%，最大的数对应的分位值记为 100%，那么当前沪深 300 指数的加权滚动市盈率指标为 12.53 倍，将会排在近 10 年历史中 54.22% 的位置。

当然，用更简单的解释方法，54.22% 的分位值，就代表如果你此刻买入沪深 300 指数，就买得比过去 10 年中 54.22% 的时间都要贵，比 45.78% 的时间要便宜。它代表了此刻的估值，在某个设定好的历史区间中的位置，我们用历史分位值，就可以衡量在这个区间内，投资目标当前的估值高低。

**它的优点是非常直观，一眼就能看出投资目标的估值水平。**就比如我问你，当前上证 50 指数 10.87 倍的加权滚动市盈率估值，是贵还是便宜？这问题就很难回答。你需要找到它的最大值、最小值和平均值，才能知道估值的大致高低。

但如果我问你，当前上证 50 指数在过去 10 年中处于 71.63% 的 PE 估值分位点，是贵还是便宜，则马上就能知道，它现在的估值有点贵，因为它只比过去

10 年中不到 3 年时间更便宜。历史上它的价格底部往往都出现在估值分位点小于 20% 的位置，因此对它的买卖也就有了衡量标准。

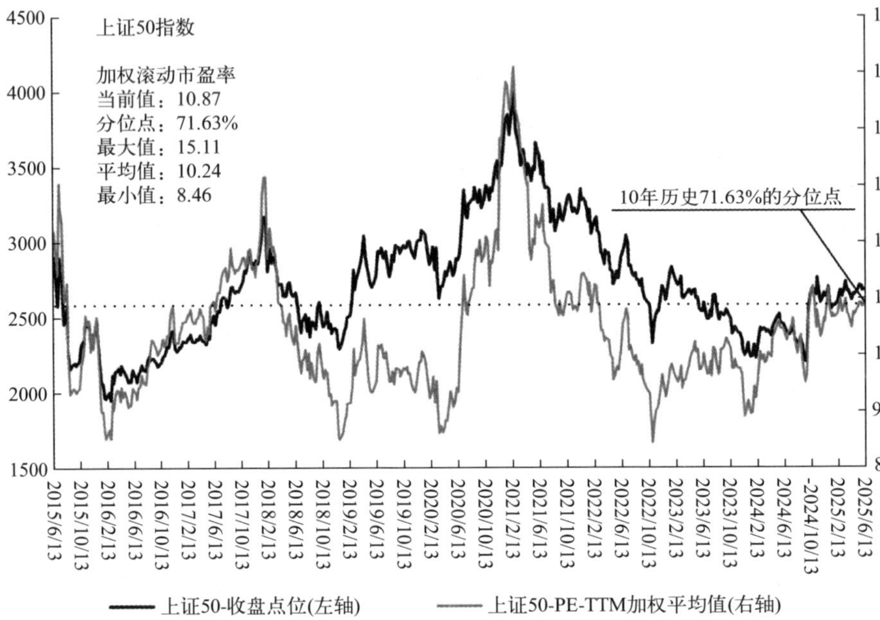


**图 3-5-2　上证 50 指数过去 10 年收盘点位与加权滚动市盈率走势图**

**历史分位值数据用起来，需要注意两点。其一是历史区间长度，其二是区间总在动态变化。**

如果我将历史区间长度改为 20 年，如下图所示，可以看到取值区间发生变化后，加权滚动市盈率分位点立即发生了改变。上证 50 指数近 10 年历史分位点为 71.63%，而近 20 年历史分位点为 53.55%。

原因就在于，20 年时间跨度的数据将 2007 年大牛市包含了进来，拉高了指数的整体估值水平，从而使当前估值的历史分位值下降了。

从这里能看出，不同的历史区间长度取值，结果完全不同，因此应用时必须关注历史区间情况。

**图 3-5-3　上证 50 指数过去 20 年收盘点位与加权滚动市盈率走势图**

另外，虽然两张图的时间跨度不同，但估值中枢相差并不大，PE 平均值均落在了 10～11 之间，这也说明，**指数自身存在一个相对稳定的合理价值中枢，无论是高估还是低估，总会围绕这个中枢上下波动**，这也是我们可以应用“两低一高”投资方法，利用估值波动，实现低买高卖的逻辑所在。

需要注意，我自己常用近 10 年的历史数据，进入 2025 年后，就会慢慢把 2015 年大牛市的高估值数据覆盖掉，因此未来指数估值与个股估值的近 10 年历史分位值，将会由于数据动态取值范围变化，而被动升高。

我自己平时就很喜欢在估值百分位小于 1% 的价格买入，这代表我比过去 10 年中 99% 的时间买得都要便宜，这会极大提升我的投资胜率。可能很多人觉得这么低的估值达不到，其实当你们跟踪的股票与指数多了后，就能发现这种投资机会并不少。

但也需要注意，对于一些陷入衰退或者周期景气度持续下行的行业或公司，它们随着股价下跌或者业绩下滑，可能会在相当长的一段时间内，估值的历史分位持续保持在低位。

所以该指标也要结合公司基本面分析，综合使用。指标毕竟是死的，不够灵活，千万不要盲目照搬，回头用不好再来怪我。我不背这个锅，指标也不背。

再次强调，任何分析指标，**比如PE、PB、股息率、ROE、毛利率、净现比、资产负债率、净利润增长率等，脱离了个股基本面，都没办法独立使用。**

## 3.6 估值低点=买入机会？

最后我们总结一下，市盈率关注的是公司盈利能力，市净率关注的是公司资产价值，二者都是以市场相对估值视角判断公司价值；而股息率关注股东的实际现金回报率，偏重绝对估值视角。

**三个指标均有各自的优点与缺陷，所以将这三个指标结合起来共同使用，可以更全面地反映公司估值情况，并有效减少因单一指标失效而导致的估值失灵问题。**

为什么这三个指标可以共同使用呢？**因为它们拥有一个共同的影响因子。**根据主要估值指标的计算公式：

市盈率=股价 ÷ 每股净利润

市净率=股价 ÷ 每股净资产

股息率=每股分红金额 ÷ 股价

可以发现，3个估值指标均与股价呈强相关性，其中市盈率、市净率与股价呈现正相关性，股价越低，PE和PB的数值也越低；而股息率与股价呈现负相关性，股价越低，股息率的数值反而会越高。

我们想要精准找到公司股价低点，从而完成抄底，只需找到一只股票的低市盈率、低市净率、高股息率的位置即可。

罗翔老师有一句话是这么讲的："人生中唯一能确定的，就是不确定的人生。"这句话稍加修改，放在股市上同样适用："股市中最大的确定性，就是它永远充满了不确定性。"而我们就是要在这个不确定性极高的市场中淘金，找到通往成功之路的方向。

幸运的是，我自己经过多年总结，还真找到了两条"相对确定"的股市规律：

**① 股市永远呈现周期波动是确定的；**

**② 股市中的估值回归现象是确定的。**

在这两条规律的指引下，找到股票估值的低点，耐心等待周期规律与估值回归起作用，你就找到了通往成功的钥匙。

不要害怕万一未来股市永远不涨怎么办。美国股市200多年的历史证明了股票是长期年化回报率最高的资产类别。

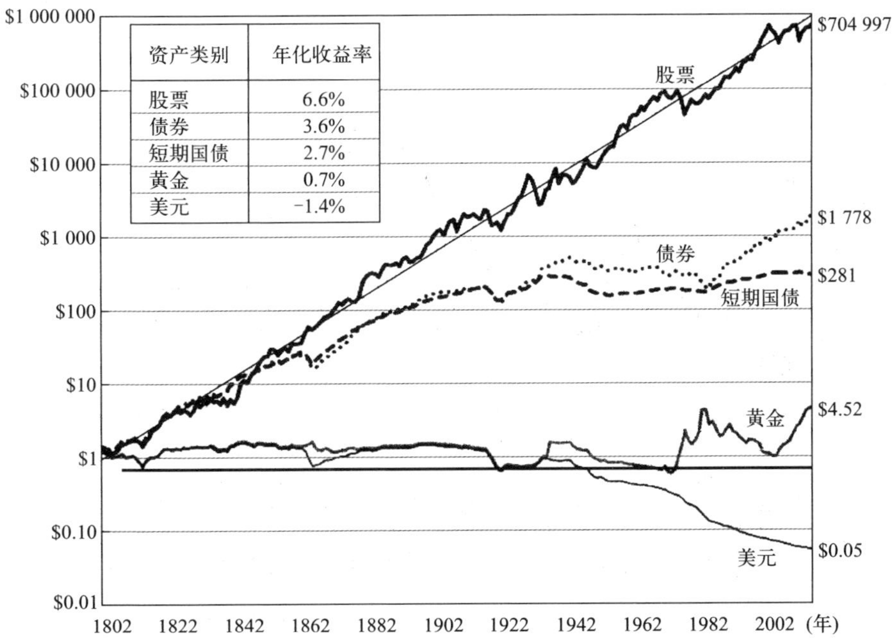


**图 3-6-1　美国股票、债券、短期国债、黄金、美元的长期真实总收益**

**《股市长线法宝》杰里米·J. 西格尔**

假设有一个虚拟投资者，在 1802 年分别投资 1 美元于美国股票、债券、短期国债、黄金及美元，那么到 2012 年，一个充分分散的股票投资组合的年化投资回报率能达到 6.6%，最初投资的 1 美元将变成 704997 美元（以不变购买力计算），远远高于其他大类资产。也就是说，6.6% 的年化收益率，是投资于美股的长期回报中枢。

对于 A 股同样如此，上证指数上市至今的年化收益率约为 10%，哪怕从数据层面剥离早年间上市公司数量较少的炒作年代，以近 20 年的视角来看，在 2005 年 6 月—2025 年 6 月，上证指数的年化收益率也有 5.9%，这是不是打破了许多人心中上证指数常年 3000 点的固有认知。

如果用编制规则更合理的沪深 300 指数来看，2005 年 6 月—2025 年 6 月，沪深 300 指数的 20 年年化收益率超过 7.7%，表现同样不输美股长期收益率。股

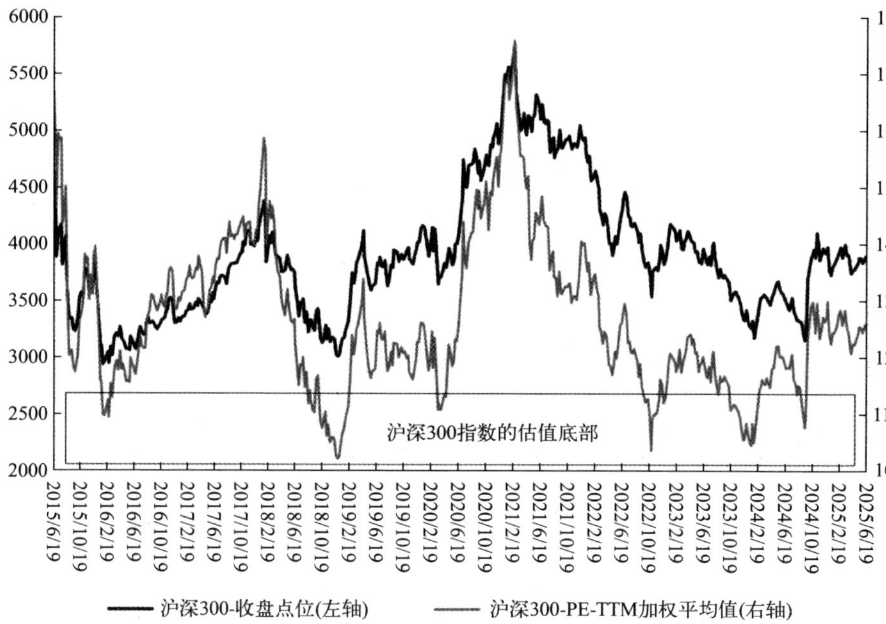


**图 3-6-2　沪深 300 指数收盘点位与加权滚动市盈率走势图**

民们总觉得沪深 300 指数常年不涨，是因为最近 10 年它的表现较差，几乎在原地踏步，而这正好给了我们利用股市周期性波动与估值回归特点低位买入的良机。

从上图也能看出，我们只要在沪深 300 指数市盈率指标的底部买入，均能在未来取得不错的投资收益。哪怕指数 10 年不涨，通过估值判断，我们依然可以取得漂亮的投资成绩。

Value

第4章

# 实战拆招："两低一高"策略教你稳中求胜

Investing

## 4.1 “两低一高”到底是啥?

霍华德·马克斯说过:“最大的风险并不是来自低质量或高波动性，而是来自买入价过高。”这并不是假想的风险，而是活生生的现实，“两低一高”就是为了避免过高买入价而存在的。

什么是“两低一高”投资方法?**所谓“两低”指的是市盈率与市净率双低，“一高”指的是股息率高**。前者用来衡量一家公司的相对估值水平，是与自身历史比；后者用来衡量绝对估值情况，既能与自身历史做比较，也能跨行业、跨资产类别来判断公司估值的高低。市盈率低、市净率低、股息率高，三者结合起来取交集，大概率就是公司估值与股价的长期底部。

在“两低一高”的位置买入，胜率极高，且未来上涨空间最大，具备高胜率、高回报的特征，是一种非常简单易懂且好用的长期价值投资方法。

我用中国神华做例子，来说明这种方法如何使用。

图 4-1-1 是中国神华上市以来的扣非滚动市盈率走势图。我用图示画出了中国神华 PE 指标处于历史低位的时间段，它们大多也对应着公司股价的相对低点。

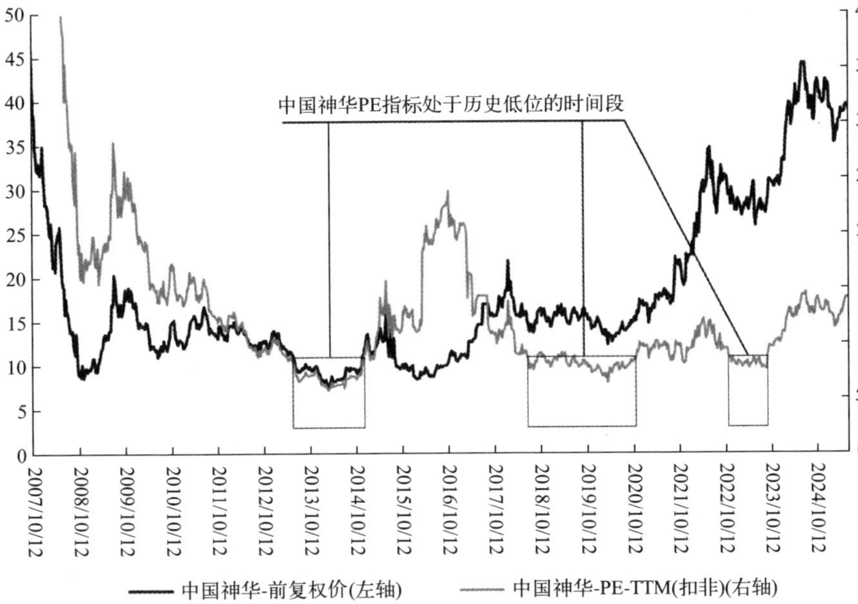


**图 4-1-1　中国神华前复权价与扣非滚动市盈率走势图**

**图 4-1-2　中国神华前复权价与不含商誉市净率走势图**

图 4–1–2 是中国神华上市以来的不含商誉市净率走势图。我同样画出了中国神华 PB 指标处于历史低位的时间段，它们与 PE 指标低位对应的时间段稍有不同，但也对应着公司股价的相对低点。

**图 4-1-3　中国神华前复权价与股息率走势图**

最后是中国神华上市以来的股息率走势图。由于股息率越高通常代表估值越低，我这里选取公司股息率较高的位置，同样标出了对应的时间段。

很明显，三个估值指标所对应的时间段并不完全一致。为了进一步提高估值指标的有效性，提高投资胜率，我将三张图拼在一起，对齐时间轴，取低估值时间范围的交集。

这里交集的位置，就是符合“两低一高”特征的黄金买入点。时间段大约出现在 2014 年 1 至 11 月、2020 年 4 至 9 月。前者买在了 2015 年大牛市的前夕，后者买在了 2021 年煤炭股牛市的前夕。如果在 2014 年买入并持有至 2024 年，那么就是 10 年 10 倍的收益水平；如果是 2020 年买入并持有至 2024 年，大约为 4 年 9 倍的收益率。

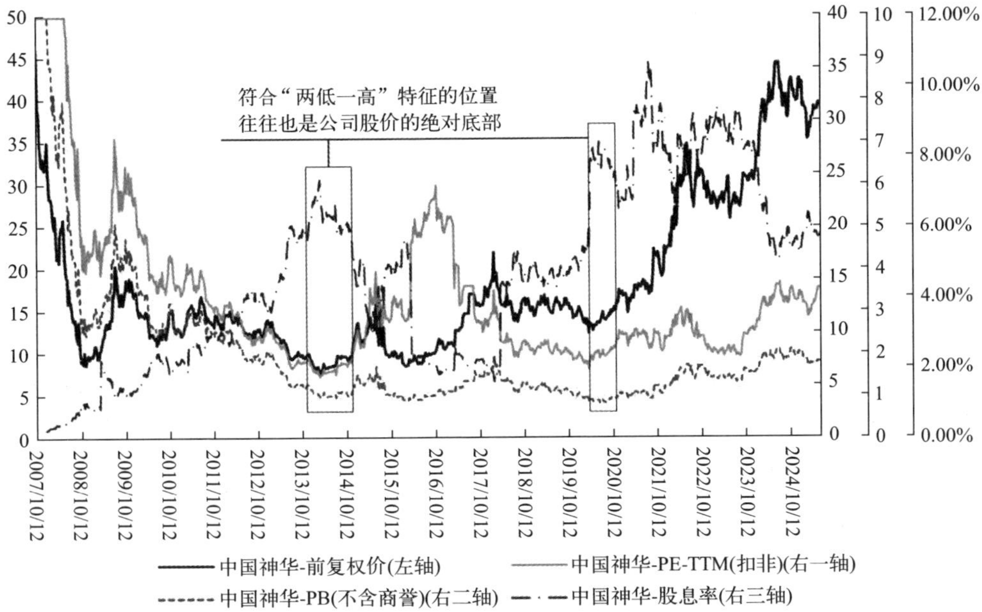


**图 4-1-4　中国神华“两低一高”分析图**

哪怕你中间卖掉，不论你什么时间卖出，肯定都是赚钱的。当然卖出也有方法，同样很简单，就是把“两低一高”反过来，寻找“两高一低”的时间交集，卖出即可。

这里关于三大指标的低估取值标准，可以因人而异，无须非常精确，从图示中做到模糊的正确即可。等你们像我一样熟练掌握这种方法后，无须复杂的辅助制图，仅看估值走势图，马上就能发现公司股价相对低估与高估的位置。

甚至你不像我这么谨慎选择三者取交集，而是任选两者取交集，或者一定程度上放宽低估取值标准，同样能以相对便宜的价格，获取不菲的投资收益，不信可以自己试一下。

可能有人会说，你这是先射箭后画靶，都有历史图形了，用已知结果倒推，怎么说都有理。首先，光说不练假把式，读者朋友们可以去找一些公司，亲自试验一下这种方法，只要是符合适用范围的投资标的，“两低一高”的位置大多是好买点。其次，我用中国神华的例子，把它的图形遮住一部分，看看当时会做出什么样的投资决策。

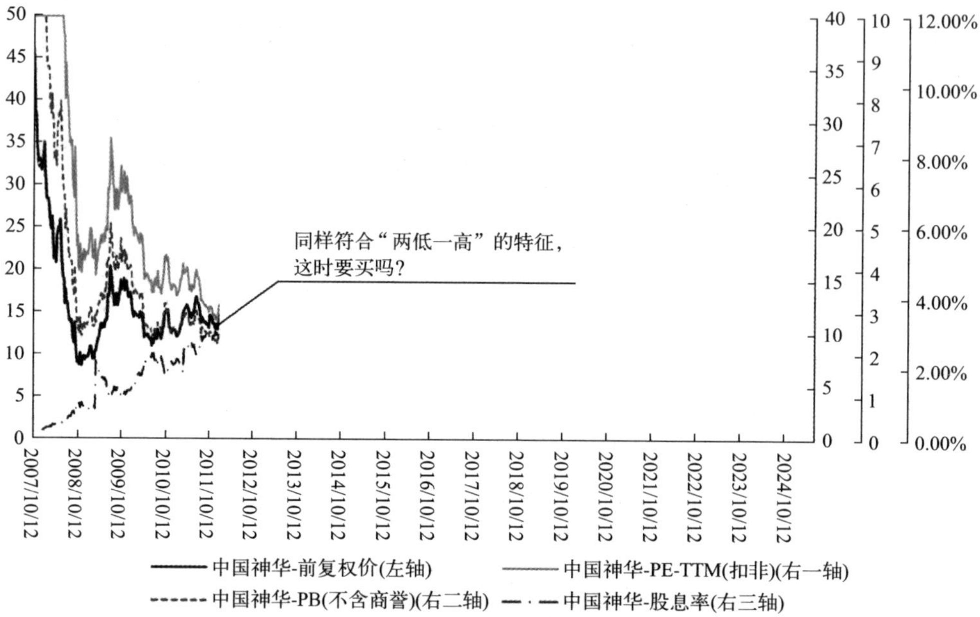


**图 4-1-5　中国神华符合“两低一高”特点的时间点（一）**

上图我把时间设定在 2012 年初，这时中国神华的 PE 大约为 11 倍，PB 大约为 2.2 倍，都是它上市以来的历史最低水平，历史分位值接近 0%，那么这时要买吗？

答案是不，因为此时公司股息率不到 4%，并不算高。**要知道当时中国 10 年期国债收益率大约 3.4%，中长期贷款利率高于 6%，人们愿意承受高达 6% 的房贷利率炒房，自然看不上中国神华这 4% 的股息率。**所以哪怕 PE 与 PB 指标符合“两低”特征，但由于股息率不够高，因此对于我来讲，不会选择买入。

下图我把时间设定在 2019 年中，从 PE 和 PB 指标来看符合条件，但股息率 4.5% 同样太低了，我觉得没达到我心中股息率接近 6% 的标准，因此不考虑买入。如果大家想问这 6% 的股息率标准是怎么来的，很简单，我就是用当时住房商贷利率 6% 来反向推算。

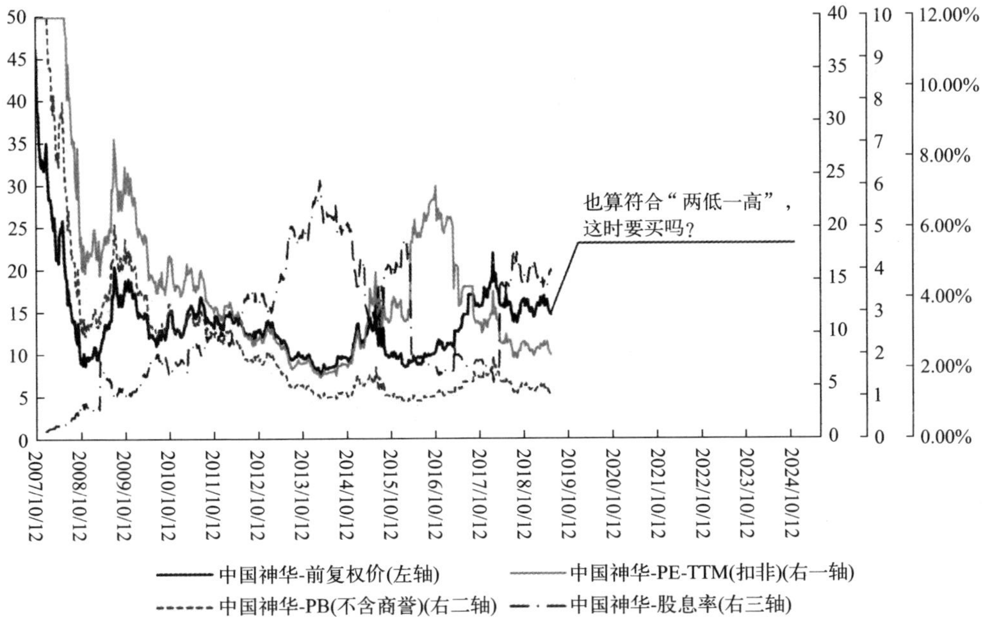


**图 4-1-6　中国神华符合"两低一高"特点的时间点（二）**

实际应用过程中，要给 PE 和 PB 设一个最高数值，给股息率设一个最低数值，至于这个标准如何设定，**要综合考虑当前的社会无风险收益率、股市整体估值情况、行业情况、公司情况、市场上其他大类资产的投资收益率等因素，**后文我也会讲到个人对于标准的设置方法。

以上就是"两低一高"的基本使用方法与案例。是不是看起来非常简单？它的逻辑并不复杂，就是用几个估值指标，共同筛选出公司价值被低估的时间段，买入并耐心持有，等待公司股价回归到合理价位，甚至被高估后卖出。

当然实际应用起来，这种方法还是有很多技巧的，这都是我多年实践中总结出的经验。

比如像中国神华这种周期股，市盈率有时会因为煤炭行业的周期波动，影响公司当期利润，从而导致估值指标失准，而市净率指标与公司股价的同步性更强，与股息率指标相结合，可以更准确地反映中国神华的价值变化情况。

有些公司处于发展的起步阶段或经营亏损状态，这时市盈率指标同样会失效，公司赚不回利润自然没钱分红，股息率肯定也高不了。对于这样的企业，我们就可以采用市销率（PS）指标来衡量公司的估值情况。比如当前的新能源汽车行业，大打价格战，行业中的大多数公司都陷入亏损，这时衡量它们的估值，就可以参考市销率。

需要注意的是，**“两低一高”更适用于经营稳定的成熟企业，**如果企业基本面发生了较大变化，就有可能导致投资体系失效。因此我们必须深入分析公司基本面，持续跟踪其经营状况，否则，一旦公司基本面恶化导致净利润与股息率下滑，投资将面临重大风险。例如前文我讲过的华夏幸福的例子，若在其基本面发生重大变化时，仍机械地使用“两低一高”去判断投资机会，必然会遭遇假买点，最终导致投资失败。

另一方面，这种方法带有高胜率、高回报特征，**投资机会出现的概率自然极低，这也是“不可能三角”效应的体现，因此就需要我们耐心持续跟踪，有时候要等好几年才会出现一次较好的投资机会**。并且这类机会出现之时，往往是股市行情遇冷，恐慌情绪蔓延之时。想要做到不为情绪所干扰，坚定买入，需要我们具备过硬的投资心理素质。

可能你会问，投资机会出现概率极低的投资方法，也没那么好用啊，我的钱总不能一放好几年，就为了等待那个十年一遇的黄金投资机会吧？

其实应对方法也很简单，**就是多分析、多跟踪，同时关注多家公司**。因为不同行业所处周期不同，A 股也存在明显的板块轮动效应，假设每只股票每 5 年才有 1 次这么好的买入机会，那么我们跟踪不同行业的 20 只股票，就有可能每个季度发现 1 次这样的机会，有效解决投资频率过低的问题，这也是我多年来不停分析各行各业的股票，并坚持跟踪估值变化的原因。

任何投资方法都不会做到 100% 的正确率，因此需要分散投资，避免因重仓股看走眼而导致账户市值大幅回撤。

低估更多是时间段而非时间点，没人能保证当下就是公司估值的底部，因此需要分批建仓买入，从而摊薄平均持仓成本。

以上这些内容，后文我都会一一结合案例展开讲解，帮助大家理解并掌握这种方法。下面我先来聊一聊，这种方法为什么有效。

## 4.2 "两低一高"为啥有效？逻辑你得懂

其实"两低一高"方法的有效性无须我来证明，因为符合条件的股票的股价与估值历史数据，自然而然地证明了它的有效性。

后文我会讲到，"两低一高"方法对于提升成熟行业、大市值、龙头股的投资胜率更有效，不太适用于妖股、新股、次新股、小市值股票、衰退型行业股票以及经营基本面发生剧烈变动的股票。

当你随便挑一些符合条件的上市公司，打开它的估值与历史 K 线对比图一看，就会后悔为什么没有早点知道这种方法，从而在它低估的位置买入并在高估时卖出，赚取收益。

当然从理论角度，我们同样能证明它的有效性。前文我们讲过价格与价值的区别，投资大师安德烈・科斯托拉尼则用遛狗理论更形象地阐释了这一观点。

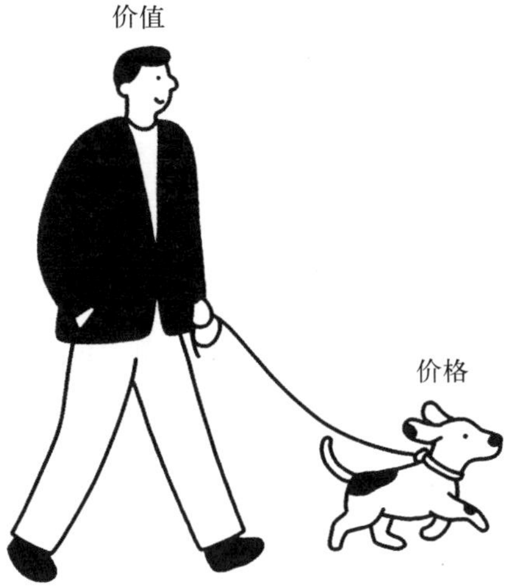

遛狗理论将价值比作主人，用价格来比喻被遛的狗。主人（价值）通常以稳定的步伐前行，而狗（价格）则会围绕主人前后奔跑，有时甚至离开主人很远；但最终，小狗总会顺着绳子回到主人身边。

这一过程展现了**价格在短期呈现无序波动，但长期仍会回归价值的规律**。价格永远受价值的走势制约，正如主人的前进方向决定了遛狗的最终路线。

所以我们在股票价格低于价值时买入，并在价格高于价值后卖出，自然就能大大提高投资胜率。可能我举了一两个该方法对股票有效的例子，会被视为幸存者偏差，那么我们就取大市值龙头股的合集代表——沪深 300 指数为例，来证明它的有效性。

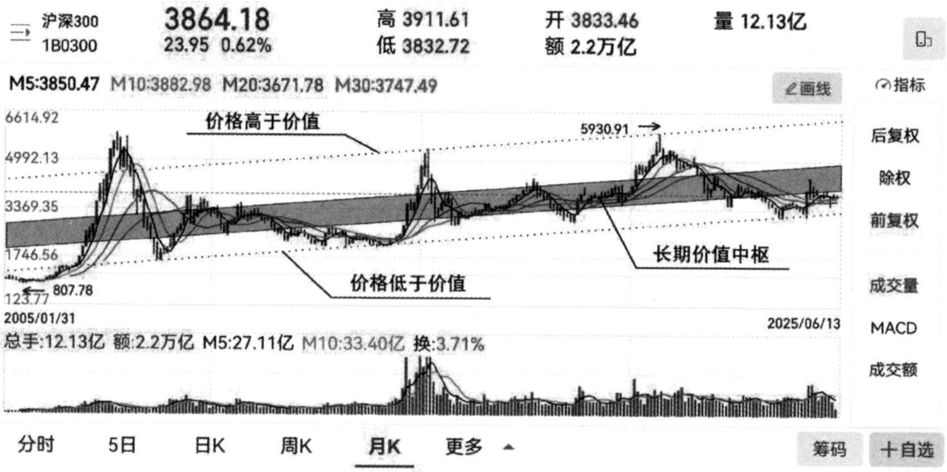


**图 4-2-1　沪深 300 指数月 K 线走势图　底图来源：同花顺 APP**

上图是沪深 300 指数的近 20 年的月 K 线图。我在指数震荡中轴的位置，画了一个区间，代表指数的长期价值中枢，就好似稳定前行的主人；下面将 2008 年、2014 年、2024 年的阶段性低点用虚线连接，代表价格的绝对低点，就好比小狗落在了主人后面；而上面将 2015 年与 2021 年的阶段性高点连接起来，代表价格的绝对高点，好似小狗跑在了前面。图中很清晰地展示了沪深 300 指数的数值（相当于价格）是如何围绕价值上下波动的。

并且我在画图过程中，特意将图中的几条线段画成了平行线，仿佛有一双无形的大手，为股价波动限定了范围。要知道股市中是有“国家队”的，为的就是防范股市大幅波动从而引发系统性金融风险。那么在这种情况下，围绕价值中枢，低买高卖的“两低一高”投资方法，有效性就被进一步强化了，**所以经过我个人的多年体会，这种方法在 A 股中应用的有效性，相比于港股和美股更高。**

但通过画线寻找股市底部，总归是更偏重玄学。由于经济在发展，沪深 300 指数以及组成指数的 300 家公司也在不断进步，**无论是指数点位还是公司股价，中枢水平都在不断提升，所以图中的低点与高点也在不断升高。**2008 年底，沪深 300 指数的底部点位大约在 1670 点，2014 年中则变成了 2100 点，2018 年底升高至 3000 点，再到 2024 年 9 月达到了 3200 点。

假如我现在问你，下一次牛市底部来临时，沪深 300 指数最低会跌到多少点呢？ 3500 点？ 4000 点？我想没人能给出确切答案，我也不能。但如果我们借用估值指标，就有可能找到这个历史大底的具体数值。

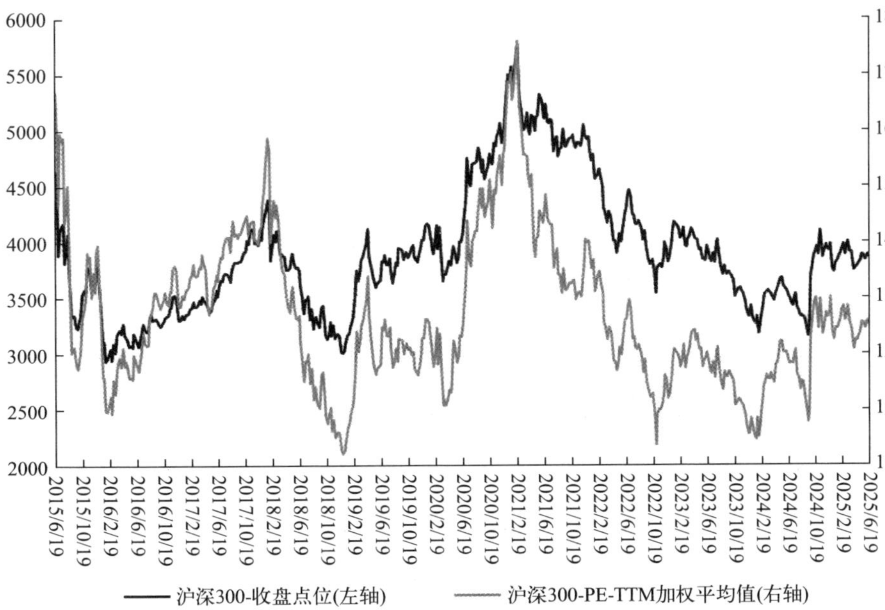


**图 4-2-2　沪深 300 指数收盘点位与加权滚动市盈率走势图**

从沪深 300 指数近十年的市盈率走势图来看，PE 估值走势与收盘点位走势是高度趋同的，PE 估值的高点与低点同时也是指数的相对高位与低位。每当 PE 指标回落到 10～11 倍的区间，往往预示着指数即将触底回升。虽然每次指数的底部价格均不相同，但 PE 指标的底部在一定时间内不会发生明显变化，因此我们虽然无法预先判断指数的下一次触底点位是多少，**但只要它的市盈率指标重回 10 ~ 11 倍的区间，我就敢断言，沪深 300 离见底不远了。**

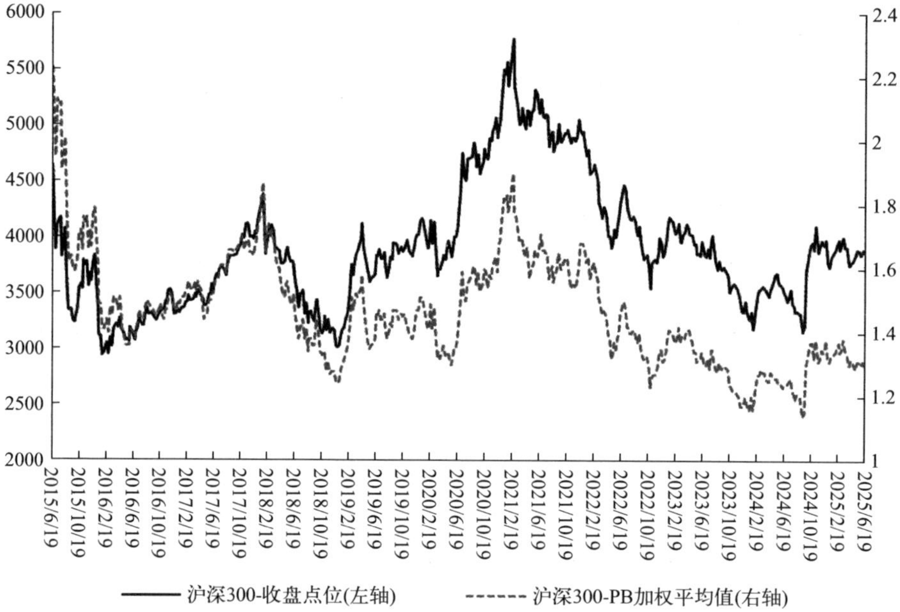


**图 4-2-3　沪深 300 指数收盘点位与加权市净率走势图**

我们再换成市净率指标，也是同样的道理。如上图所示，沪深 300 指数的 PB 指标同样与收盘点位的走势趋同，PB 指标的底部也对应着指数点位的底部。但也能明显看出，**PB 估值底部是在逐渐降低的，这背后也映射出中国经济发展降速的宏观经济背景**。所以我将几个估值指标结合、共同使用来判断股价高低，就是为了避免单一指标出现误差，从而导致投资失败。

**图 4-2-4　沪深 300 指数收盘点位与加权股息率走势图**

最后，我们再换成股息率指标，很明显股息率与指数收盘点位呈反向走势，股息率的高点，往往是指数的低位；而股息率的低点，往往对应着指数的顶点。三个指标结合起来，就能帮助我们有效发现指数的底部与顶部区间，从而指导买卖操作。

**“两低一高”投资方法的有效性，从数学公式的角度很好解释。**因为总市值 = 市盈率 × 净利润 = 市净率 × 净资产，当净利润与净资产在短期内相对不变时，PE、PB 指标与总市值成正比例关系，而指数的收盘点位是由成分股市值计算而来的，因此 PE 与 PB 指标的低点，同样也是指数收盘点位的底部。

同样，由于股息率 = 总分红 ÷ 总市值，当分红在短期内相对不变时，股息率与总市值成反比关系，因此，股息率的高点往往代表着指数收盘点位的底部。

三个估值指标，分别从利润、资产、分红视角寻找低价买入的机会。而当投资者把它们合在一起取交集时，就可以相互印证，进一步提高择时胜率。所以这既解决了买得便宜的问题，又解决了择时的问题。

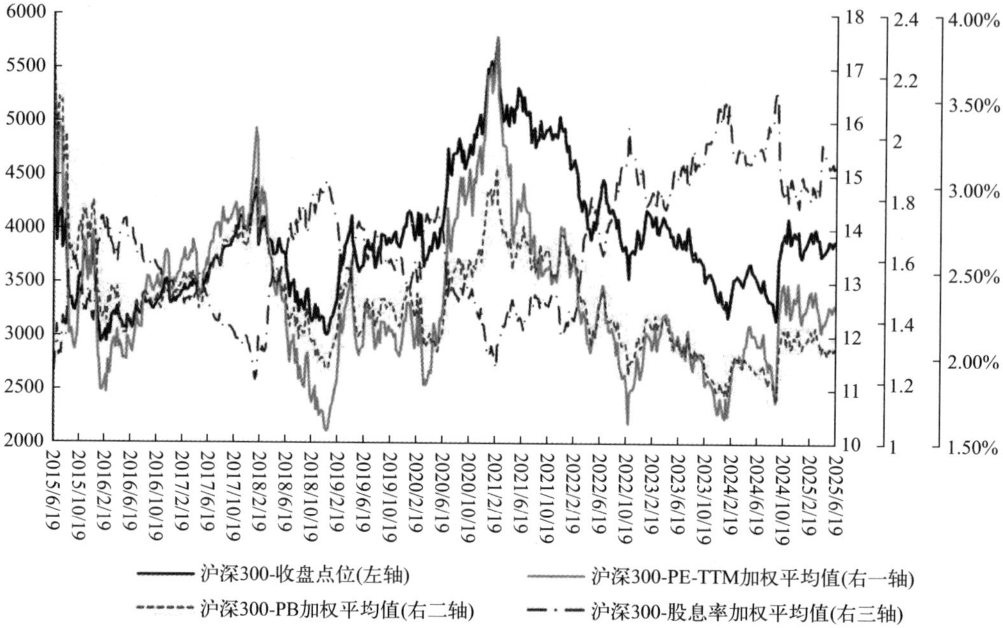


**图 4-2-5　沪深 300 指数收盘点位与 PE、PB、股息率走势图**

上图是沪深 300 指数近 10 年的市盈率、市净率、股息率与收盘点位走势图，我们可以清晰地识别出阶段性符合“两低一高”与“两高一低”特征的时段，这些时段也对应着指数的相对低点和相对高点。用这个方法，我们就能抓住投资目标的底部与顶部，从而更轻松地完成低买高卖，获取投资收益。

## 4.3　“两低一高”方法有什么优点?

霍华德·马克斯曾说：“高风险、高收益是假的，高风险连本金都会亏损，何谈高收益？从来只有低风险才有高收益。高风险只有把自己包装成高收益，才有人慷慨赴死。”

**“两低一高”投资方法有四大优点，分别是低风险、高胜率、高回报、高下限。**下面我以隆基绿能作为例子，来讲讲这些是如何体现的。

下图是隆基绿能 2020 年 7 月至 2023 年 1 月的股价走势图，可以看到自 2021 年 10 月见顶后，公司股价下跌回调，在 40～60 元之间，形成了一个震荡整理平台，并在平台中形成了一个 W 形的双底结构。仅从技术分析角度来看，貌似公司股价就要触底完成反转了。成交量也显示出，每当股价接近平台底部，就有资金开始抄底入场。

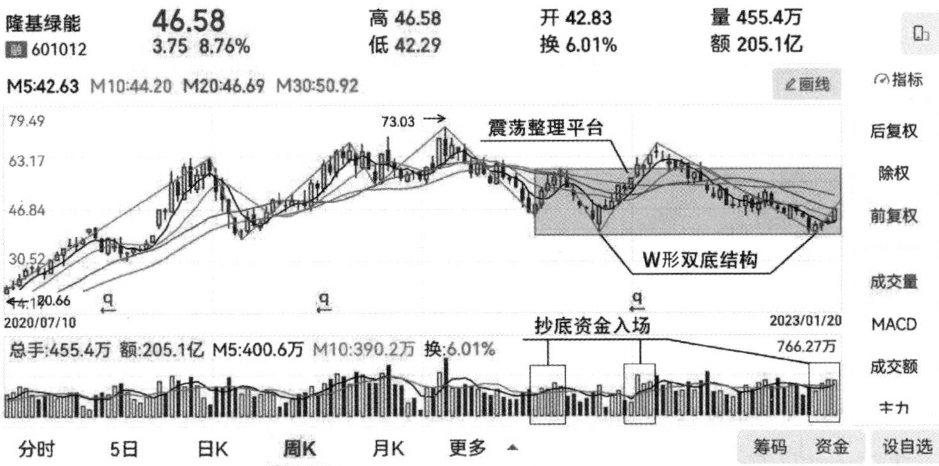


**图 4-3-1　隆基绿能 2020 年 7 月至 2023 年 1 月股价走势图　底图来源：同花顺 APP**

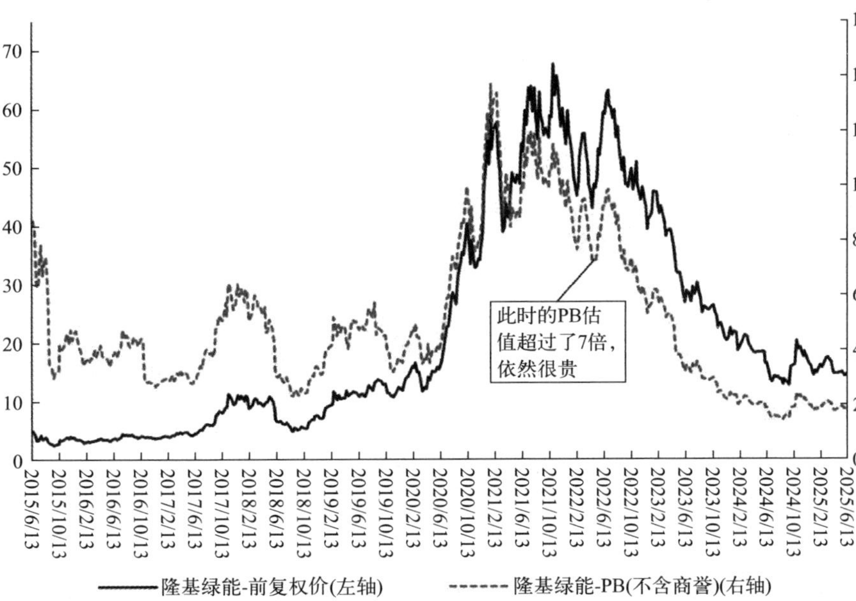


**图 4-3-2　隆基绿能前复权价与不含商誉市净率走势图**

但如果看这一阶段公司的市净率估值就能发现，当时的市净率指标并不便宜，哪怕在 W 形双底结构的最低点，公司 PB 指标也高于 7 倍，依然很贵。

我们接着往下看，隆基绿能的股价于 2023 年 3 月跌破了震荡平台，继续杀跌，并于 2023 年 6 月形成了新低点，这个位置相比于股价历史高点，已经下跌了

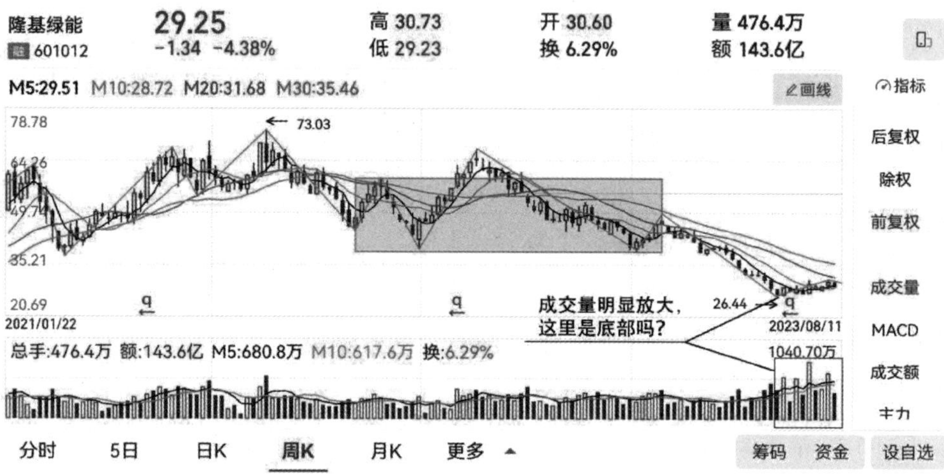


图 4-3-3　隆基绿能 2021 年 1 月至 2023 年 8 月股价走势图　底图来源：同花顺 APP

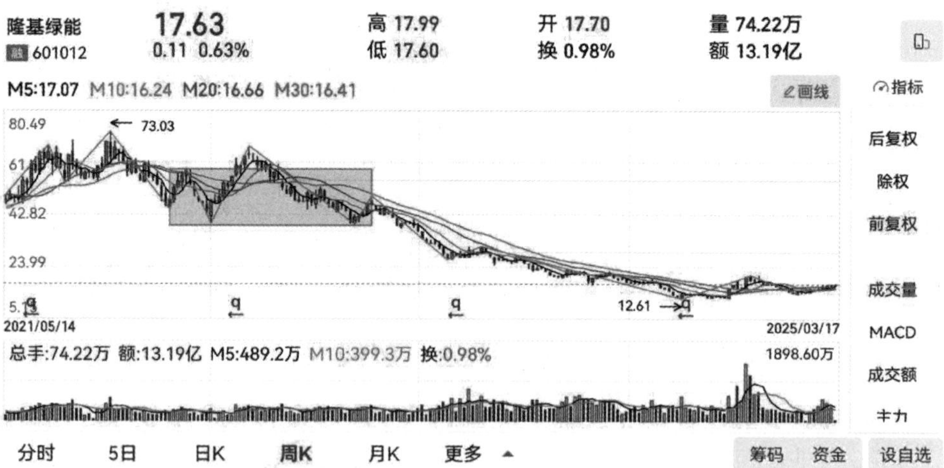


图 4-3-4　隆基绿能 2021 年 5 月至 2025 年 3 月股价走势图　底图来源：同花顺 APP

63%，看似很便宜了，股民纷纷冲动抄底，导致成交量明显放大。但很遗憾，这个位置也不是底部，当时公司市净率估值超过 3 倍，同样没回到低估区间，许多股民也因此被套在了半山腰。

最终公司股价走势如上图所示，于 2024 年 7 月在 12.61 元的位置见底。

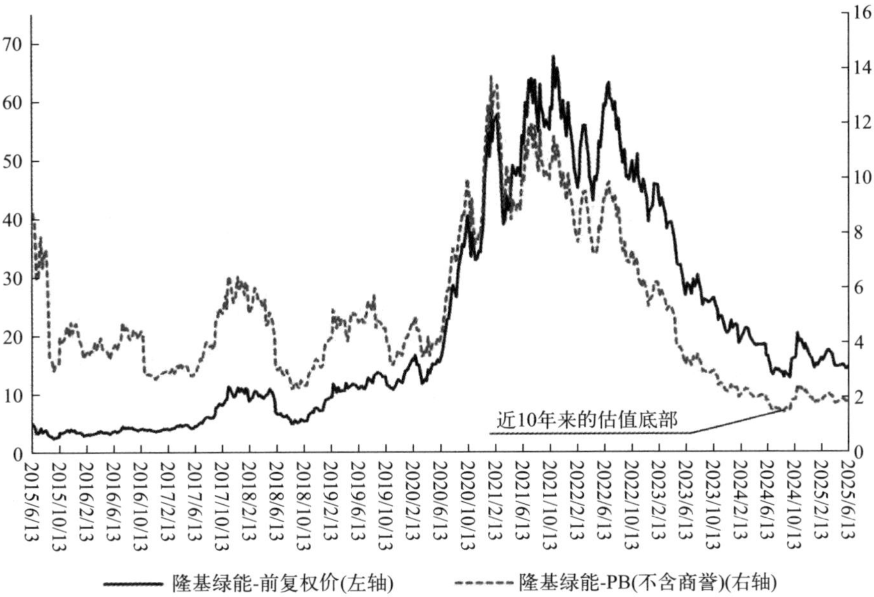


**图 4-3-5　隆基绿能前复权价与不含商誉市净率走势图**

我猜这时读者肯定会问，万一未来它的股价跌破 12.61 元呢？确实这是有可能发生的，但在我看来概率极低，原因在于这个股价位置是公司近 10 年估值的底部。如果把时间拉长，光伏行业上一轮的周期性大底出现在 2012 年，当年隆基绿能的历史市净率估值最低达到过 1.18 倍，这是公司净资产在行业最悲观时期被市场给出的最低定价。而本轮股价在 12.61 元时对应的 PB 指标仅有 1.45 倍，虽说不是绝对历史底部，但也相差不多了。

买股票与买东西没有本质区别，永远都是买得越便宜越好。**所以只要我们以估值为衡量标准，在绝对低估的位置买入，那么未来公司股价继续向下的概率就**

**非常小，**自然就大大降低了投资风险，提高了投资胜率。

至于高回报就更好理解了，当前隆基绿能股价为 17.67 元（2025 年 3 月 17 日的收盘价），如果你是在 20 元抄底的，那么持有到今天还亏损 11.65%；如果在 16 元抄底，那么目前总收益率为 10.44%；如果在 14 元抄底，总收益率为 26.21%；如果你是天选奇才，可以在股价最低的 12.61 元买入，那么总收益率为 40.13%。所以说买得越便宜，投资回报就越高，这也是人们热衷于抄底的原因所在。

很多人炒股以追求翻倍为目标，如果你在 15 元买入隆基绿能，那么当它的股价涨到 30 元时就实现了本金翻倍。而如果你的买入价格为 30 元，那就只能等到股价达到 60 元后才能翻倍。假设股价回升至 30 元，前者已经实现了翻倍目标，而后者才刚刚回本。

买得便宜增厚收益的原因之二在于，**同样本金，买得越便宜，那么能买到的股份越多，未来能收到的股息分红也越高。**假如你准备 9 万元抄底招商银行，在它股价 30 元时，你能买到 3000 股，而当它股价涨到 45 元时，你就只能买到 2000 股了。

按照公司 2024 年年报的分红方案，每 10 股派红利 20 元，那么持有 3000 股能分到 6000 元的红利，而持有 2000 股，只能分到 4000 元（以上均不考虑红利税），二者之间相差 2000 元。

前者股息率为 6.67%，而后者股息率只有 4.44%，**这就形成了股息率的高低差别，也引出了“两低一高”投资方法的最后一个优点——高下限。**这里“高下限”的含义，指的就是稳定吃股息的收益下限保障。

要知道对于经营稳定的成熟企业来说，在股利分红金额不变的情况下，在买入股票的一瞬间，你的买入股息率也就确定了。未来一旦股价下跌，那么你的静态股息率就会被动提升；反之，当股价上涨，静态股息率也会被动下降。

还是上文招商银行的例子，30 元买入 3000 股招商银行股票的静态股息率为 6.67%，假设后续公司股价下跌至 25 元，那么这时持仓股息率就变为了 $6000 \div (3000 \times 25) = 8\%$，只要我们能确定招商银行的股价不会继续大跌，那么每年能拿到如此高的股息收益，也算是一笔相当不错的投资。

从长期视角来看，以 30 元的股价投资招商银行，哪怕股价长期不涨，但只要分红金额稳定，那么忽略它的市值波动，这笔投资就相当于购买了一份票息 6.67% 的长期债券，要知道当前中国 10 年期国债收益率（也被视为无风险投资收益率）也仅有 1.65%（2025 年 6 月初的数据），因此这笔投资的下限极高。

从某种角度来看，**"两低一高"中的高股息率是保下限的，低 PE/PB 估值是抬上限的**。股息率保下限的逻辑是：哪怕买入后股价不涨，每年吃高股息也能提供不错的投资回报；低 PE/PB 抬上限的逻辑是：等待利润回升和资产估值回升的戴维斯双击。

## 4.4 "两低一高"方法的适用范围有哪些？

这里我想简单讲一下企业生命周期理论，帮助我们对企业类型进行划分，从而找到"两低一高"方法的适用范围。

企业生命周期理论按照人类"婴儿→少年→成年→老年"的成长阶段，将企业阶段分为初创期、成长期、成熟期和衰退期四种。

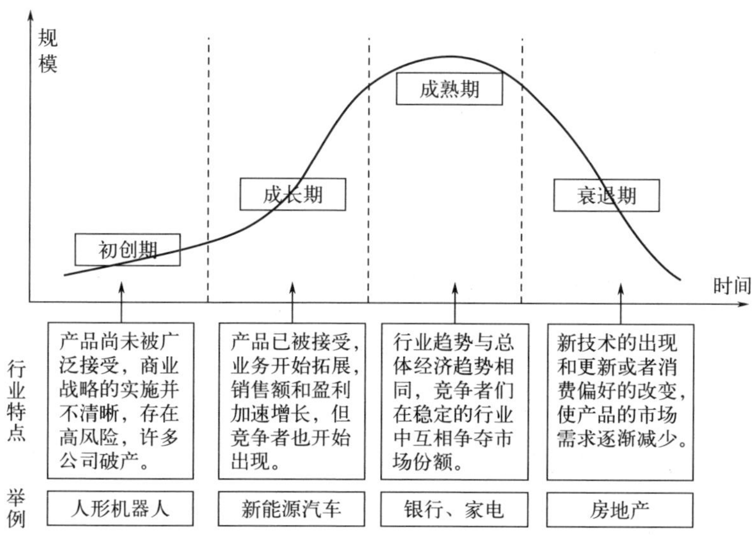

初创期企业，进入壁垒较低，产品与服务开发还不完善，整体利润率较低，甚至处于亏损状态，技术方向多元且变化较大。比如当前的人工智能领域、人形机器人概念企业，都属于初创期企业。

成长期企业，进入壁垒快速提高，行业竞争加剧，产品种类快速增加，高需求带来高增长，技术路线逐渐稳定。当前的新能源汽车行业企业就是最典型的成长期企业。

成长期还有一个细分时期，我称之为成长出清期。由于成长期企业纷纷扩张产能以占领市场，经常导致产能过剩的情况出现，因此虽然这是个成长性行业，市场需求快速增长，但由于产能增速更高，使得企业反而陷入亏损状态，被迫出清多余产能。当前的光伏产业，就是最明显的处于成长出清期的例子。一般来说，渡过了出清阶段后，这个行业就将由成长期进入成熟期。

大多数上市公司都属于成熟期企业，这时行业的进入壁垒极高，产品趋于稳定，创新较少，企业净利润增速下滑，但保持了低速的稳定增长状态，市场需求与技术路线同样保持稳定，是企业持续创造价值的黄金时期。例如，银行、家电等行业企业均属于成熟期企业。

衰退期企业，由于市场需求减少，盈利水平大幅下降，行业持续萎缩，许多企业因经营不善被淘汰，最典型的莫过于房地产行业企业，目前就处于衰退期。

除此之外，还有一种企业类型体现为周期型，是交替进入成长期与衰退期的行业，上行周期时，行业净利润暴增，而下行周期时，业绩暴跌甚至陷入亏损，例如煤炭、证券、生猪养殖等板块都是典型的周期型行业。

**这样我们就把企业类型分为了五种，分别是初创型、成长型、成熟型、衰退型和周期型。**

从投资风险与收益视角来看，投资适宜度的排序如下：**成熟型企业＞成长型企业＞周期型企业≈初创型企业＞衰退型企业**。这与“两低一高”投资方法的适用范围刚好不谋而合。

**表 4-4-1　不同企业类型投资风险与投资回报矩阵分析表**

| | 高风险 | 中风险 | 低风险 |
|---|---|---|---|
| 高回报 | 初创型、周期型 | 成长型 | |
| 中回报 | | | 成熟型 |
| 低回报 | 衰退型 | | |

"两低一高"方法的自身特点，决定了它最适用于经营状况稳定的成熟型企业。这种企业类型估值中枢稳定，可预测性强，因此历史估值数据具备较高的参考价值；同时，成熟企业净利润指标、净资产指标与股息分红金额波动较小，市盈率、市净率、股息率指标与公司股价的相关性更强，因此通过历史估值数据来判断股价高点与低点，准确性更高。

同时，"两低一高"方法也适用于质量优秀的成长型与周期型企业。为什么必须限定为质量优秀的企业呢？因为假设成长型企业的竞争力一般，在残酷的成长竞争阶段就有可能被淘汰，从而夭折。比如当前新能源汽车行业价格战愈演愈烈，威马、高合、奇点、极越汽车已经倒下，哪吒汽车最近也深陷麻烦之中，投资这样的成长型企业就会面临较高的投资风险。周期股也是同样的道理，一旦公司扛不住下行周期的经营压力破产倒闭，投资者的本金同样会打水漂。

为什么前文我要先讲企业生命周期？**是因为估值回归效应产生作用的前提是，企业必须具备持续旺盛的生命力，估值回归才有基础。**假设企业未来终将走向衰亡，那么即使以再低的估值买入，最终都会面临价值归零，导致百分之百的投资亏损。

因此，"两低一高"的投资方法不适用于初创型企业与衰退型企业，因为它们倒闭的概率更高，投资风险更大。同时，这两种企业类型的估值指标波动剧烈，历史数据对预测未来的参考价值不强，"两低一高"的估值指标也就失去了参考价值。

## 4.5 “高”与“低”的标准怎么定?

想要用好“两低一高”投资方法，就必须清晰地了解，什么是“低”，什么是“高”，这里我举一个爱美客的例子来说明。

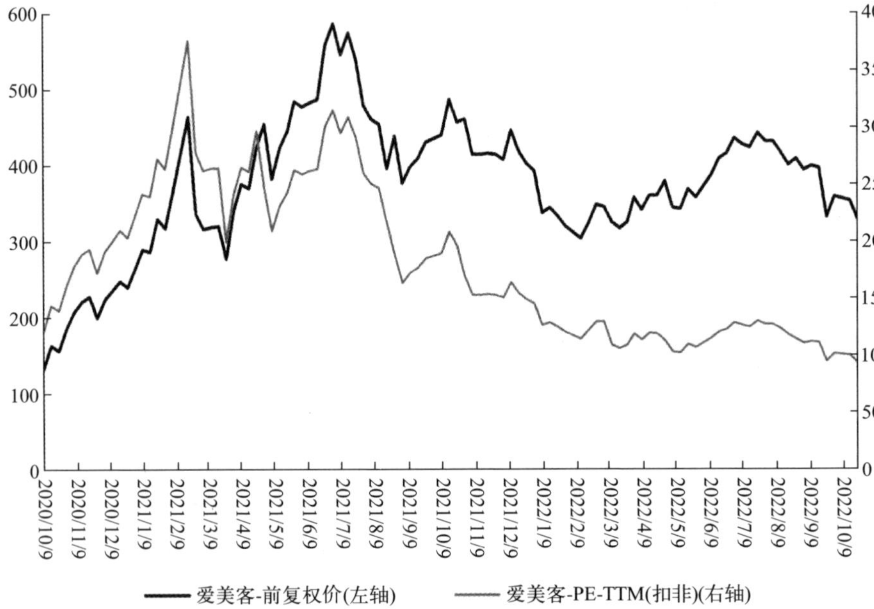


**图 4-5-1　爱美客前复权价与扣非滚动市盈率走势图（一）**

由图中可以看到爱美客自上市之日起，扣非滚动市盈率估值就超过了 100 倍，并随着股价上涨而不断升高，最高达到了 373.54 倍。2022 年 10 月，公司上市两年后，随着股价阶段性回落，叠加公司净利润暴增，爱美客的市盈率估值也首次回到了 90 倍左右，与自身两年的历史估值数据相比，这就是最低值了，但它真的“低”吗?

90 倍市盈率代表公司市值是净利润指标的 90 倍，也可以理解为，投资爱美客的静态投资回收期为 90 年，预期年化投资回报率为 1.11%。要知道当时中国无风险投资收益率在 2.7% 左右，股权作为一项风险较高的投资资产，1.11% 的预期投资回报率肯定是太低了，因此它与社会无风险收益率相比较的绝对估值，其实是偏“高”的。

**图 4-5-2　爱美客前复权价与扣非滚动市盈率走势图（二）**

所以估值回归效应再次上演。之后爱美客股价与估值虽一度有所反弹，但最终一路下滑。历史最低 PE 估值曾下滑至 20.57 倍。目前最新 PE 数据为 30.31 倍（2025 年 6 月 9 日），股价相比于 2022 年 10 月也接近腰斩。

所以这个例子告诉我们，估值的“高”与“低”是相对的，是动态变化的，我们既要关注与自身历史比较的相对估值高低，也要关注与社会无风险收益率比较的绝对估值高低。

## 4.6　我的实战标准分享

必须提前强调，估值取值标准是因人而异的，因为不同投资者的风险承受能力并不相同，对合理估值的判断也不可能有统一标准。有的人认为 50 倍市盈率并不算高，而有的人认为超过 30 倍 PE 就是高估了。高估值也必然伴随着高风险，所以选择一个适合自己的估值体系就非常重要。

这里我将自己最常用的估值标准确定方法分享给大家，供各位参考。

我确定合理估值的过程有两步：第一步，先确定一个合理估值上限，任何超过这一估值水平的公司，都会被我从潜在投资目标中排除；第二步，通过与公司自身历史估值情况进行比较，确定一个合理的估值范围，在这个范围内对估值的高低判断才更为准确。

第一步确定合理估值上限的方法有很多种，**我自己习惯使用社会无风险收益率的 2 倍作为估值上限指标**。也就是说，我不会买入估值高于上限指标的公司（卖出不受上限估值的限制，因为 A 股一旦被炒作起来，估值可以上天）。

社会无风险收益率，指的是把资金投入一个没有任何风险的投资品所能得到的投资回报。世界范围内的无风险收益率，往往用十年期美国国债收益率来衡量，在 2025 年 3 月大约为 4.2%。由于外汇管制这道金融防火墙的存在，国内无风险收益率主要看十年期中国国债收益率，当前大约为 1.9%。

如果一笔投资的预期回报率连无风险收益率的水平都没达到，在承担风险的同时，收益率还更低，那这肯定不算是一笔好投资。同时，股权投资带有高风险特征，因此需要一定的收益率溢价作为风险补偿才合理。

所以我会选择 1.9% 的 2 倍，也就是 3.8% 的回报率，作为预期收益率下限以及估值的上限指标。其中第一个 1.9% 取的是中国无风险收益率指标，而第二个 1.9% 则是风险溢价补偿。

按照 3.8% 收益率来反向推算，那么合理 PE 估值的上限为 1 ÷ 3.8%=26.32，也就是说，按我的估值体系，任何 PE 估值高于 26.32 倍的公司，其估值都是绝对高估的。同理，如果投资红利股，那么任何股息率低于 3.8% 的红利股也是被高估的。注意，这里的估值上限要随时间与市场无风险收益率而动态变化。

通过这种设定估值指标绝对上限的方法，**虽说会排除掉一部分好的投资机会，但也能预防我们掉入高估值陷阱当中**。我相信经历过 2021 年—2023 年熊市的朋友，对此肯定深有体会。

当然，在日常与读者的交流中，我经常能看到这样的问题："某某某股票的 PE 估值是不是太低了？加了安全边际后更低，这个价格可能永远也达不到吧？"

对此我想说，要对股市心怀敬畏。敬畏之一，在于市场总能让看起来达不到的事，只要具备一定合理性与可能性，最终变为现实。敬畏之二，在于时刻谨记墨菲定律的警示："任何事情如果有变坏的可能，它就一定会发生。"

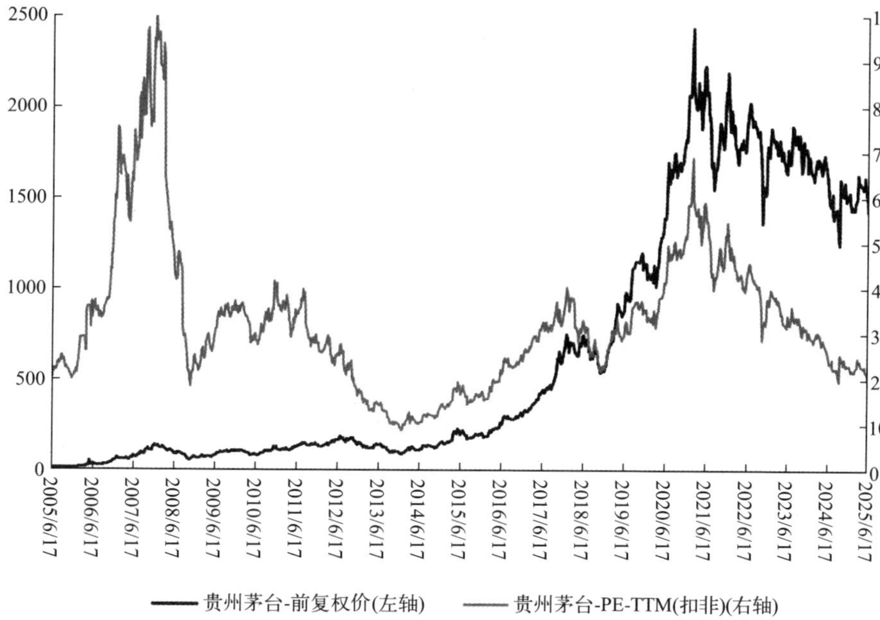


**图 4-6-1　贵州茅台前复权价与扣非滚动市盈率走势图**

举个例子，回顾过去 20 年贵州茅台的市盈率历史走势图。在 2005 年至 2012 年，茅台的市盈率绝大多数时间都超过了 30 倍，仅仅在 2008 年熊市底部时被砸到过 20 倍，很多人就认为，20 倍 PE 再也跌不到了，30 倍 PE 就是茅台的历史底部，因此就把 30 倍 PE 当成茅台的估值大底，结果在 2012 年，茅台市盈率最低跌破了 10 倍，那些在 30 倍 PE 买入的人就被阶段性套牢了。

**德国哲学家黑格尔曾说："人类唯一能从历史中吸取的教训就是，人类从来都**

**不会从历史中吸取教训。”**

2017年至2022年，随着贵州茅台股价上涨，公司市盈率再次长期高于30倍，仅在2018年底短暂跌回了23倍。同样的声音再次出现：“30倍PE的茅台合理，40倍PE的茅台不贵。”哪怕我们现在上网去搜新闻，在2021年至2022年，网上也有大量论述40倍PE茅台不贵的言论。

但我们只要用社会无风险收益率+风险收益补偿反向推算，就能证明40倍PE算是高估水平，回归合理价值也只是时间问题，所以说坚持估值上限标准是非常有必要的。

再次强调，社会无风险收益率是动态变化的，因此估值上限也会随之改变。**央行加息或降息会导致无风险收益率升高或下降，这也是股市估值中枢会随货币政策与基准利率变化而变化的原因。**

对于确定合理估值上限的过程，我自己采用2倍法，当然也可以回归原始，采用无风险收益率+股权风险溢价的方法。比如有的人风险偏好较低，可以选择3%的股权风险溢价水平，这时预期收益率下限与股息率下限=1.9%+3%=4.9%，合理市盈率上限就变为了20.41倍。如果风险偏好较高，股权风险溢价可以设为1%，这时收益率下限就变为了2.9%，市盈率上限就变为了34.48倍，投资可选范围就被大大拓展了。

同时，我会观察公司历史估值变化情况，确定合理的估值范围。这里以美的集团为例。

下图是美的集团扣非滚动市盈率指标过去10年的历史走势图，其中PE最小值为8.76倍，而PE最大值为31.84倍。绝大多数时间，美的集团的PE指标都在12—20倍之间波动，这样我们就获得了它的估值高低范围：PE在8.76—12倍之间属于相对“低”位，PE在20—31.84倍之间属于相对“高”位。从图中能够非常明显地看出，这些位置也分别对应着股价的低点与高点。

图 4-6-2　美的集团前复权价与扣非滚动市盈率走势图（一）

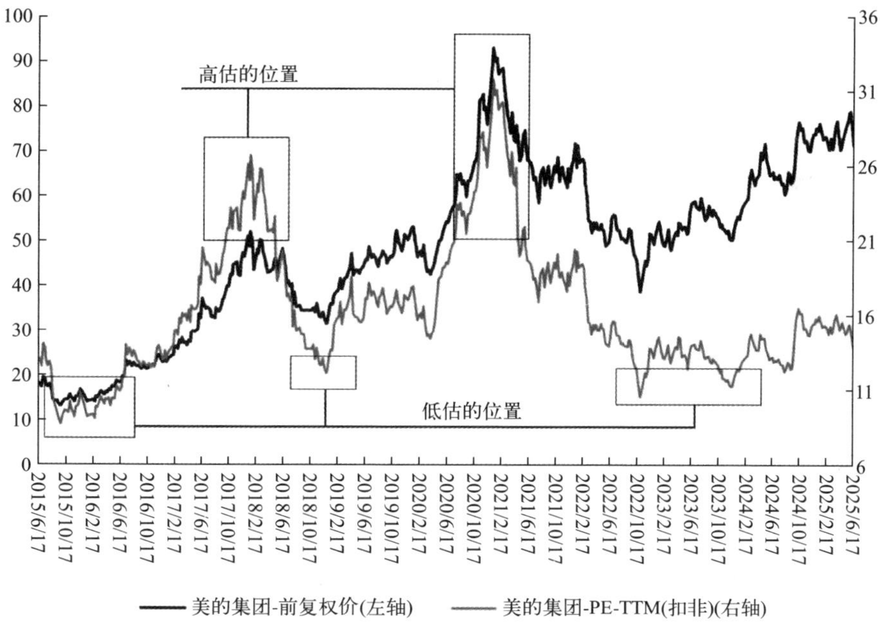


图 4-6-3　美的集团前复权价与扣非滚动市盈率走势图（二）

股息率也是同样的道理。根据公司历史数据，当美的集团的股息率低于 2% 时，是它估值的高位，而当股息率高于 3.8% 时，是它估值的低点。

图 4-6-4　美的集团前复权价与股息率走势图

最后还要强调，市净率指标不存在明确的筛选标准，有的行业 3 至 4 倍 PB 都是合理的。比如白酒医药，因为它们利润率高，资产赚钱能力强，所以平均市净率较高。也有的行业 PB 指标低于 1，处于破净状态，相当于公司净资产打折出售。比如银行或者钢铁行业，前者破净出于市场对银行真实坏账率情况的担忧；后者则属于夕阳行业，资产未来将会越来越不值钱，所以市场提前从估值的角度给出低定价。

**因此 PB 指标不能一概而论，要根据个股所处行业的情况来分析。**PB 指标的用法，主要是与自身历史比较，当 PB 指标处于历史低位时，说明公司价值被低估。比较的前提是公司经营基本面不发生重大变化。比如中国中免，以前叫作中国国旅，旅行社业务收入占大头，后来剥离了旅行社业务，全面发力做免税零售，这就属于经营发生了重大变化，历史数据也失去了参考价值。

## 4.7　通用估值取值标准

不同行业、不同公司的不同特点，导致它们的估值中枢均不相同。那么有没有一种通用的估值取值标准，可以套用在绝大多数公司身上呢？下面我给大家介绍两种，我自己常用的通用取值标准。

**第一种是前文我讲过的估值历史分位值。**以 10 年为期限，当 PE 或 PB 估值历史分位值小于 20% 时，就可以认为它处于相对低估的位置了；而当 PE 或 PB 估值历史分位值大于 70% 时，它的估值就处于相对高估的位置了。

因为历史分位值可以直观地将当前买入估值与一段时间内的所有历史估值进行比较，因此只要你买得比大多数人都便宜，你就拥有了更高的安全边际。同理，在高估的时候及时卖出，那么你逃顶的概率就更高。

20% 和 70% 只是一个通用的标准，是基于我多年跟踪 A 股估值的经验总结。

实际使用过程中，建议因人而异。像我自己，买入的标准就设定得很严格，经常要等估值历史百分位低于 5%，部分公司甚至要低于 1% 后才开始定投买入。别觉得买不到，2022 年至 2024 年，有大把的时间可以按这个标准慢慢抄底。

**表 4-7-1　我于 2024 年 9 月 1 日发布在公众号上的《公司观察池（一）》**

**公司观察 2024.09.01**

| 股票名称 | 当前股价 | PE-TTM | PE 历史分位 | PB | PB 历史分位 | 股息率 |
|---|---|---|---|---|---|---|
| 福耀玻璃 | 47.89 | 19.86 | 58.78% | 3.95 | 82.19% | 2.71% |
| 海康威视 | 26.72 | 17.83 | 2.55% | 3.35 | 0.78% | 3.40% |
| 海螺水泥 | 20.92 | 15.21 | 99.51% | 0.60 | 0.12% | 4.59% |
| 中国中免 | 61.01 | 18.78 | 0.25% | 2.25 | 0.25% | 2.70% |
| 长春高新 | 82.32 | 8.14 | 0.82% | 1.52 | 0.29% | 5.47% |
| 立讯精密 | 39.42 | 23.68 | 10.94% | 4.82 | 19.46% | 0.76% |
| 美的集团 | 64.75 | 12.46 | 23.90% | 2.74 | 27.81% | 4.66% |
| 格力电器 | 39.70 | 7.56 | 12.67% | 1.84 | 5.80% | 5.99% |

续表

| 股票名称 | 当前股价 | PE-TTM | PE 历史分位 | PB | PB 历史分位 | 股息率 |
|---|---|---|---|---|---|---|
| 爱尔眼科 | 9.70 | 24.48 | 0.16% | 4.65 | 1.85% | 1.55% |
| 恒瑞医药 | 44.13 | 51.88 | 33.03% | 6.60 | 8.68% | 0.45% |
| 宁德时代 | 184.34 | 17.53 | 6.61% | 4.13 | 8.72% | 1.09% |
| 三一重工 | 16.12 | 29.07 | 53.76% | 1.98 | 19.46% | 1.37% |
| 迈瑞医疗 | 250.80 | 23.94 | 0.28% | 7.83 | 11.05% | 3.93% |
| 牧原股份 | 38.56 | –321.86 | 91.32% | 3.34 | 4.90% | 0.00% |
| 双汇发展 | 23.22 | 17.83 | 56.36% | 3.88 | 8.80% | 5.86% |
| 贵州茅台 | 1443.19 | 22.54 | 20.28% | 8.29 | 35.62% | 2.14% |
| 五粮液 | 123.03 | 14.82 | 4.57% | 3.66 | 32.13% | 3.80% |
| 洋河股份 | 81.88 | 12.21 | 1.89% | 2.33 | 2.18% | 5.69% |
| 片仔癀 | 208.59 | 42.26 | 8.23% | 9.21 | 29.62% | 1.66% |
| 药明康德 | 39.18 | 13.37 | 3.77% | 2.09 | 1.82% | 2.58% |
| 万华化学 | 73.00 | 13.96 | 34.64% | 2.51 | 1.89% | 2.94% |
| 比亚迪 | 249.42 | 22.18 | 5.39% | 5.08 | 60.92% | 1.24% |
| 长江电力 | 29.38 | 26.05 | 95.39% | 3.50 | 98.35% | 2.79% |
| 伊利股份 | 22.63 | 12.36 | 0.90% | 2.72 | 1.40% | 5.30% |
| 海天味业 | 37.00 | 34.39 | 21.88% | 7.34 | 4.94% | 1.78% |
| 安琪酵母 | 31.26 | 21.01 | 4.85% | 2.67 | 9.01% | 1.60% |
| 老板电器 | 18.53 | 10.52 | 0.25% | 1.62 | 0.12% | 5.41% |
| 伟星新材 | 11.88 | 14.80 | 0.33% | 4.08 | 9.87% | 7.58% |
| 智飞生物 | 23.05 | 9.13 | 2.02% | 1.75 | 0.33% | 3.48% |
| 隆基绿能 | 13.81 | 21.97 | 31.43% | 1.55 | 0.66% | 1.23% |
| 海尔智家 | 24.73 | 12.93 | 23.90% | 2.21 | 19.21% | 3.24% |
| 顺丰控股 | 36.35 | 19.75 | 0.25% | 1.98 | 3.70% | 1.68% |
| 恒立液压 | 51.00 | 27.27 | 12.46% | 4.67 | 40.60% | 1.37% |

表 4-7-2　我于 2024 年 9 月 1 日发布在公众号上的《公司观察池（二）》

公司观察 2024.09.01

| 股票名称 | 当前股价 | PE-TTM | PE 历史分位 | PB | PB 历史分位 | 股息率 |
|---|---|---|---|---|---|---|
| 歌尔股份 | 21.24 | 38.37 | 63.47% | 2.33 | 27.93% | 0.71% |
| 健帆生物 | 25.08 | 28.46 | 10.99% | 6.93 | 12.98% | 1.60% |
| 同花顺 | 102.91 | 42.36 | 52.12% | 8.50 | 17.36% | 2.14% |
| 爱美客 | 144.96 | 21.75 | 0.63% | 6.28 | 0.63% | 1.15% |
| 华熙生物 | 50.30 | 47.53 | 24.83% | 3.47 | 0.34% | 0.76% |
| 中国平安 | 44.03 | 8.87 | 24.27% | 0.86 | 7.08% | 5.52% |
| 东方财富 | 10.80 | 21.25 | 1.77% | 2.27 | 1.48% | 0.37% |
| 腾讯控股 | 382.00（HKD） | 21.11 | 26.61% | 3.77 | 18.99% | 0.90% |
| 我武生物 | 17.51 | 29.50 | 0.21% | 4.09 | 0.21% | 1.06% |
| 兆易创新 | 72.38 | 140.86 | 89.45% | 3.08 | 1.13% | 0.00% |
| 招商银行 | 32.15 | 5.57 | 7.82% | 0.84 | 2.10% | 6.13% |
| 恒顺醋业 | 7.20 | 140.44 | 100.00% | 2.43 | 1.65% | 0.97% |
| 恩捷股份 | 26.91 | 18.62 | 9.26% | 1.03 | 0.78% | 5.73% |
| 梅花生物 | 9.61 | 8.35 | 10.53% | 1.94 | 32.33% | 4.51% |
| 三花智控 | 17.34 | 21.29 | 5.14% | 3.59 | 21.18% | 2.02% |
| 苏泊尔 | 49.80 | 17.82 | 6.99% | 7.82 | 72.60% | 5.52% |
| 石头科技 | 226.40 | 17.17 | 2.27% | 3.50 | 24.05% | 1.47% |
| 上海机场 | 33.13 | 51.00 | 60.26% | 2.01 | 4.07% | 0.66% |
| 中国神华 | 40.55 | 14.14 | 83.50% | 1.89 | 95.93% | 5.57% |
| 阳光电源 | 77.00 | 15.89 | 13.53% | 5.08 | 50.31% | 0.90% |
| 京沪高铁 | 5.43 | 21.71 | 3.83% | 1.35 | 50.45% | 2.06% |
| 工业富联 | 20.47 | 17.98 | 69.04% | 2.93 | 47.66% | 2.83% |
| 宋城演艺 | 7.77 | 147.93 | 67.96% | 2.69 | 0.53% | 1.29% |
| 理想汽车 | 78.85（HKD） | 14.87 | 8.34% | 2.43 | 5.03% | 0.00% |

续表

| 股票名称 | 当前股价 | PE-TTM | PE 历史分位 | PB | PB 历史分位 | 股息率 |
|---|---|---|---|---|---|---|
| 赛力斯 | 76.52 | 222.55 | 35.22% | 8.72 | 75.59% | 0.00% |
| 英伟达 | 119.37（USD） | 170.18 | 91.81% | 59.59 | 0.00% | 0.02% |
| 紫金矿业 | 16.00 | 16.42 | 15.06% | 3.41 | 69.19% | 1.86% |
| 小米集团 | 19.50（HKD） | 23.25 | 44.38% | 2.56 | 47.99% | 0.00% |
| 金龙鱼 | 25.87 | 47.09 | 3.27% | 1.52 | 1.16% | 0.43% |
| 云南白药 | 54.06 | 21.65 | 6.71% | 2.45 | 11.15% | 3.87% |
| 京东方 A | 3.86 | 35.48 | 45.78% | 1.13 | 17.36% | 0.78% |
| 同仁堂 | 35.17 | 28.02 | 0.16% | 3.55 | 1.65% | 1.42% |

注：以上个股历史分位值为近10年PE-TTM数据和不含商誉PB数据的加权平均值

上面两个表，是我在个人微信公众号“思索的瓶起子”持续跟踪个股估值的截图，时间选的是 2024 年 9 月 1 日。可以看到有大量的上市公司当时的 PE 或 PB 历史百分位指标低于 1%，股息率高于 5%。当时也是熊市底部的时期，不怕买不到，就怕你不敢买。

使用估值历史分位值时，要小心可能的估值中枢移动现象。

比如随着央行加息或降息，所有风险资产的估值中枢都会上移或下移，股票也不例外。例如，当基准利率为 4% 时，相当于 25 倍市盈率，而当基准利率下降到 2% 后，对应的合理估值可能就会上升至 50 倍市盈率。

再比如某些行业的基本面发生重大变化，它的估值中枢也会随之变化。例如房地产行业的 PB 估值底部在 2017 年之前大约为 1.5 倍，但自 2018 年以来，我国每年新出生人口开始快速下滑（由 2018 年的 1523 万人下降至 2024 年的 954 万人，总和生育率跌至 1.05），常住人口城镇化率增速下降，居民加杠杆能力遇到瓶颈（由 2018 年的 50% 上升至 2024 年的 62%，在三成首付情况下，70% 杠杆率很难突破），因此房地产板块的 PB 估值持续下滑，屡创新低。在最近 6 年里，几乎所有时间的 PB 历史分位值都在 5% 以下。估值中枢移动会直接导致历史分位值指标失效。

**图 4-7-1　申万房地产行业收盘点位与加权市净率走势图**

**第二种方法是使用 PE/PB Band 通道图工具来直观判断估值高低。**通道图是一种基于历史估值数据的分位数构建的估值分析工具，通过模拟不同估值指标下的股价走势形成多条通道线，从而帮助投资者判断股票或指数的估值高低与买卖时机。

图中会选取股票或指数的历史最高、75%、中位数、25%、最低等 5 个 PE 指标，通过计算公式"虚拟股价 = 每股收益（EPS）× 固定 PE 值"，得到 5 个 PE 指标对应的虚拟股价走势图，并与实际股价走势作对比，从而直观反映估值高低情况。

PE-Band 通道走势图最大的**优点在于它非常直观，你可以清晰地看到当前指数的估值情况，**不但完美验证了**"价格总是围绕价值波动"**这一论断，还给出了图形表达，并**给出了明确的高估与低估区间，供投资者参考。**

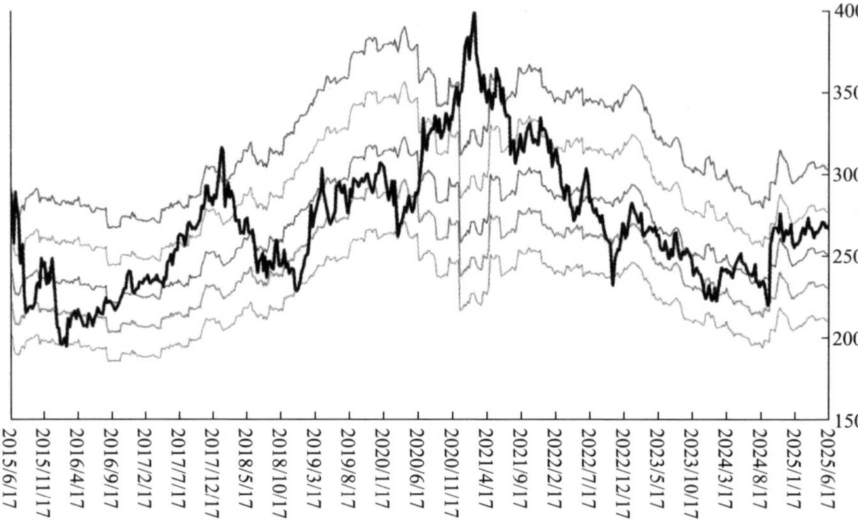


**图 4-7-2　上证 50 指数市盈率通道走势图**

上图是上证 50 指数近 10 年的 PE–Band 通道走势图。可以看到上轨模拟 PE 估值为 12.3 倍，中上轨模拟 PE 估值为 11.3 倍，中轨为 10.2 倍，中下轨为 9.4 倍，下轨为 8.6 倍。上证 50 指数的 PE 指标基本就在 8.6 倍至 12.3 倍之间，围绕 10.2 倍的估值中位数上下波动，因此上证 50 指数的收盘点位也在 5 条虚拟股价走势之间上下波动。

我们可以简单理解为：①**下轨代表绝对低估价格；**②中下轨代表相对低估价格；③中轨代表合理价格；④中上轨代表相对高估价格；⑤**上轨代表绝对高估价格**。基本上，在中下轨与下轨之间买入，都能买在指数的低估区间；而在中上轨与上轨之间卖出，都能卖在高估区间。

使用 PE/PB–Band 定投指数基金的方法也很简单：①**每当指数价格低于中下轨后，开始定投买入（定投时间段自行设定），特别当指数价格低于下轨时，双倍力度定投买入；**②**每当指数价格高于中上轨后，开始分批卖出，当指数价格高于上轨后，双倍力度卖出，甚至直接清仓式卖出都没问题。**

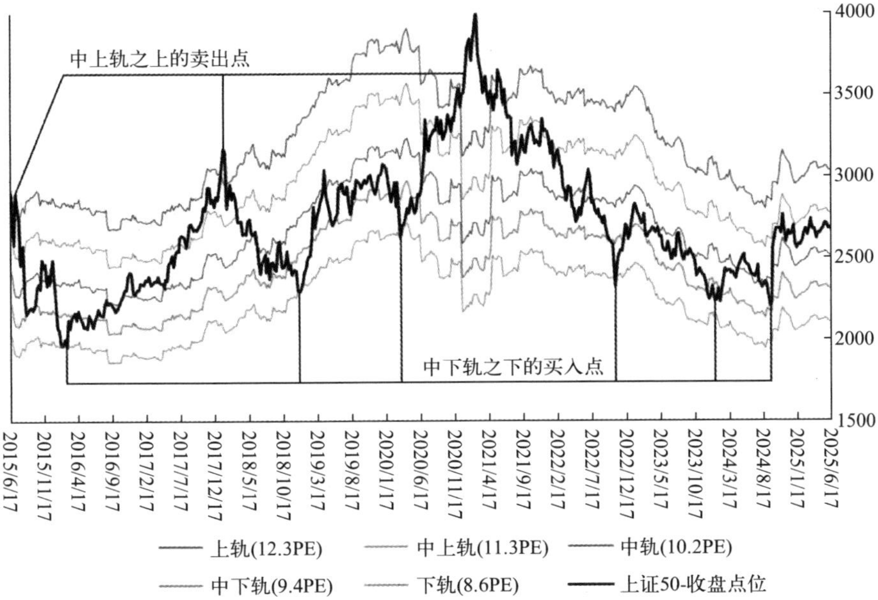


**图 4-7-3　使用上证 50 指数市盈率通道走势图来判断买卖点位**

基于历史回测，利用这种方法定投上证 50 指数，**年化复合收益率可高达 8%～10%**；而不用定投方法，无脑持有上证 50 指数的话，2015—2025 年十年间收益率基本为 0。

如果你对股票估值系统还不太了解，不会动态地调整取值标准，那么不妨试试估值历史分位值或者估值通道图，应用在成熟行业的龙头公司上，可有效提高新手的投资胜率。

## 4.8　成熟型股票怎么玩?

前文按照企业生命周期理论，将上市公司分为五种类型：初创型、成长型、成熟型、衰退型和周期型。“两低一高”投资方法最适用于成熟型企业，部分适用于成长型企业或周期型企业，不适用于初创型企业和衰退型企业。下面我会按类型来展开讲解，并辅以个股案例来解释说明。

首先是成熟型股票的特点与应用方法。

在企业生命周期的成熟阶段，公司已经稳固了市场地位，占据较高的市场份额，拥有稳固的客户群体与供应商体系，可以有效阻止行业新竞争者的进入，自身拥有较强的品牌影响力。如美的在家电行业、伊利在乳制品行业，地位非常稳固。

这种优势体现在战略上，表现为控制经营风险，注重成本控制与运营优化，对新业务投资相对保守，专注于为股东和投资者创造价值。

体现在财务上，则是公司业绩增长缓慢，可预测性较强，经营活动现金流稳定且持续，投资活动现金流出适当，每年将大部分利润以分红形式向股东提供投资回报。

最重要的是在估值方面，**成熟型企业估值中枢相对稳定，历史估值数据的可参考性较强，**无论是用 PE、PB、PS 还是股息率指标，对公司估值的准确程度均较高，因此最适用于“两低一高”投资方法。

常见的成熟型行业，**包括银行、保险、家电、食品饮料、通信、公用事业、交通运输等板块，另外常见的宽基指数，如上证 50、沪深 300 和中证 A500，**也可以用投资成熟型股票的方法来买卖。因为它们的成分股多以成熟型企业为主，因此同样体现成熟型股票的特点。

对于成熟型股票的应用，我建议寻找低 PE、低 PB、高股息率的“两低一高”交集作为买入标准，反过来当“两高一低”出现时，则是卖出的信号。

下面是一些成熟型股票与指数的实操案例分享。

### 4.8.1 招商银行 | 优质银行股的典范

银行是一个特殊行业。传统行业的生产资料往往是土地、厂房、设备、技术、人力、原材料等；而银行业的生产资料就是钱，靠着低息揽储、高息放贷，赚取净息差和服务费，并通过高杠杆放大收益。

作为成熟行业的代表，银行股业绩相对稳定，它可以通过调整拨备覆盖率指标的方式，周期性地储存或释放利润，从而熨平经济周期对自身业绩的影响，进而使得估值指标不会剧烈波动。

因此其历史估值数据可参考性较强，估值指标与公司股价的正相关性和同步性均较好，非常适用于“两低一高”投资方法。

**表 4-8-1-1　前十大银行股的估值指标对比（数据日期为 2025 年 6 月 17 日）**

| 代码 | 股票名称 | PE-TTM | PB | 股息率 | 市值 | 今年收益率 |
|---|---|---|---|---|---|---|
| 601398.sh | 工商银行 | 7.05 | 0.69 | 4.30% | 25554.33 亿 | 5.82% |
| 601939.sh | 建设银行 | 6.79 | 0.70 | 4.47% | 22550.99 亿 | 7.34% |
| 601288.sh | 农业银行 | 6.96 | 0.75 | 4.29% | 19739.04 亿 | 7.97% |
| 601988.sh | 中国银行 | 6.69 | 0.65 | 4.53% | 15808.62 亿 | 1.80% |
| 600036.sh | 招商银行 | 7.86 | 1.09 | 4.35% | 11596.09 亿 | 16.98% |
| 601328.sh | 交通银行 | 6.12 | 0.58 | 4.89% | 5755.36 亿 | 4.94% |
| 601658.sh | 邮储银行 | 6.28 | 0.64 | 4.83% | 5384.45 亿 | 0.38% |
| 601166.sh | 兴业银行 | 6.57 | 0.64 | 4.37% | 5038.87 亿 | 24.25% |
| 601998.sh | 中信银行 | 6.87 | 0.67 | 4.05% | 4729.84 亿 | 21.76% |
| 600000.sh | 浦发银行 | 8.10 | 0.55 | 3.27% | 3680.76 亿 | 21.86% |

招商银行作为其中的优秀代表，常年被市场给予银行板块最高的估值水平。如上图所示，截至 2025 年 6 月 17 日，招商银行 7.86 倍市盈率，明显高于银行业平均水平，1.09 倍市净率，更是银行业少有的非破净股，因此拉长时间来看，招商银行股价长期涨势也更好，股价永远是基本面的反映。

**表 4-8-1-2　前十大银行股的财务指标对比（一）（数据日期为 2025 年 6 月 17 日）**

| 股票名称 | 杠杆比例 | | 资产周转率 | | 销售净利率 | | 营业利润率 | |
|---|---|---|---|---|---|---|---|---|
| | 累计 | 同比 | 累计 | 同比 | 累计 | 同比 | 累计 | 同比 |
| 工商银行 | 12.69 | 3.38% | 0.42% | –0.05% | 39.81% | –0.25% | 46.76% | 0.33% |
| 建设银行 | 12.54 | 3.02% | 0.46% | –0.06% | 44.06% | 0.81% | 49.20% | –1.66% |

续表

| 股票名称 | 杠杆比例 | | 资产周转率 | | 销售净利率 | | 营业利润率 | |
|---|---|---|---|---|---|---|---|---|
| | 累计 | 同比 | 累计 | 同比 | 累计 | 同比 | 累计 | 同比 |
| 农业银行 | 14.26 | 1.45% | 0.42% | –0.03% | 38.63% | 0.55% | 41.78% | –1.03% |
| 中国银行 | 12.13 | 0.30% | 0.46% | –0.02% | 35.56% | –1.74% | 44.48% | –0.01% |
| 招商银行 | 9.99 | –2.37% | 0.68% | –0.09% | 44.79% | 0.31% | 52.85% | 0.56% |
| 交通银行 | 12.99 | 2.75% | 0.44% | –0.03% | 38.60% | 0.94% | 41.21% | 0.51% |
| 邮储银行 | 17.75 | 9.65% | 0.51% | –0.04% | 28.38% | –0.64% | 30.58% | –1.54% |
| 兴业银行 | 11.61 | –5.69% | 0.53% | –0.04% | 42.99% | 0.93% | 49.23% | 1.64% |
| 中信银行 | 11.92 | 3.11% | 0.53% | –0.06% | 38.21% | 2.15% | 44.05% | 3.36% |
| 浦发银行 | 12.64 | 4.91% | 0.48% | –0.02% | 38.71% | –0.25% | 43.91% | –1.01% |

从财务指标对比来看，招商银行的杠杆比率最低，未来通过提高资产负债率提升资产规模从而提高业绩的空间最大；资产周转率最高，代表资金的运营效率最好；销售净利润率与营业利润率同样是最高水平，代表了最强的盈利能力。

**表 4-8-1-3　前十大银行股的财务指标对比（二）（数据日期为 2025 年 6 月 17 日）**

| 股票名称 | 净息差 | | 不良率 | | 拨备率 | | 资产负债率 | |
|---|---|---|---|---|---|---|---|---|
| | 累计 | 同比 | 累计 | 同比 | 累计 | 同比 | 累计 | 同比 |
| 工商银行 | 1.33% | –0.15% | 1.37% | –0.02% | 215.70% | –0.61% | 92.12% | 0.27% |
| 建设银行 | 1.41% | –0.16% | 1.37% | –0.03% | 236.81% | –1.36% | 92.03% | 0.24% |
| 农业银行 | 1.34% | –0.10% | 1.33% | –0.05% | 297.81% | –5.41% | 92.99% | 0.10% |
| 中国银行 | 1.29% | –0.15% | 1.28% | 0.01% | 197.97% | –1.97% | 91.75% | 0.03% |
| 招商银行 | 1.91% | –0.11% | 0.97% | 0.02% | 420.54% | –16.28% | 89.99% | –0.24% |
| 交通银行 | 1.23% | –0.04% | 1.33% | –0.03% | 200.41% | 3.36% | 92.30% | 0.21% |
| 邮储银行 | 1.71% | –0.21% | 0.91% | 0.05% | 266.13% | –60.74% | 94.37% | 0.54% |
| 兴业银行 | 1.80% | –0.07% | 1.10% | 0.01% | 233.42% | –12.09% | 91.39% | –0.49% |
| 中信银行 | 1.65% | –0.05% | 1.18% | –0.02% | 207.11% | –0.68% | 91.61% | 0.26% |
| 浦发银行 | 0.00% | 0.00% | 1.36% | –0.12% | 182.12% | 12.11% | 92.09% | 0.39% |

招商银行净息差最高，说明其经营质量更好；不良贷款率相对较低，说明在风险控制方面做得比较好。特别是拨备率指标，招行领先其他对手不止一个档次，未来通过下调拨备率，招行至少有超过千亿元的净利润释放空间，因此我对于它未来的业绩稳定性半点也不担心。

基于对公司基本面的分析，我们可以得出一个简单结论：招商银行的企业质量在头部银行股中，绝对是数一数二的，相当于班级中的优等生，因此我会放心地在它身上应用"两低一高"方法，低位买入，高位卖出。下面给大家展示一下实际应用的过程。

首先我们要准备出招商银行的 PE、PB、股息率历史走势图，其中 PE 指标选取扣非滚动市盈率，PB 指标选取不含商誉市净率，股息率选取静态股息率，分析周期长度取十年，下文其他公司如无特殊情况，均参照这一取值标准。

**图 4-8-1-1　招商银行前复权价与扣非滚动市盈率走势图（一）**

上图是招商银行过去十年的扣非滚动市盈率走势图，可以看到在 2022 年之前，当公司 PE 低于 8 倍时，会出现股价低估的较好买点；反之当公司估值高于 12 倍后，会出现相对高估的卖点，如图中框出的位置所示。在低估位置买入、高估位置卖出，均能收获不菲的投资收益。

需要注意，**自 2022 年之后，招商银行的低估区间明显下移了。**在我看来原因有许多：有房企大面积爆雷后，市场对银行不良贷款率上升的担忧；房价下跌后，住户贷款增速跳水式下滑，存款余额却爆发式增长，由存贷比下滑所引发的对短期盈利能力下降的担忧；还有伴随宏观经济不振，货币政策持续降息，导致银行净息差收窄，作为银行最关键的财务指标之一，其收窄直接影响银行业的长期盈利能力。

以上因素是导致银行业估值中枢持续下滑的主要原因。但这并不影响我们的投资决策，只需在新形成的 PE 底部区间买入即可。肯定有人会问：“那如果我按照之前的估值底部，比如在招商银行 8 倍 PE 的位置买入，不就抄底抄在了半山腰吗？”

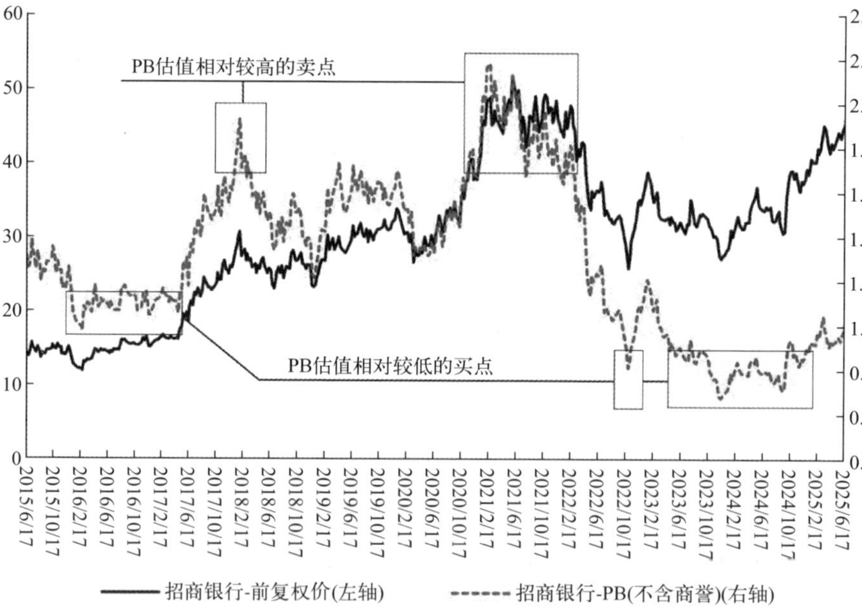


**图 4-8-1-2　招商银行前复权价与扣非滚动市盈率走势图（二）**

后文我们会讲定投买入方法，可能你一次、两次买在了腰部，但公司 PE 估值低于 6 倍的时间长达两年之久，足以通过多次定投的方式降低平均买入成本。

再来看一下公司不含商誉市净率走势图。2022 年之前，当招商银行 PB 低于 1.25 倍时就是理想买点，反之，当它高于 1.8 倍后就要开始卖出。2022 年后，公司 PB 估值中枢同样下移，目前当公司 PB 低于 1 倍时，就进入了低估区间。

可能你会问，那估值中枢下移后，卖出的点位是否也要一同下移？老实讲，这个问题很难回答，逻辑上我认为卖出标准同样要调降，比如 2022 年以前，招商银行卖出估值标准是买入估值标准的约 1.5 倍，所以根据最新估值中枢，当公司 PB 高于 1.5 倍时，可能就到了理想的卖点。

但有一个不容忽视的事实是，股票上涨阶段往往是非理性的，特别容易将一只股票的估值炒上天，没人能从估值的角度说清到底多高才是顶部。我认为最好的应对方式，**就是抛弃精准逃顶思维，想要精准卖在最高点，本身就不现实，我们能做到的，就是尽量买得便宜，这样无论未来在什么位置卖出，都是赚钱的。**在保证高胜率的同时，尽可能提高自身认知水平，卖在认知决定的"高点"即可。

最后再来看一下股息率指标，历史上当招行股息率低于 2.5% 后，就出现了高估卖点，而当其股息率高于 4% 时，则是相对的买点，与前文 PB 指标一样，大致也是个 1.5 倍的估值关系。2022 年以后，买入标准提高到了股息率高于 5.5%，哪怕公司股价长期不涨，稳稳吃高于 5% 的股息，也是非常不错的投资选择，毕竟银行定期存利率都下降到 1% 了。

我习惯将三个指标取交集，这样可以进一步提高投资胜率。下图是我将 PE、PB、股息率指标叠在一起的分析图，我们一眼就能找出"两低一高"的买入点位，与"两高一低"的卖出点位。

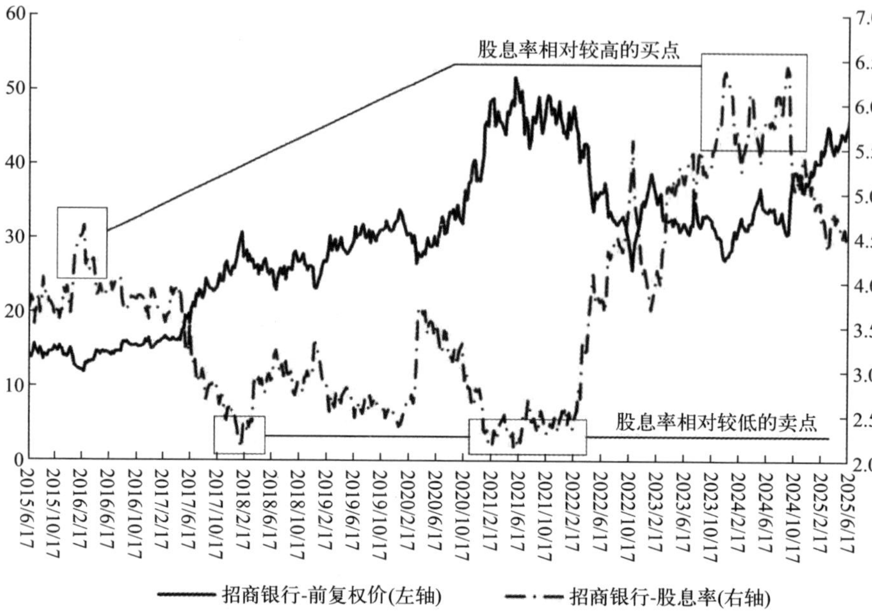


图 4-8-1-3　招商银行前复权价与股息率走势图

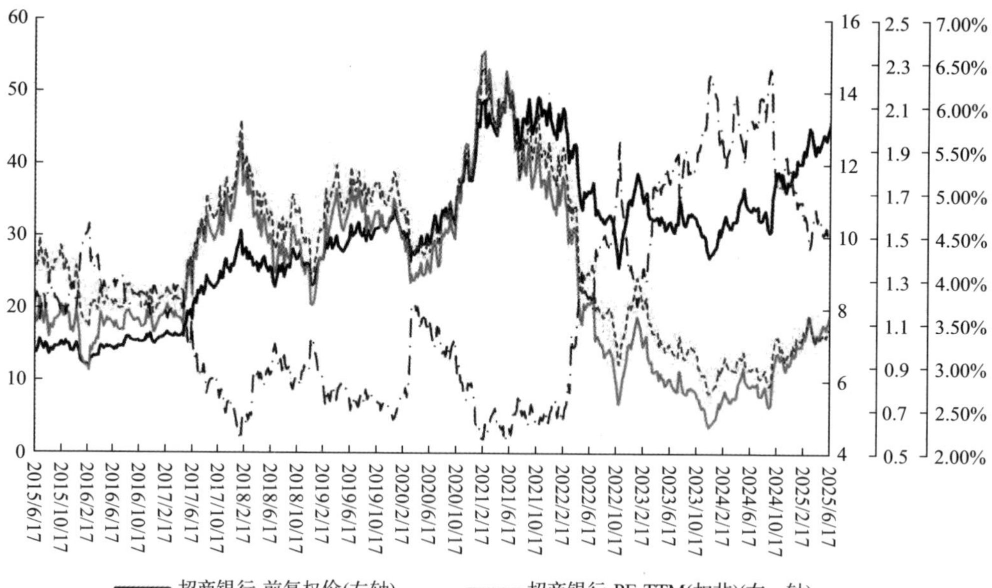


图 4-8-1-4　招商银行前复权价、扣非滚动市盈率、不含商誉市净率与股息率走势图

## 4.8.2　伊利股份丨穿越周期的消费股

那么对于成熟型公司，就可以无脑使用"两低一高"方法了吗？也不尽然，还是要基于基本面分析，判断才更精准，我们以乳制品龙头伊利股份为例。

伊利股份作为乳制品市场双龙头之一，市场地位稳固，竞争优势明显，而乳制品又是家庭日常消费的必需品，特别是有了孩子之后更是离不开。《彼得·林奇的成功投资》一书中有 13 条选股准则，其中就提到一条选股标准：公司业务枯燥乏味；公司处于一个零增长行业中；人们要不断购买公司的产品。业务枯燥才让投资者有充足时间在底部买入，零增长代表行业竞争强度低，产品刚需代表需求稳定，持续赚钱，伊利就是一家这样的公司。

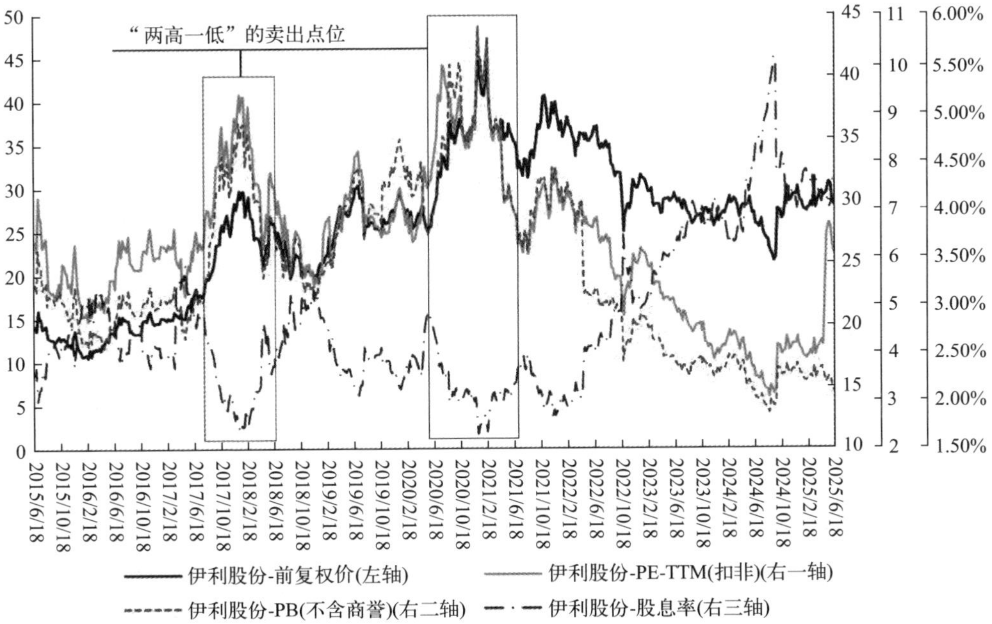


**图 4-8-2-1　伊利股份前复权价、扣非滚动市盈率、不含商誉市净率与股息率走势图**

上图是公司近 10 年股价、市盈率、市净率、股息率的叠加走势图。使用"两低一高"方法，可以清晰地展示出，在 2018 年初与 2021 年初符合"两高一低"

的卖出点位，不会让你在牛市顶点买入，从而被套牢。

但另一方面也很明显，自 2023 年以后，公司估值中枢明显下移。

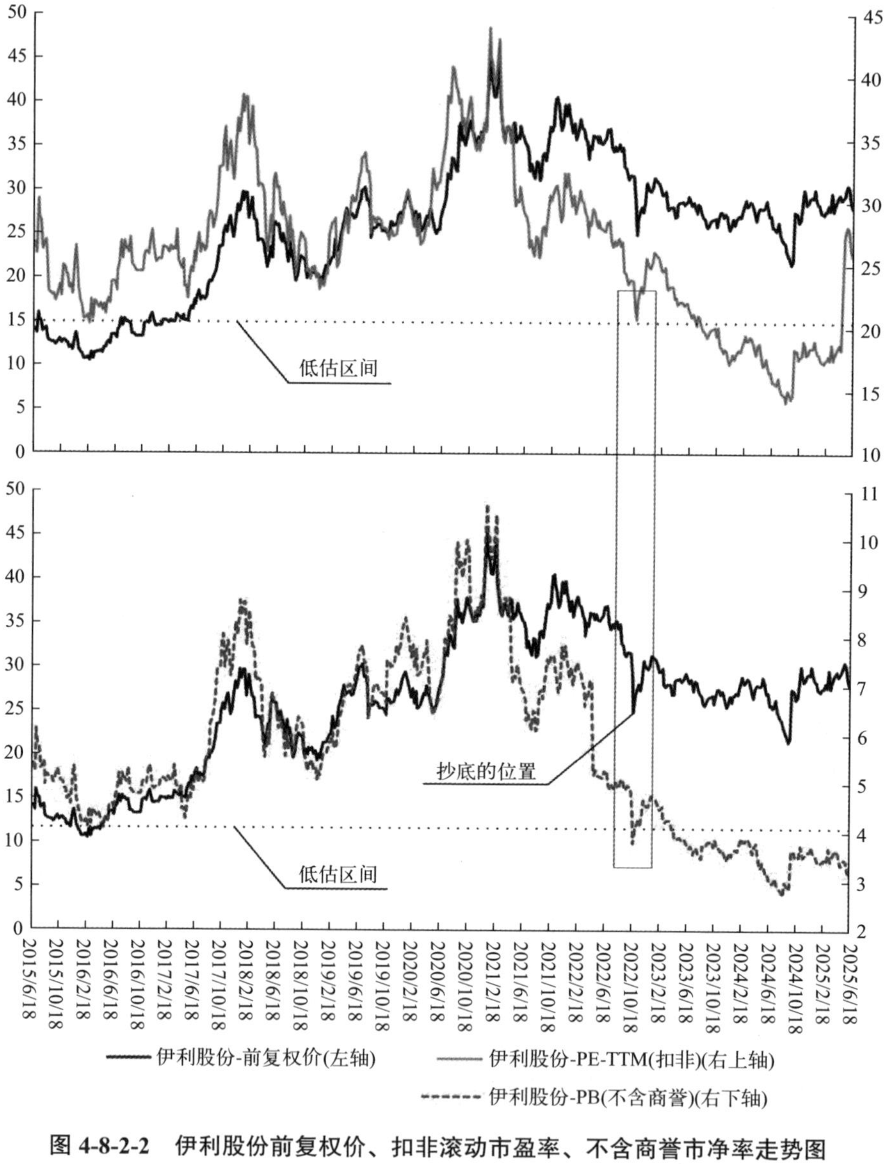


图 4-8-2-2　伊利股份前复权价、扣非滚动市盈率、不含商誉市净率走势图

如果按照 2016 年初的低估值标准，执行“两低一高”抄底，那么大致会买在 2022 年 11 月 25 元左右的位置，虽说依然能赚钱，但有些抄底过早。后续随着公司估值中枢下移，出现了更好的买点，比如 2024 年 9 月。

这说明“两低一高”失效了吗？我们买在了半山腰吗？其实不是的。底部从来都是一个区间而非一个时点，没人能准确抓住底部的最低价买入，因为最低点都是站在未来的视角回头看才能确认的。站在当时的悲观情境下，你可能会觉得公司股价会继续下跌，从而不敢抄底。

我们要做的，就是当公司股价符合“两低一高”特征后，于 2023 年 4 月开始持续定投买入，这样反而能抓住 2024 年 9 月的最低点。定投永远都是“两低一高”方法中最有效的策略之一。虽然现在无法证实 30 元以下就是伊利股份的底部区间，但估值回归终将出现，历史会证明一切。

那么当估值中枢下移现象出现后，我们该怎么办呢？**答案是要回到公司的基本面分析，寻找估值中枢下移的原因所在。**如果你曾经关注过伊利股份，那么就会知道，2022 年之后公司估值中枢的下移与原奶价格周期的影响密不可分。

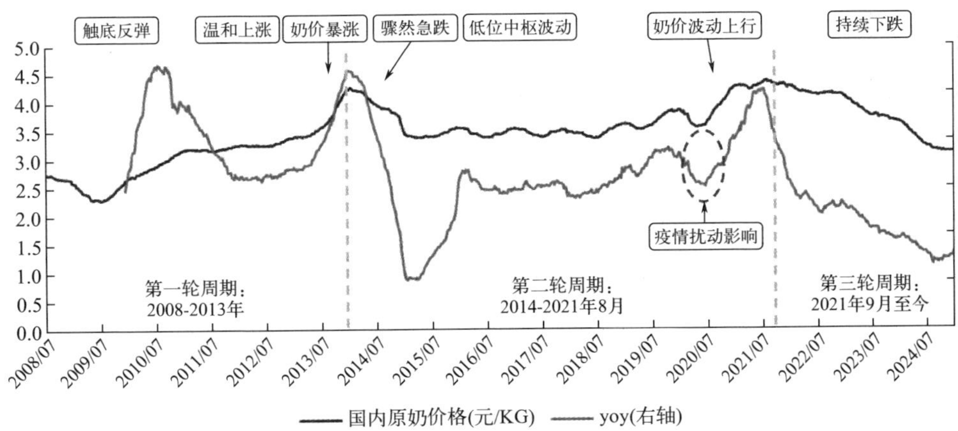


**图 4-8-2-3　国内原奶价格复盘 资料来源：wind，兴业证券经济与金融研究院**

自 2008 年三聚氰胺事件爆发后，国内原奶价格于 2009 年触底，并走出了两轮完整的价格周期。第一轮 2009–2014 年为价格上行阶段，2014–2018 年为价格回落阶段。第二轮 2018–2021 年为价格上涨阶段，2021 年至今原奶价格持续下跌，目前处于第二轮原奶价格周期的尾部阶段。

之所以原奶周期对伊利的影响较大，是因为乳企为了绑定优质奶源，通过控股或参股的方式大量收购上游牧场企业，当原奶价格暴跌时，导致牧场行业陷入亏损，自然拖累了乳企业绩。

比如另一家乳制品龙头企业蒙牛，2023 年净利润还有 48.87 亿元，到了 2024 年暴跌至 2.25 亿元，可见周期的力量有多么强大。伊利 2024 年营收下滑 8%，归母净利润下滑 19%，扣非净利润下滑 40%，同样没有幸免。公司估值中枢下移，可被视为市场对于公司未来业绩下滑的预期，这样我们就找到了原因。

未来乳品行业会消失吗？肯定不会，因为它是生活必选消费品。那么伊利与蒙牛的双寡头垄断格局会被颠覆吗？答案也是不会，只要不发生食品安全事件，导致品牌力受损，目前其他乳企都没实力挑战二者的行业地位。

既然受原奶周期影响，那么有周期下行阶段，就必然会有上行周期。未来随着原奶产能逐渐出清，原奶价格重回上涨趋势，就会增厚乳企利润，带动公司估值反弹。现在的低估值反而会成为极佳的投资机会，正所谓“危机”，危险中蕴藏机会是也。

从估值的视角来看，2024 年 8 月至 9 月已经出现了“两低一高”的绝佳买点，我相信这个位置将会在相当长的时间内，作为伊利股份历史级别的底部存在。

所以说，不是只学会估值指标就万事大吉了，估值也要建立在对公司基本面分析的基础上，你知道它的估值为什么贵，为什么便宜，未来会如何变化，才能更高效地指导我们的操作。

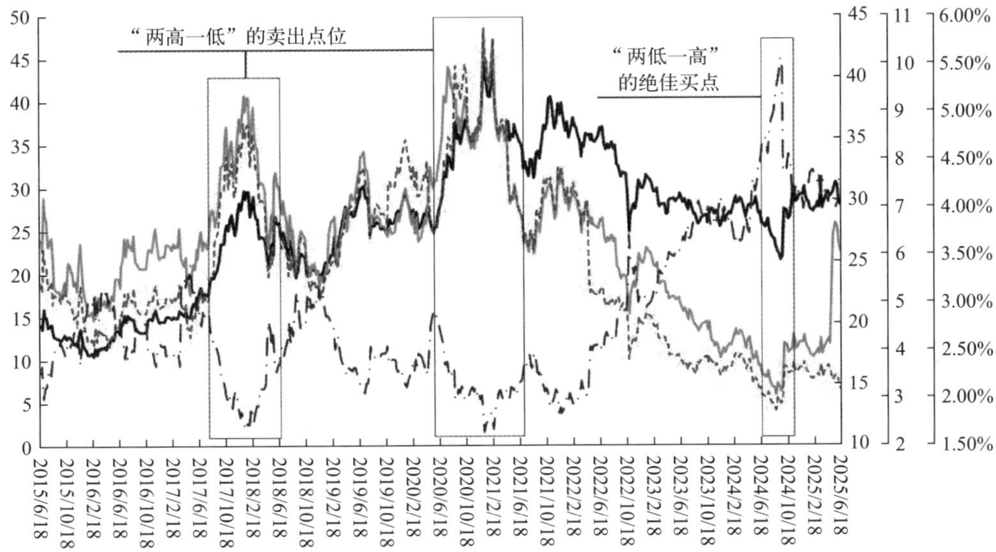


**图 4-8-2-4　伊利股份前复权价、扣非滚动市盈率、不含商誉市净率与股息率走势图**

## 4.8.3　五粮液丨优质基本面是方法应用的前提

"两低一高"投资方法的应用，离不开对上市公司的财报分析。公司经营质量稳定是"两低一高"方法应用的前提。下面我通过五粮液的例子来给大家讲一下如何定量分析一家公司，从而指导投资。

**表 4-8-3-1　五粮液财务数据分析表（一）**　　单位：元

| 项目名称 | 2019 | 2020 | 2021 | 2022 | 2023 | 2024 |
|---|---|---|---|---|---|---|
| 资产合计 | 1063.97 亿 | 1138.93 亿 | 1356.21 亿 | 1528.12 亿 | 1654.33 亿 | 1882.52 亿 |
| 同比增长（%） | 23.58% | 7.05% | 19.08% | 12.68% | 8.26% | 13.79% |
| 负债合计 | 303.01 亿 | 261.35 亿 | 342.29 亿 | 361.25 亿 | 330.84 亿 | 518.57 亿 |
| 资产负债率（%） | 28.48% | 22.95% | 25.24% | 23.64% | 20.00% | 27.55% |
| 归属于母公司所有者权益合计 | 742.91 亿 | 857.06 亿 | 990.68 亿 | 1140.28 亿 | 1295.58 亿 | 1332.85 亿 |
| 同比增长（%） | 17.02% | 15.37% | 15.59% | 15.10% | 13.62% | 2.88% |

首先我会看公司的总资产规模，判断公司的整体实力与扩张能力。理论上公司资产规模越大越好，且资产同比增长大于0，说明公司规模依然在扩张中。

资产指标要与负债指标结合来看，有些公司总资产增长，是依靠增加债务来实现的，这种增长就不算健康。2024年，五粮液总资产增长了13.79%，而资产负债率上升了7.55%，因此公司归母净资产仅增长了2.88%。

白酒是典型的轻资产运营行业，企业价值很大程度上集中在品牌这一无形资产上面，因此，仅从五粮液资产负债率大幅增加这一项就能看出，公司经营可能遇到了问题，需要主动增加财务杠杆来应对。

**表4-8-3-2　五粮液财务数据分析表（二）**　　单位：元

| 项目名称 | 2019 | 2020 | 2021 | 2022 | 2023 | 2024 |
|---|---|---|---|---|---|---|
| 短期借款 | 0.00亿 | 0.00亿 | 0.00亿 | 0.00亿 | 0.00亿 | 0.00亿 |
| 一年内到期的非流动负债 | 0.00亿 | 0.00亿 | 3.60亿 | 3.76亿 | 0.15亿 | 4.09亿 |
| 长期借款 | 0.00亿 | 0.00亿 | 0.00亿 | 0.00亿 | 0.00亿 | 0.00亿 |
| 应付债券 | 0.00亿 | 0.00亿 | 0.00亿 | 0.00亿 | 0.00亿 | 0.00亿 |
| 长期应付款 | 0.00亿 | 0.00亿 | 0.00亿 | 0.00亿 | 0.00亿 | 0.00亿 |
| 应付利息 | 0.00亿 | 0.00亿 | 0.00亿 | 0.00亿 | 0.00亿 | 0.00亿 |
| 有息负债总额 | 0.00亿 | 0.00亿 | 3.60亿 | 3.76亿 | 0.15亿 | 4.09亿 |
| 货币资金 | 632.39亿 | 682.10亿 | 823.36亿 | 923.58亿 | 1154.56亿 | 1273.99亿 |
| 货币资金－有息负债总额 | 632.39亿 | 682.10亿 | 819.76亿 | 919.83亿 | 1154.42亿 | 1269.90亿 |
| 货币资金/资产合计（%） | 59.44% | 59.89% | 60.71% | 60.44% | 69.79% | 67.67% |

一般公司如果有息负债总额过高，而货币资金不足，那么就会存在偿债风险。有息负债总额=短期借款+一年内到期的非流动负债+长期借款+应付债券+长期应付款+应付利息。一般来说，货币资金余额要大于有息负债总额，公司的偿债风险比较小。

五粮液的情况是，有息负债总额低到可以忽略不计，而账面货币资金接近

1300 亿元，货币资金占总资产比例超过了 67%，这就走到了另一个极端：账面货币资金占比太高，同样不好。因为货币资金这种资产的增值效率极低，货币资金过多会降低公司的资产收益率和股东权益回报率。

我更建议这种账面现金充足的公司，要么回购自家股票并注销，要么增加分红比例提升股东回报，这种玩法在美股很常见，但在 A 股则不多见。

**表 4-8-3-3 五粮液财务数据分析表（三）** 单位：元

| 项目名称 | 2019 | 2020 | 2021 | 2022 | 2023 | 2024 |
|---|---|---|---|---|---|---|
| 应付票据 | 4.19 亿 | 7.64 亿 | 8.72 亿 | 8.88 亿 | 7.32 亿 | 4.16 亿 |
| 应付账款 | 32.58 亿 | 33.83 亿 | 54.04 亿 | 72.47 亿 | 88.64 亿 | 90.77 亿 |
| 预收款项 | 125.31 亿 | 0.24 亿 | 0.11 亿 | 0.16 亿 | 0.18 亿 | 0.09 亿 |
| 合同负债 | 0.00 亿 | 86.19 亿 | 130.59 亿 | 123.79 亿 | 68.64 亿 | 116.90 亿 |
| 应付 + 预收 | 162.08 亿 | 127.89 亿 | 193.45 亿 | 205.30 亿 | 164.79 亿 | 211.92 亿 |
| 应收票据 | 146.43 亿 | 185.68 亿 | 238.59 亿 | 1.20 亿 | 0.00 亿 | 0.10 亿 |
| 应收账款 | 1.34 亿 | 0.41 亿 | 0.64 亿 | 0.36 亿 | 0.43 亿 | 0.37 亿 |
| 预付款项 | 2.32 亿 | 2.47 亿 | 1.96 亿 | 1.36 亿 | 1.69 亿 | 1.45 亿 |
| 应收 + 预付 | 150.10 亿 | 188.57 亿 | 241.19 亿 | 2.92 亿 | 2.12 亿 | 1.93 亿 |
| 应付（+ 预收）- 应收（+ 预付） | 11.98 亿 | -60.68 亿 | -47.74 亿 | 202.38 亿 | 162.66 亿 | 210.00 亿 |
| 应收账款 / 资产总计（%） | 0.13% | 0.04% | 0.05% | 0.02% | 0.03% | 0.02% |
| 应收账款 / 营业收入（%） | 0.27% | 0.07% | 0.10% | 0.05% | 0.05% | 0.04% |
| 预付款项 / 营业收入（%） | 0.46% | 0.43% | 0.30% | 0.18% | 0.20% | 0.16% |
| 其他应收款合计 | 12.49 亿 | 0.36 亿 | 0.26 亿 | 0.31 亿 | 0.40 亿 | 0.47 亿 |

周转经营账款方面，应付票据和应付账款是公司欠供应商的钱；预收款项与合同负债，反映了公司尚未交付客户的产品，这四项加起来代表了公司的经营负债情况。反过来，应收票据和应收账款是客户欠公司的钱，预付款项是公司提前支付给供应商的货款，这三项加起来，是理论上公司尚未收回的资产。

应付、预收类款项总额减去应收、预付类款项总额的差额，如果是正数，**代表公司无偿占用供应链上下游资金的金额，金额越大，说明公司在行业中的话语权越强**，毕竟有句老话叫：欠钱的才是大爷。

像五粮液无偿占用了 210 亿元的资金，说明行业地位很高。公司应收票据与应收账款金额极低，说明经销商拿货都必须先款后货，公司不存在应收账款被拖欠的风险。

有些上市公司应收账款金额较高，且应收账款占营业收入、总资产的比例较高，这种公司就要特别留心。

有些财务造假的公司会通过虚增营业收入的方式来实现。由于业务没有真实发生，往往就会把这笔“账面收入”挂到应收账款科目下，所以对于那些应收账款不正常大幅增长的公司，要小心财务造假风险。

更多公司虽然没有造假，但应收账款过高，也必然会带来更高的坏账风险，未来公司收不回钱，就要计提信用减值损失，从而导致当期净利润减少，影响公司业绩。

**表 4-8-3-4　五粮液财务数据分析表（四）**　　单位：元

| 项目名称 | 2019 | 2020 | 2021 | 2022 | 2023 | 2024 |
| --- | --- | --- | --- | --- | --- | --- |
| 无形资产 | 4.10 亿 | 4.34 亿 | 5.56 亿 | 5.19 亿 | 20.57 亿 | 26.71 亿 |
| 固定资产合计 | 61.09 亿 | 58.67 亿 | 56.10 亿 | 53.13 亿 | 51.90 亿 | 72.65 亿 |
| 在建工程合计 | 8.12 亿 | 14.82 亿 | 26.46 亿 | 37.73 亿 | 56.23 亿 | 57.95 亿 |
| 工程物资 | 0.02 亿 | 0.02 亿 | 0.03 亿 | 0.03 亿 | 0.03 亿 | 0.03 亿 |
| 三者之和 | 69.23 亿 | 73.51 亿 | 82.59 亿 | 90.89 亿 | 108.16 亿 | 130.62 亿 |
| 资产总计 | 1063.97 亿 | 1138.93 亿 | 1356.21 亿 | 1528.12 亿 | 1654.33 亿 | 1882.52 亿 |
| 三者之和 / 总资产（%） | 6.51% | 6.45% | 6.09% | 5.95% | 6.54% | 6.94% |
| 商誉 | 0.02 亿 | 0.02 亿 | 0.02 亿 | 0.02 亿 | 0.02 亿 | 0.02 亿 |
| 存货 | 136.80 亿 | 132.28 亿 | 140.15 亿 | 159.81 亿 | 173.88 亿 | 182.34 亿 |

续表

| 项目名称 | 2019 | 2020 | 2021 | 2022 | 2023 | 2024 |
|---|---|---|---|---|---|---|
| 存货 / 营业收入（%） | 27.29% | 23.08% | 21.17% | 21.60% | 20.88% | 20.45% |
| 交易性金融资产 | 0.00 亿 | 0.00 亿 | 0.00 亿 | 0.00 亿 | 0.00 亿 | 0.00 亿 |
| 可供出售金融资产 | 0.00 亿 | 0.00 亿 | 0.00 亿 | 0.00 亿 | 0.00 亿 | 0.00 亿 |
| 持有至到期投资 | 0.00 亿 | 0.00 亿 | 0.00 亿 | 0.00 亿 | 0.00 亿 | 0.00 亿 |
| 投资性房地产 | 0.00 亿 | 0.00 亿 | 0.00 亿 | 0.00 亿 | 0.00 亿 | 0.00 亿 |
| 长期股权投资 | 10.22 亿 | 18.50 亿 | 19.11 亿 | 19.86 亿 | 20.20 亿 | 20.82 亿 |
| 资产总计 | 1063.97 亿 | 1138.93 亿 | 1356.21 亿 | 1528.12 亿 | 1654.33 亿 | 1882.52 亿 |
| 投资类资产 / 总资产（%） | 0.96% | 1.62% | 1.41% | 1.30% | 1.22% | 1.11% |

无形资产一般包括专利权、商标权、著作权、特许经营权和土地使用权等；固定资产包括生产厂房、建筑物、机械设备、生产工具等，这两者一般代表了一家公司的生产能力。

在建工程往往代表着产能的扩张，可以看到五粮液在建工程金额较高，原因是公司有 6 万吨的在建产能。如果一家公司常年没有在建工程，说明它没有扩产的动力，这很可能代表公司主营业务到达了行业天花板，失去了发展潜力。

商誉属于一种特殊的无形资产，源自公司溢价收购部分。由于商誉无须摊销，不会增加运营成本，许多上市公司会倾向于通过并购增加营收与净利润，从而使公司业绩持续增长。所以我们后续分析利润表时，要结合商誉指标，分析公司的净利润来源，进而判断公司业绩增长的健康程度。另外，过高的商誉也代表更高的收购溢价，公司当冤大头的风险也随之提高，未来一旦收购的资产价值缩水，商誉减值也会导致当期业绩爆雷。

存货是公司持有的用于出售的商品、在产品以及生产用的原材料。白酒行业由于其特殊性，存货的价值较高，且基酒的多寡也代表了未来的产量。对于大多数其他行业而言，存货占营业收入的比值突然增长，可能代表着公司产品滞销，也说明经营环境发生了变化。高存货同样会导致资产减值风险，比如隆基绿能最近两年业绩下滑，就是受存货计提减值的影响。

长期股权投资属于公司各种投资类资产，可以反映公司是否专注于主业。如果长期股权投资占总资产比例过高，要分析公司投资资产的质量。需要注意，股权投资的收益不会计入经营活动现金流量，因此长期股权投资金额较高的公司会导致净利润现金比率降低。

**表 4-8-3-5　五粮液财务数据分析表（五）**　　单位：元

| 五粮液 | 2019 | 2020 | 2021 | 2022 | 2023 | 2024 |
|---|---|---|---|---|---|---|
| 营业收入 | 501.18 亿 | 573.21 亿 | 662.09 亿 | 739.69 亿 | 832.72 亿 | 891.75 亿 |
| 营业收入同比增长（%） | 25.20% | 14.37% | 15.51% | 11.72% | 12.58% | 7.09% |
| 销售商品、提供劳务收到的现金 | 631.11 亿 | 626.68 亿 | 809.53 亿 | 817.71 亿 | 1053.50 亿 | 1018.69 亿 |
| 销售商品、提供劳务收到的现金 / 营业收入（%） | 125.93% | 109.33% | 122.27% | 110.55% | 126.51% | 114.23% |
| 营业收入 | 501.18 亿 | 573.21 亿 | 662.09 亿 | 739.69 亿 | 832.72 亿 | 891.75 亿 |
| 营业成本 | 128.02 亿 | 148.12 亿 | 163.19 亿 | 181.78 亿 | 201.57 亿 | 204.61 亿 |
| 毛利率（%） | 74.46% | 74.16% | 75.35% | 75.42% | 75.79% | 77.05% |
| 销售费用 | 49.86 亿 | 55.79 亿 | 65.04 亿 | 68.44 亿 | 77.96 亿 | 106.92 亿 |
| 管理费用 | 26.55 亿 | 26.10 亿 | 29.00 亿 | 30.68 亿 | 33.19 亿 | 35.55 亿 |
| 财务费用 | -14.31 亿 | -14.86 亿 | -17.32 亿 | -20.26 亿 | -24.73 亿 | -28.34 亿 |
| 研发费用 | 1.26 亿 | 1.31 亿 | 1.77 亿 | 2.36 亿 | 3.22 亿 | 4.05 亿 |
| 四费总和 | 77.67 亿 | 83.20 亿 | 95.81 亿 | 101.48 亿 | 114.38 亿 | 146.53 亿 |
| 费用率（%） | 15.50% | 14.51% | 14.47% | 13.72% | 13.74% | 16.43% |
| 费用率 / 毛利率（%） | 20.81% | 19.57% | 19.20% | 18.19% | 18.12% | 21.32% |
| 销售费用/营业收入（%） | 9.95% | 9.73% | 9.82% | 9.25% | 9.36% | 11.99% |

营业收入增长代表了公司的成长能力，理论上越高越好。营业收入 = 销量 × 单位产品价格，如果是没有定价权的企业，盲目提价会导致销量下滑。

由于我国增值税是在销售环节征收，由商家代收、代缴，**因此销售商品、提供劳务收到的现金，通常就应该高于营业收入，**这个指标大于 110% 是比较合理的。

毛利率由营业收入与营业成本计算得出，反映公司的盈利能力。一般来说，毛利率大于 40% 说明商业模式较好，赚钱较为轻松。

费用大致分为销售、管理、财务和研发四项，是除营业成本外重要的成本开支项目，可以直接反映出一家公司的成本管控能力。

销售费用是指为销售行为而发生的各种成本支出。理论上，销售费用投入增加会刺激营业收入增长，所以那些销售费用增速高于营业收入增速的公司，往往是在经营过程中遇到了困难，需要加大销售投入以支撑销量的增长。

当前白酒行业面临经销商高库存的问题，销售遇阻，因此作为白酒"二哥"的五粮液，在 2024 年也大幅增加了销售费用，以应对行业去库存周期。**那些销售费用大幅增加，而营业收入开始减少的公司一定要小心，这可能预示着公司经营遇到了问题，未来业绩存在下滑风险。**

管理费用，指为组织与管理企业而产生的成本支出。一般来说，管理费用与公司规模相匹配，优秀企业可以通过优化管理流程，节省管理成本从而提高效益。

财务费用，指企业为筹集生产经营所需资金而发生的筹资费用。有息负债较多、财务杠杆较高的企业，每年需要支付大量利息，从而体现为财务费用较高。而像五粮液这种，无偿占用上下游供应链资金较多，且自身现金储备充足的公司，可以利用这些现金获取存款利息或理财收益，因此它的财务费用为负值，意味着每年在财务端还赚回了一定的利润。

最后是研发费用，对于一些依靠核心技术作为竞争力的企业，保持一定量的研发费用支出，是公司持续创新、提升竞争力的基础。像白酒这种以传统生产工艺为主的行业，通常不需要投入过高的研发费用。

四项费用累加除以营业收入，可以算出费用率。如果一家公司的费用率与毛利率的比值上升，也说明企业的盈利能力在下滑。

多说一句，我们分析企业财报，既要看它的历史数据并进行比较分析，也要关注主要指标的比率变化趋势，通过一些异常指标，发现企业当前面临的问题。

五粮液的毛利率始终较高，说明公司商业模式赚钱能力强，品牌加持下的产品附加值高。费用率有所提升，可能代表公司经营端遇到了一定困难，需要加大销售费用投入以维持营业收入增长。

**表 4-8-3-6　五粮液财务数据分析表（六）**　　单位：元

| 项目名称 | 2019 | 2020 | 2021 | 2022 | 2023 | 2024 |
|---|---|---|---|---|---|---|
| 营业收入 | 501.18 亿 | 573.21 亿 | 662.09 亿 | 739.69 亿 | 832.72 亿 | 891.75 亿 |
| 营业成本 | 128.02 亿 | 148.12 亿 | 163.19 亿 | 181.78 亿 | 201.57 亿 | 204.61 亿 |
| 营业税金及附加 | 69.84 亿 | 80.92 亿 | 97.90 亿 | 107.49 亿 | 125.32 亿 | 130.41 亿 |
| 四费总和 | 77.67 亿 | 83.20 亿 | 95.81 亿 | 101.48 亿 | 114.38 亿 | 146.53 亿 |
| 主营利润 | 225.64 亿 | 260.97 亿 | 305.20 亿 | 348.93 亿 | 391.46 亿 | 410.20 亿 |
| 主营利润率（%） | 45.02% | 45.53% | 46.10% | 47.17% | 47.01% | 46.00% |
| 利润总额 | 241.06 亿 | 276.78 亿 | 324.50 亿 | 371.04 亿 | 419.13 亿 | 441.63 亿 |
| 主营利润 / 利润总额（%） | 93.60% | 94.29% | 94.05% | 94.04% | 93.40% | 92.88% |
| 营业外收入 | 0.30 亿 | 0.41 亿 | 0.52 亿 | 0.39 亿 | 0.45 亿 | 0.40 亿 |
| 营业外收入 / 利润总额（%） | 0.12% | 0.15% | 0.16% | 0.10% | 0.11% | 0.09% |
| 资产减值损失 | 0.03 亿 | 0.14 亿 | 0.08 亿 | 0.26 亿 | 0.04 亿 | –0.02 亿 |
| 信用减值损失 | 0.01 亿 | –0.01 亿 | 0.03 亿 | 0.01 亿 | 0.01 亿 | 0.01 亿 |
| 公允价值变动收益 | 0.00 亿 | 0.00 亿 | 0.00 亿 | 0.00 亿 | 0.00 亿 | 0.00 亿 |
| 投资收益 | 0.93 亿 | 0.94 亿 | 0.97 亿 | 0.93 亿 | 0.58 亿 | 0.75 亿 |
| 营业利润 | 226.55 亿 | 261.75 亿 | 306.12 亿 | 349.61 亿 | 392.00 亿 | 410.98 亿 |
| 营业利润率（%） | 45.20% | 45.66% | 46.24% | 47.26% | 47.07% | 46.09% |

营业收入 – 营业成本 – 税金及附加 – 四费总和，即可得到公司的主营利润，再扣除掉资产减值损失与信用减值损失，并加回公允价值变动收益与投资收益，即可得到公司的营业利润，展现一家公司在经营端的能力。

**表 4-8-3-7　五粮液财务数据分析表（七）**　　单位：元

| 项目名称 | 2019 | 2020 | 2021 | 2022 | 2023 | 2024 |
|---|---|---|---|---|---|---|
| 营业收入增长率（%） | 25.20% | 14.37% | 15.51% | 11.72% | 12.58% | 7.09% |
| 净利润 | 182.28 亿 | 209.13 亿 | 245.07 亿 | 279.70 亿 | 315.21 亿 | 331.93 亿 |
| 净利润同比增长（%） | 29.84% | 14.73% | 17.19% | 14.13% | 12.70% | 5.31% |
| 经营活动产生的现金流量净额 | 231.12 亿 | 146.98 亿 | 267.75 亿 | 244.31 亿 | 417.42 亿 | 339.40 亿 |
| 净利润现金比率（%） | 126.79% | 70.28% | 109.25% | 87.35% | 132.43% | 102.25% |
| 过去 5 年净利润现金比率 | 102.52% | | | | | |
| 扣除非经常性损益后的净利润 | 174.06 亿 | 199.95 亿 | 233.28 亿 | 266.63 亿 | 301.16 亿 | 317.42 亿 |
| 归属于母公司所有者的净利润 | 174.02 亿 | 199.55 亿 | 233.77 亿 | 266.90 亿 | 302.11 亿 | 318.53 亿 |
| 归母净利同比增长（%） | 30.02% | 14.67% | 17.15% | 14.17% | 13.19% | 5.44% |
| 归属于母公司所有者权益合计 | 742.91 亿 | 857.06 亿 | 990.68 亿 | 1140.28 亿 | 1295.58 亿 | 1332.85 亿 |
| ROE（%） | 23.42% | 23.28% | 23.60% | 23.41% | 23.32% | 23.90% |

净利润相对好理解，代表企业最终赚到的钱。净利润同比增长率下滑，也代表公司成长速度有所下降。净利润我更建议看扣除非经常性损益后的指标，因为这剥离了那些具有偶然性和不可持续性的收益，可以更好地展现企业实际经营的盈利能力。

我常常将经营活动产生的现金流量净额指标与净利润指标一同分析。净利润是停留在会计计算中的数据，而经营活动产生的现金流才是公司赚回的现金，用后者除以前者得到净利润现金比率，可以衡量公司净利润中的现金含量有多高。一般来说这个比值要大于 100%，说明公司净利润的质量较高；如果过低，则说明公司赚回的利润有一部分不是以现金形式存在的，属于纸面财富。

净现比指标我建议看过去 5 年的平均值，因为企业收款可能因不同年份的影响，从而形成年度错位效应，比如五粮液 2020 年净现比只有 70.28%，2022 年为 87.35%，但 2019 年却高达 126.79%，2023 年高达 132.43%，相邻年份的收款节奏不同，导致了这一情况，但平均下来，五粮液的净现比是稳定在 100% 之上的。

ROE 也叫净资产收益率，反映了一家企业的综合盈利能力。股神巴菲特曾说："如果只能选择用一个指标去投资，我会选择 ROE。"可见这个指标的重要性与全面性。为什么说它重要且全面？我从 ROE 的计算公式角度帮大家拆解一下。

ROE= 净利润 ÷ 净资产，我们将这个简单公式的分子与分母填上一些相同的指标，就可以转化为：ROE=（净利润/销售收入）×（销售收入/总资产）×（总资产 / 净资产）= 销售利润率 × 总资产周转率 × 经营杠杆率，这就是杜邦分析法对 ROE 的拆解。

销售利润率代表了公司的盈利能力，总资产周转率代表了公司的运营能力，而经营杠杆率则代表了公司的负债能力，这也从三个维度展现出三种不同的赚钱模式：要么你的生意模式极好，产品附加值很高，例如白酒行业；要么你能高效利用资金，一年内使用许多次，比如当年房地产行业的高周转；要么你能通过低成本大量借贷，靠钱生钱，例如银行业。

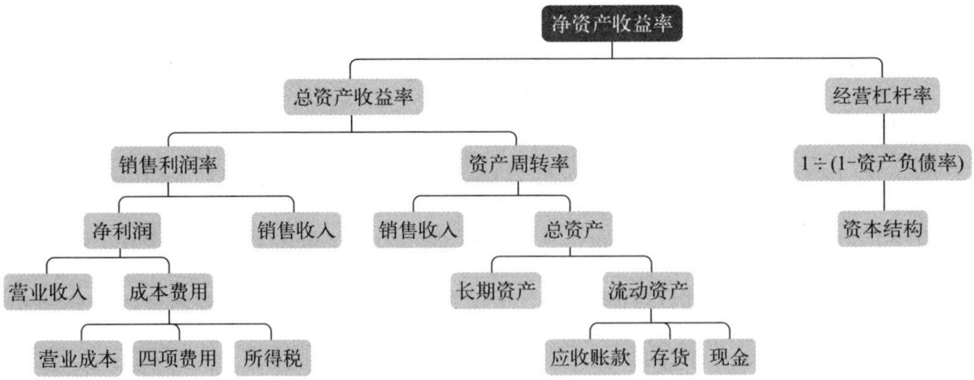


图 4-8-3-1　净资产收益率的拆解示意图

如果我们继续将这三大维度向下拆解，就能得到如上图所示的财务指标分析框架，可以看到几乎所有公司所有的重要财务指标都会影响最终的净资产收益率，因此这也是 ROE 综合性的体现。

一般来说，ROE 指标大于 15% 说明公司盈利能力较强，而 20% 则是非常优秀的水平。五粮液多年以来的 ROE 指标高于 23%，说明公司的综合盈利能力非常强。但同样需要注意，营收与净利润的下滑，也代表公司经营遇到了一定的困难。

**表 4-8-3-8　五粮液财务数据分析表（八）**　　单位：元

| 项目名称 | 2019 | 2020 | 2021 | 2022 | 2023 | 2024 |
|---|---|---|---|---|---|---|
| 固定资产折旧、油气资产折耗、生产性生物资产折旧 | 4.18 亿 | 4.36 亿 | 8.21 亿 | 8.29 亿 | 8.33 亿 | 9.99 亿 |
| 无形资产摊销 | 0.19 亿 | 0.28 亿 | 0.38 亿 | 0.64 亿 | 0.74 亿 | 1.47 亿 |
| 长期待摊费用摊销 | 0.52 亿 | 0.48 亿 | 0.58 亿 | 0.72 亿 | 0.75 亿 | 0.73 亿 |
| 分配股利、利润或偿付利息支付的现金 | 72.52 亿 | 92.28 亿 | 108.74 亿 | 126.81 亿 | 158.94 亿 | 192.41 亿 |
| 以上科目之和 | 77.41 亿 | 97.40 亿 | 117.91 亿 | 136.47 亿 | 168.76 亿 | 204.60 亿 |
| 经营活动产生的现金流量净额 | 231.12 亿 | 146.98 亿 | 267.75 亿 | 244.31 亿 | 417.42 亿 | 339.40 亿 |

固定资产折旧与无形资产摊销，都是无须支付现金的成本项，像机场、水电站这类公用事业型公司，每年固定资产折旧金额极大，又不需投入太多资金来对资产进行维护保养，那么公司的经营活动现金流就会明显高于净利润，实际可支配自由现金流也会更多。

一般情况下，公司的经营活动现金流量净额要高于折旧、摊销、分配股利与偿付利息之和，这说明公司经营造血能力是健康的，无须依靠外部融资即可满足正常运营活动的需要。

表 4-8-3-9　五粮液财务数据分析表（九）　单位：元

| 项目名称 | 2019 | 2020 | 2021 | 2022 | 2023 | 2024 |
|---|---|---|---|---|---|---|
| 股利支付率（%） | 49.07% | 50.18% | 50.19% | 55.00% | 60.00% | 67.18% |
| 经营活动产生的现金流量净额 | 231.12 亿 | 146.98 亿 | 267.75 亿 | 244.31 亿 | 417.42 亿 | 339.40 亿 |
| 投资活动产生的现金流量净额 | −16.16 亿 | −17.22 亿 | −14.97 亿 | −17.16 亿 | −29.32 亿 | −26.42 亿 |
| 筹资活动产生的现金流量净额 | −72.52 亿 | −92.13 亿 | −112.69 亿 | −131.05 亿 | −163.00 亿 | −196.22 亿 |
| 类型 | 正负负 | 正负负 | 正负负 | 正负负 | 正负负 | 正负负 |
| 现金及现金等价物净增加额 | 142.44 亿 | 37.63 亿 | 140.08 亿 | 96.09 亿 | 225.11 亿 | 116.76 亿 |

股利支付率是指公司将净利润用于支付股利的比例，代表公司为股东创造回报的意愿。这个数值太低，往往说明公司在发展过程中资金短缺，缺乏向股东分红的能力，常见于成长型企业当中；而这个数值太高，又说明公司未来发展潜力不足，因此选择将绝大多数利润分给股东，自身发展进入成熟期。

最后，三大现金流净额，按照正负情况，会出现不同类型，“正负负”与“正正负”类型是比较健康的现金流状态。

经营活动现金流净额肯定要为正数，否则就代表公司赚不回现金。筹资活动现金流净额最好为负数，代表公司现金流充足，无需依靠外部融资“输血”。投资活动现金流净额可正可负，一般来说为了发展需要适当投资，所以多数企业投资现金流都呈现净支出的负值状态，当然也有投资理财资金到期回收，突然变正的可能性。

五粮液的三大现金流量表均很健康，每年都能赚回大量的现金利润，而且公司也没有太多的投资支出，如果能继续提高分红比例就更好了。

以上我以五粮液为例，大致讲了一下如何分析企业财务报表。从它的资产负债率快速增长、销售费用大幅增加、营业收入与净利润增速下滑这几个相对异常的指标来看，就能发现目前它的经营遇到了一定问题。

**使用"两低一高"投资方法的前提，一定要建立在对公司基本面详尽分析的基础上，**因为影响估值的最主要因素，就是公司的基本面情况。切忌在对一家公司不了解、不分析的情况下，就盲目使用"两低一高"来指导投资，一旦公司基本面发生剧烈改变，导致估值体系发生变化，就有投资失败的风险。

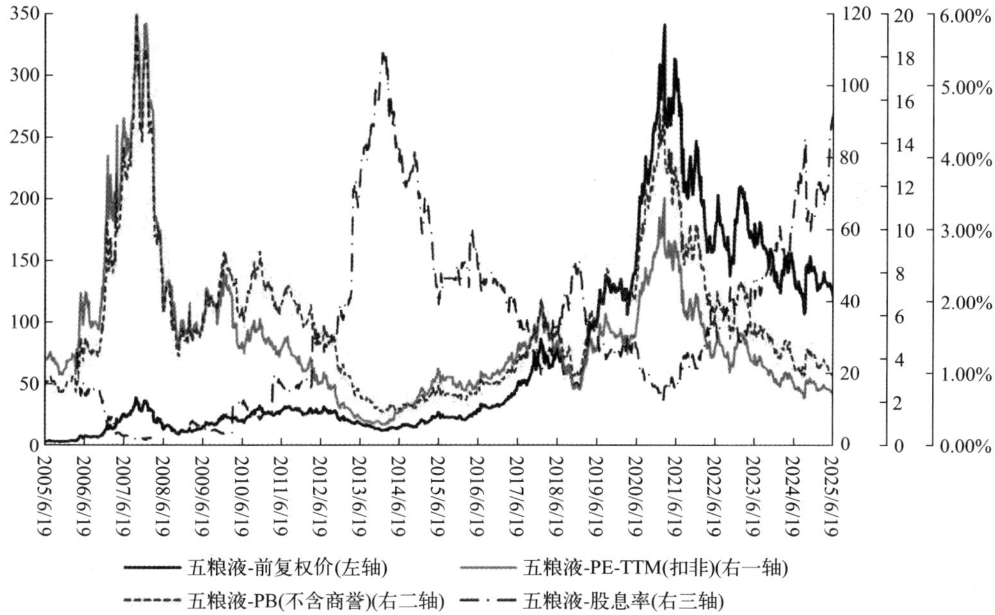


**图 4-8-3-2　五粮液前复权价、扣非滚动市盈率、不含商誉市净率与股息率走势图**

五粮液的整体经营状况是比较稳定的，这种公司很适合采用"两低一高"分析方法。从这张分析图能看出，2007 年底与 2020 年底时，公司明显处于"两高一低"的严重高估位置，这时我们要做的是卖出而非买入，这样也能帮我们躲过之后的熊市，避免被套牢。

2013 年，当时资本市场对白酒行业失去了信心，将全行业估值打到了历史最低位，完美符合低 PE、低 PB、高股息率的"两低一高"特征，这时就出现了五粮液的历史最佳买入机会。

目前受消费降级等因素影响，五粮液的估值又一次慢慢向历史低位靠拢，“两低一高”的特征越来越明显，投资性价比不断提升，这种长达 10 年才会出现一次的投资机会，正在慢慢浮现。

## 4.9 指数基金更有效

如果你没有时间、精力研究并跟踪个股，那么我建议你投资指数基金。因为它简单易懂，甚至你完全不需要具备投资知识与基本面分析方法，仅凭估值进行低买高卖，即可做到稳定盈利。

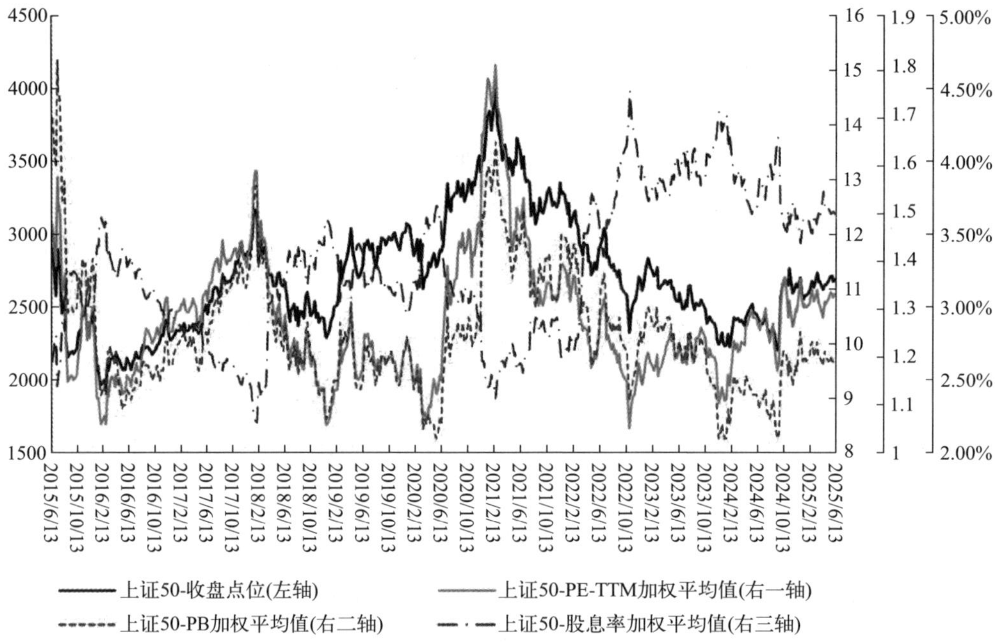


**图 4-9-1　上证 50 指数收盘点位、滚动市盈率、市净率与股息率走势图**

上图是上证 50 指数过去 10 年收盘点位与历史估值走势图，黑色实线代表收盘点位，浅色实线代表市盈率，虚线代表市净率，点划线代表股息率。

很明显，图中指数 PE/PB 双低、股息率较高的时间段，对应着指数的阶段性低位；而 PE/PB 双高且股息率较低的点位，正好对应着牛市顶点。只要你会看估值走势图，当指数点位回到低位时买入对应的指数基金，并持有至高估时卖出，想要赚钱并不难。

股神巴菲特在《1993 年致股东的信》中写道：“通过定期投资指数基金，一个什么都不懂的投资者，通常可以打败大部分的专业基金经理。”这并非戏言，甚至巴菲特还在自己的遗嘱中写道，当他未来过世后，要将其名下 90% 的资产购买并长期持有指数基金，可见股神对于指数基金的推崇。

指数基金属于特殊的被动型股票基金，它以跟踪的指数作为模仿对象，按照该指数的构成标准与权重比例，买入相同或近似相同的一篮子股票，从而获得与该指数相似的投资收益水平。

投资指数基金有如下优点：

指数基金的优势

**1. 规避风险**。由于指数基金投资的是一篮子股票，并将资金分配到不同的资产类别、行业、地区和公司中，即使某个投资领域或公司表现不佳，整体投资组合的损失也会被表现较好的行业或公司所抵消。这就等于采取了分散投资的策略，降低了整体投资风险。

**2. 节省费用**。指数基金由于不需要基金经理的主动管理服务，因此管理费与托管费均低于主动管理型基金。“指数基金之父”约翰·博格认为，指数基金的投资收益表现之所以比其他股票基金更优秀，就是因为其持有成本更低，长期节省的成本会极大增厚投资收益，从而完胜主动管理型股票基金。

**3. 长期稳定回报高**。指数基金的成分股存在替换机制，相比个股而言生命力更强大。比如道琼斯指数设立之初共有 20 家成分股，经过 100 余年的历史洗礼后，最后一只创始成分股——通用电气于 2018 年被剔除出道琼斯指数，淘汰率高达 100%。但与此同时，道琼斯指数已由最初的 100 点上涨至 2024 年的 45000 点。所以拉长时间周期来看，投资指数基金可以收获长期稳定的投资回报。

指数就像一个经营成熟稳定的公司的加强版，因此指数基金与“两低一高”投资方法的适用范围高度契合。

同时，对于日常跟踪与分析而言，我们无需关注指数基金的具体情况，也不用管其成分股各自的表现，只需关注对应的指数即可，这大大规避了“两低一高”方法需要持续跟踪多只股票，占用大量个人时间精力的劣势。

许多人不知该如何挑选指数基金，其实许多大基金公司都有发行针对各大指数的被动型基金产品。**我建议购买成立日期早、资产规模大、基金份额多、管理与托管费率低的指数基金产品。**

关于指数基金的买入标准，在本书“两低一高”的基础上，我认为指标设定可因人而异。如果你的投资风险偏好较高，指标选点就可宽松一些，这样操作机会也会相应变多；如果风险偏好较低，估值指标就要卡得严一点，这样能保证买在绝对低点。

分享一下我个人投资指数的通用标准，当指数 PE 与 PB 历史分位点低于 20%，且股息率处于图形中的高位，那么就可以慢慢定投建仓。反之，当指数 PE 与 PB 历史分位点高于 70%，且股息率处于图形中的低位，那么就要开始减仓，将利润落袋为安。

当然这只是个通用标准，不同指数的特征不同，还是要根据实际情况，灵活调整买卖标准，才能达到最好的效果。

## 4.9.1　上证 50 丨玩转大盘股集合

本节我来给各位展示，如何用"两低一高"方法定投上证 50 指数基金，做到稳定盈利。

**表 4-9-1-1　上证 50 指数成分股构成表（一）2025 年 1 月底数据**

| 股票名称 | 行业 | 市值（元） | PE-TTM（扣非） | PB(不含商誉) | 股息率（%） |
|---|---|---|---|---|---|
| 中国石化 | 炼油化工 | 7399.3 亿 | 13.61 | 0.90 | 5.69% |
| 中国石油 | 炼油化工 | 1.5 万亿 | 8.12 | 1.02 | 5.40% |
| 中国神华 | 动力煤 | 7947.4 亿 | 13.01 | 1.92 | 5.65% |
| 陕西煤业 | 动力煤 | 2108.7 亿 | 9.57 | 2.22 | 6.05% |
| 兴业银行 | 股份制银行Ⅲ | 4219.3 亿 | 5.66 | 0.56 | 5.12% |
| 招商银行 | 股份制银行Ⅲ | 1.0 万亿 | 7.05 | 1.02 | 4.85% |
| 农业银行 | 国有大型银行Ⅲ | 1.8 万亿 | 6.53 | 0.71 | 4.48% |
| 中国银行 | 国有大型银行Ⅲ | 1.6 万亿 | 6.93 | 0.68 | 4.33% |
| 交通银行 | 国有大型银行Ⅲ | 5384.0 亿 | 5.90 | 0.56 | 5.17% |
| 工商银行 | 国有大型银行Ⅲ | 2.4 万亿 | 6.71 | 0.68 | 4.49% |
| 邮储银行 | 国有大型银行Ⅲ | 5364.6 亿 | 6.23 | 0.65 | 4.82% |
| 隆基绿能 | 光伏电池组件 | 1129.1 亿 | −15.75 | 1.81 | 1.14% |
| 通威股份 | 硅料硅片 | 921.1 亿 | −15.18 | 1.86 | 4.42% |
| 国电南瑞 | 电网自动化设备 | 1854.0 亿 | 25.71 | 4.02 | 2.34% |
| 中国中铁 | 基建市政工程 | 1465.2 亿 | 5.37 | 0.49 | 3.55% |
| 中国联通 | 电信运营商 | 1555.0 亿 | 20.57 | 0.93 | 3.03% |
| 中国电信 | 电信运营商 | 6460.4 亿 | 20.82 | 1.44 | 3.64% |
| 中国移动 | 电信运营商 | 2.4 万亿 | 19.66 | 1.80 | 4.10% |
| 中国中免 | 旅游零售Ⅲ | 1255.8 亿 | 23.55 | 2.32 | 2.72% |
| 中国太保 | 保险Ⅲ | 3112.2 亿 | 7.34 | 1.14 | 3.15% |
| 中国人寿 | 保险Ⅲ | 1.1 万亿 | 10.47 | 2.02 | 1.06% |
| 中国平安 | 保险Ⅲ | 9259.9 亿 | 8.40 | 1.02 | 4.78% |

续表

| 股票名称 | 行业 | 市值（元） | PE-TTM（扣非） | PB(不含商誉) | 股息率（%） |
|---|---|---|---|---|---|
| 中信证券 | 证券Ⅲ | 3991.2 亿 | 20.02 | 1.53 | 1.76% |
| 保利发展 | 住宅开发 | 995.9 亿 | 15.13 | 0.51 | 4.93% |
| 京沪高铁 | 铁路运输 | 2799.1 亿 | 22.14 | 1.40 | 1.96% |

**表 4-9-1-2　上证 50 指数成分股构成表（二）2025 年 1 月底数据**

| 股票名称 | 行业 | 市值（元） | PE-TTM（扣非） | PB(不含商誉) | 股息率（%） |
|---|---|---|---|---|---|
| 中远海控 | 航运 | 2277.6 亿 | 5.72 | 1.02 | 5.27% |
| 中国核电 | 核力发电 | 2007.4 亿 | 19.84 | 2.10 | 1.83% |
| 长江电力 | 水力发电 | 7071.3 亿 | 20.78 | 3.36 | 2.84% |
| 药明康德 | 医疗研发外包 | 1598.8 亿 | 18.34 | 2.90 | 1.84% |
| 恒瑞医药 | 化学制剂 | 2848.2 亿 | 52.77 | 6.51 | 0.45% |
| 贵州茅台 | 白酒Ⅲ | 1.8 万亿 | 21.79 | 7.58 | 2.15% |
| 山西汾酒 | 白酒Ⅲ | 2098.3 亿 | 16.97 | 6.20 | 2.54% |
| 伊利股份 | 乳品 | 1771.6 亿 | 17.57 | 3.15 | 4.31% |
| 海天味业 | 调味发酵品Ⅲ | 2279.3 亿 | 38.91 | 7.76 | 1.61% |
| 海尔智家 | 冰洗 | 2605.6 亿 | 14.65 | 2.38 | 2.90% |
| 金山办公 | 横向通用软件 | 1452.3 亿 | 104.28 | 13.57 | 0.28% |
| 长城汽车 | 综合乘用车 | 2128.8 亿 | 22.65 | 2.76 | 1.20% |
| 赛力斯 | 电动乘用车 | 2004.8 亿 | 102.24 | 14.86 | 0.25% |
| 中国中车 | 轨交设备Ⅲ | 2135.2 亿 | 21.02 | 1.31 | 2.69% |
| 中国船舶 | 航海装备Ⅲ | 1501.8 亿 | 71.21 | 3.03 | 0.60% |
| 中微公司 | 半导体设备 | 1120.8 亿 | 88.17 | 5.98 | 0.17% |
| 中芯国际 | 集成电路制造 | 7493.3 亿 | 234.38 | 5.18 | 0.00% |
| 韦尔股份 | 数字芯片设计 | 1283.1 亿 | 55.76 | 5.72 | 0.13% |
| 寒武纪 | 数字芯片设计 | 2387.9 亿 | -249.57 | 46.47 | 0.00% |
| 海光信息 | 数字芯片设计 | 2975.2 亿 | 167.39 | 15.01 | 0.09% |
| 三一重工 | 工程机械整机 | 1364.5 亿 | 28.50 | 1.92 | 1.37% |

续表

| 股票名称 | 行业 | 市值（元） | PE-TTM（扣非） | PB(不含商誉) | 股息率（%） |
|---|---|---|---|---|---|
| 中国建筑 | 房屋建设Ⅲ | 2346.8 亿 | 5.27 | 0.52 | 4.84% |
| 洛阳钼业 | 铜 | 1563.8 亿 | 11.64 | 2.48 | 2.13% |
| 紫金矿业 | 铜 | 4316.2 亿 | 14.31 | 3.26 | 1.84% |
| 万华化学 | 聚氨酯 | 2151.7 亿 | 14.40 | 2.31 | 2.37% |

上证 50 指数发布于 2004 年 1 月 2 日，以 2003 年 12 月 31 日为基日，指数基点为 1000 点，由沪市中规模最大、流动性最好的 50 只股票组成，多以大市值的央国企为主。如上表所示，可以看到成分股基本涵盖了各行各业的龙头公司。

上证 50 指数以上证 180 指数作为样本空间，对样本空间内的股票按照最近一年总市值、成交金额进行综合排名，选取排名前 50 位的股票组成样本，每半年调整一次，每次调整一般不超过总数的 10%，并设置了样本调整缓冲区、临时调整等诸多规则。通过样本股的不断调整更新，上证 50 指数得以长期保持竞争力。

我们知道，现在国家队护盘的常用方法就是买入大盘股来支撑指数，所以想要让国家队来帮你的投资托底，那么投资上证 50 指数就是最好的选择之一。

**表 4-9-1-3　跟踪上证 50 指数的主要基金情况**　　单位：元

| 基金名称 | 成立日期 | 资产规模 | 基金份额 | 费率（%） |
|---|---|---|---|---|
| 华夏上证 50ETF 510050.sh | 2004/12/30 | 1639.58 亿 | 596.32 亿 | 管理费：0.15%<br>托管费：0.05% |
| 易方达上证 50 增强 A 110003.jj | 2004/3/22 | 167.39 亿 | 91.46 亿 | 管理费：1.20%<br>托管费：0.20% |
| 易方达上证 50ETF 510100.sh | 2019/9/6 | 43.23 亿 | 16.08 亿 | 管理费：0.15%<br>托管费：0.05% |
| 华夏上证 50ETF 联接 A 001051.jj | 2015/3/17 | 14.60 亿 | 15.67 亿 | 管理费：0.15%<br>托管费：0.05% |
| 天弘上证 50ETF 530000.sh | 2024/9/4 | 17.90 亿 | 14.79 亿 | 管理费：0.50%<br>托管费：0.10% |

投资指数，可以直接买跟踪指数的指数基金，其中基金份额排名前五的如上表所示。一般我都推荐买成立日期早、资产规模大、基金份额高、管理费与托管费率低的。

费率是一项重要的筛选指标，因为它代表了投资者的持有成本，肯定是越低越好。由于指数基金是没有估值的，下文分析均以指数为主。

别看上证 50 指数仅有 50 只成分股，但它的总市值超过了 26 万亿元，比 A 股四分之一的市值还要高，说它代表了中国最重要的公司集合也不为过。

作为涵盖多个行业的龙头股组成的指数，上证 50 的业绩走势相对稳定，因此其历史估值数据具备相当高的参考价值，这也是可以用“两低一高”方法投资上证 50 指数的原因。

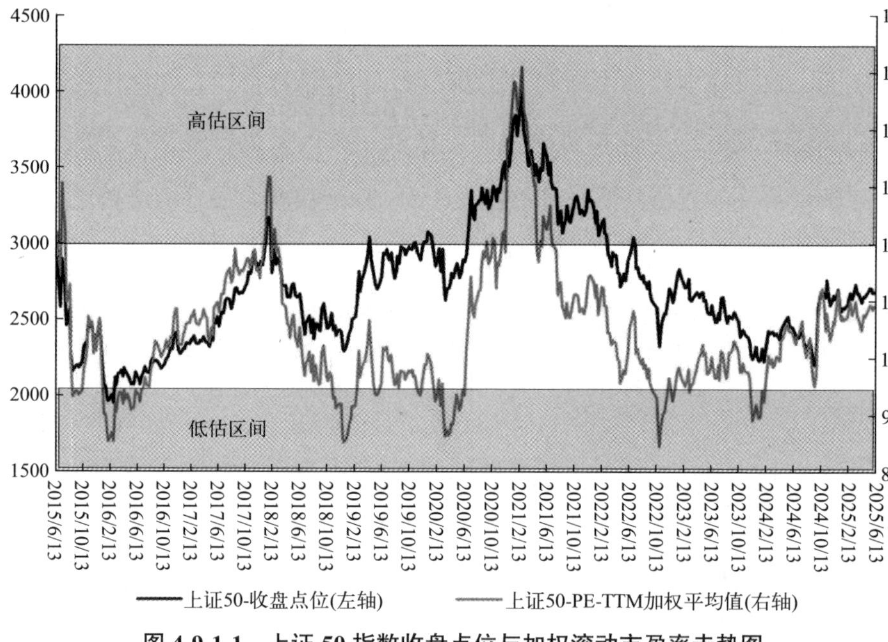


**图 4-9-1-1　上证 50 指数收盘点位与加权滚动市盈率走势图**

从市盈率的角度来看，过去 10 年中，当上证 50 指数 PE 低于 9.5 倍、历史百分位低于 20% 时，会出现较好的投资买点。反过来，当它的 PE 高于 12 倍、历史百分位高于 80% 时，就会出现较好的卖点。

不过需要注意，企业的盈利状况与宏观经济环境有关。当经济低迷时，企业盈利下滑，就会被动推高上证 50 指数的 PE 估值。

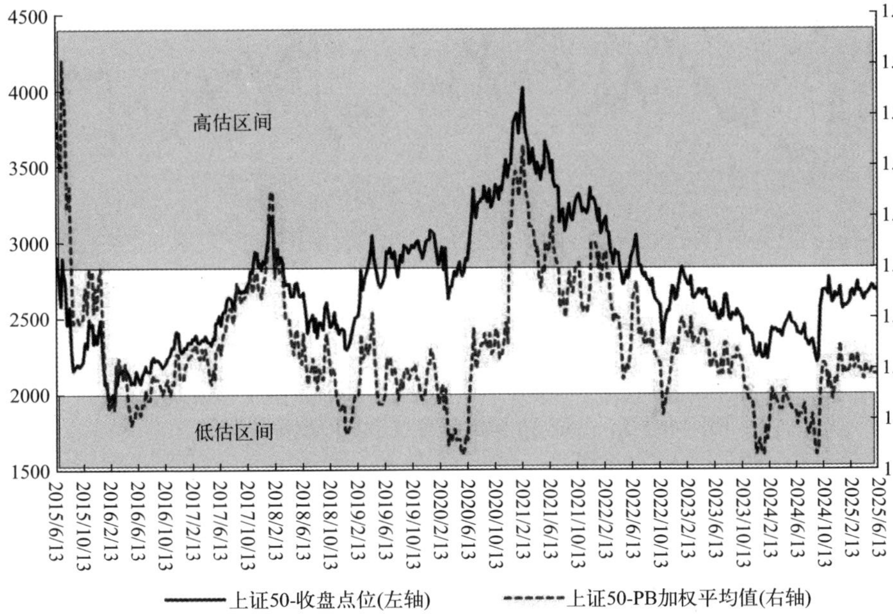


**图 4-9-1-2　上证 50 指数收盘点位与加权市净率走势图**

从市净率的角度来看，过去 10 年中，当上证 50 指数 PB 低于 1.15 倍、历史百分位低于 20% 时，会出现较好的投资买点。当 PB 高于 1.4 倍、历史百分位高于 60% 时，会出现较好的卖点。在我看来，投资上证 50 指数，更应该关注 PB 指标，它可以更直观地反映中国核心资产的价值高低，能帮我们更好地在价值低时买入，价值高时卖出。

同时上证 50 指数成分股的分红情况很不错，如上图所示，我们可以在指数股息率高于 3.5% 时买入，低于 2.5% 时卖出。要注意，股息率越高，估值越低，这一点与 PE 和 PB 指标是相反的。

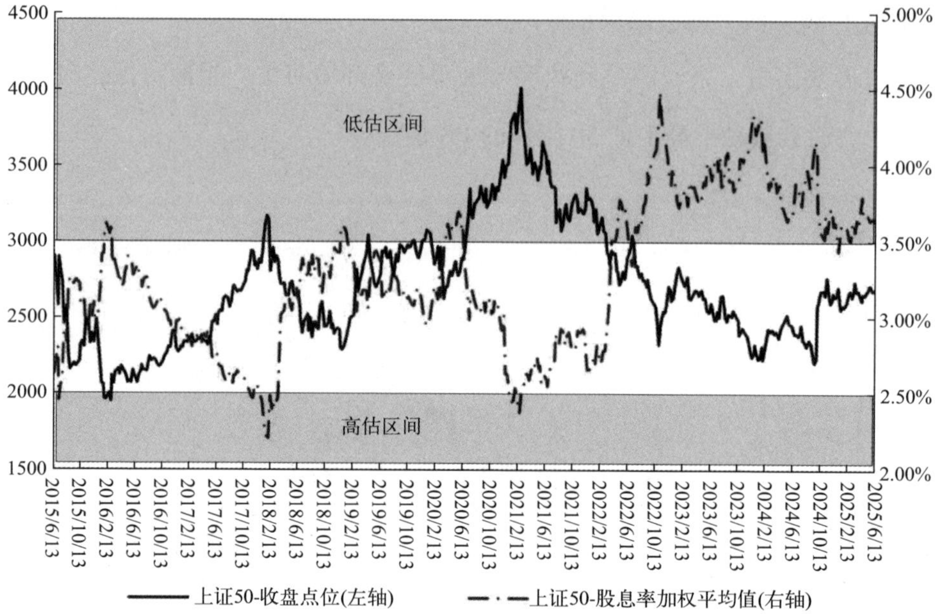


**图 4-9-1-3　上证 50 指数收盘点位与股息率走势图**

以上三个估值指标，我们可以取交集，以提升投资胜率和容错率。在同时符合低 PE、低 PB、高股息率的“两低一高”位置买入，在高 PE、高 PB、低股息率的“两高一低”位置卖出。

投资过程还需要两个技巧和一个注意事项。

**技巧 1：定投买入和卖出。**

由于指数的底部和顶部，都是一个时间段而非时间点，为了分散风险，我们可以采用定投策略买入与卖出，让我们的买入和卖出的平均价格处于相对较低或较高的位置。

定投的方法，可以根据个人资金量的多少与份额划分，以周、月或季度为时间单位，定期买入或卖出。

不要去追求买在绝对底部，卖在绝对顶点，这很难做到，也不现实，追求收益的绝对最大化，往往会导致投资策略失效！

**技巧 2：阶梯式买入和卖出。**

举个例子，当上证 50 指数市盈率和市净率历史分位点低于 20% 时，开始定投买入；当指数历史分位点低于 10% 时，双倍力度定投买入；当历史分位点低于 1% 时，以三倍力度定投买入。反之，卖出亦然。

这种阶梯式定投策略，因为在更低的价格买入的份额更多，在择时方面会更有优势。我相信各位简单琢磨一下即能懂，就不展开解释了。强调一下，这种跌得越多买得越多的策略，只建议用于指数投资，不建议没有经验的朋友用于个股，因为指数相对稳定，下跌总有个下限，而个股有时跌起来是真的没底，甚至一直跌到退市都有可能，所以好方法也不能乱用。

**“一个注意”指的是，无论是 PE、PB 还是股息率，它们的历史估值中枢不是一成不变的。**

按照经济发展的客观规律，高速发展期，风险资产往往会享受高估值，之后随着体量增大、发展速度下降，估值也会被动降低。

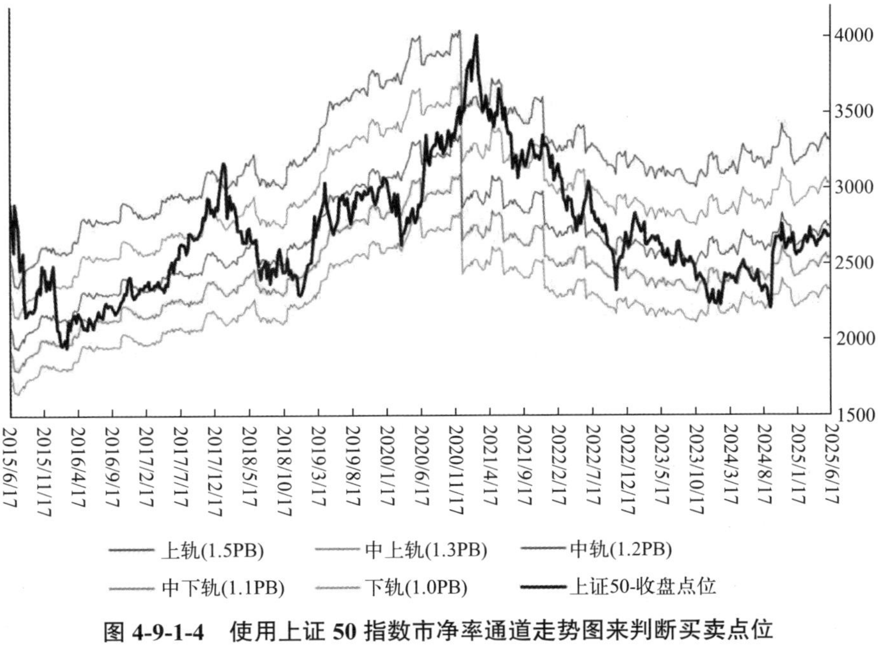


**图 4-9-1-4　使用上证 50 指数市净率通道走势图来判断买卖点位**

所以我们的买入与卖出标准，也要不断根据现状调整，不能死守着历史数据，毕竟历史不代表未来。“两低一高”很多时候更偏重图形化地衡量，辅助我们判断估值的高低位置，没有任何一种投资方法，可以精准找到股价的最高点或最低点。许多时候只要做到模糊地正确，就足以让我们稳定地赚取投资收益，而那些追求极限或精确的操作，容易使投资人吃大亏。

最后，定投上证 50 指数还有一个方法，那就是使用 PB-Band 市净率通道工具，实现低买高卖。

如上图所示，当指数低于中下轨时，定投买入，当指数低于下轨后，双倍力度买入；反过来，当指数高于中上轨时，定投卖出，当指数高于上轨后，双倍力度甚至清仓式卖出。方法清晰易懂，非常适合投资新手使用。通过提前制订好的投资计划，我们普通股民也能够做到有效对抗情绪干扰，安全稳健地赚市场波动的钱。

### 4.9.2 中证 A500 丨指数新贵怎么投

中证 A500 指数，它的编制方式与标普 500 指数相比，在筛选标准、加权方式、行业平衡等维度上颇为相似，因此也被誉为中国版的标普 500，可见其地位之高。

首先我帮各位区分一下中证 A500 指数和中证 500 指数，很多投资者会把它们弄混。中证 500 指数承接沪深 300 指数，取的是沪深两市剔除沪深 300 指数成分股后，市值排名在 301 至 800 之间的 500 家上市公司，作为指数成分股。而中证 A500 指数，并不以市值的绝对大小作为选取标准。

中证 A500 指数挑选同时满足以下条件的公司作为待选样本：①样本空间取自中证全指指数样本股中总市值排名前 1500 名的股票；②属于沪股通或深股通的证券范围；③在所属中证三级行业内，自由流通市值占比不低于 2%；④剔除中证

ESG 评价结果为 C 及以下的公司。

选出样本范围后，优先选取中证三级行业内、自由流通市值或总市值排名前 1% 的公司作为指数样本，并在剩余待选公司中，挑选中证一级行业中自由流通市值更高的公司，最终使得样本数量达到 500 家。

这就实现了如下优点：①中证 A500 成分股所在行业更均衡，实现了上市公司行业全覆盖；②中证 A500 汇聚了各行业龙头股，能更全面地反映市场真实状态。

有些小的细分行业龙头，由于市值不够大，无法被纳入沪深 300 指数，而中证 A500 指数更好地解决了这个问题，因此它对 A 股各行各业的代表性更强，也被视为沪深 300 指数的升级替代版。

A 股的总市值大约在 100 万亿元左右，而中证 A500 指数的成分股市值合计高达 55 万亿元，还是非常具有代表性的。

中证 A500 指数基准日期选在 2014 年 12 月 31 日，基准点位为 1000 点，指数的发布日期为 2024 年 9 月 23 日，发布之后 A 股马上迎来史诗级暴涨，不得不说这个指数带有一定的玄学成分。

从收益率角度来看，中证 A500 的长期投资回报也优于沪深 300。我建议想投资宽基指数的朋友，可以多多关注中证 A500 指数，甚至用它来替代上证综指，衡量股市的整体走势，也是没问题的。

下面我通过中证 A500 指数的历史估值水平，用"两低一高"方法判断指数投资的买点与卖点。

分析之前先强调一下，由于指数是由一大堆股票组成的，指数的估值指标有加权平均值、等权平均值、算术平均值、中位数等各不相同的算法，股息率也有静态与动态之分。因此不同的软件、网站对同一个指数经常给出不同的估值数据，如果看到与我选取的分析数据有所差异，也别意外，我自己常用加权平均值的算法。

图 4-9-2-1　中证 A500 指数收盘点位与加权滚动市盈率走势图

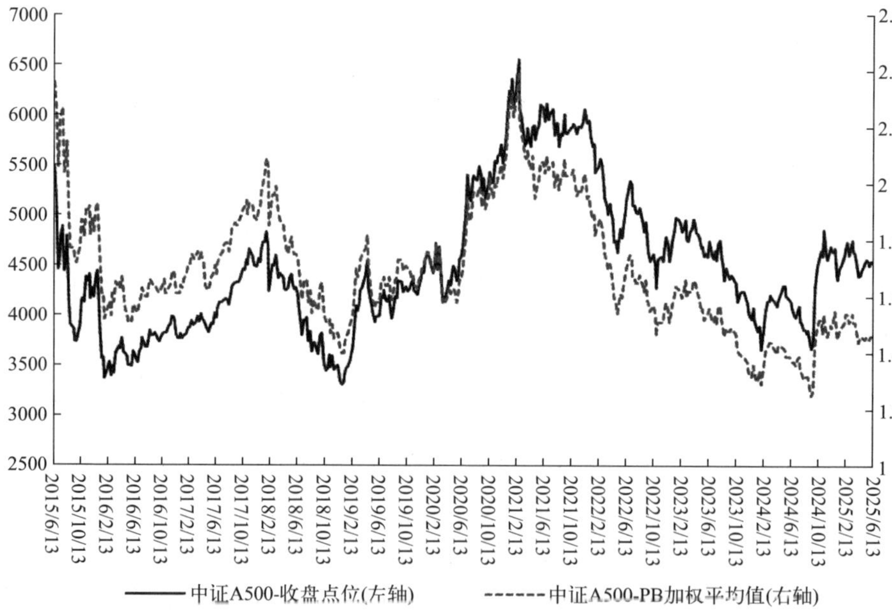


图 4-9-2-2　中证 A500 指数收盘点位与加权市净率走势图

当前中证 A500 指数的滚动市盈率为 14.58 倍，位于近 10 年历史 55.37% 的分位点，比 2016 年 1 月至 7 月、2018 年 6 月至 2020 年 4 月、2022 年 3 月至 2024 年 9 月，估值都要贵，处于估值的中间位置。

从市净率角度看，当前指数 PB 为 1.47 倍，位于近 10 年历史 13.34% 的分位点，几乎与 2018 年底的熊市底部估值相近，仅高于 2023 年 8 月至 2024 年 9 月的估值水平，说明市场对于指数的资产定价更低。

那为什么市盈率与市净率的历史分位估值结果会呈现巨大差别呢？这与经济环境不景气有关。要知道，PE= 市值 ÷ 净利润，PB= 市值 ÷ 净资产，当宏观经济环境较差，企业净利润下降，就会导致 PE 被动抬升，数值高了，历史分位点自然就变高。

而哪怕经济不好，企业净资产价值也不会剧烈波动，所以 PB 指标的稳定性更好，与中证 A500 指数的同步性也更强。

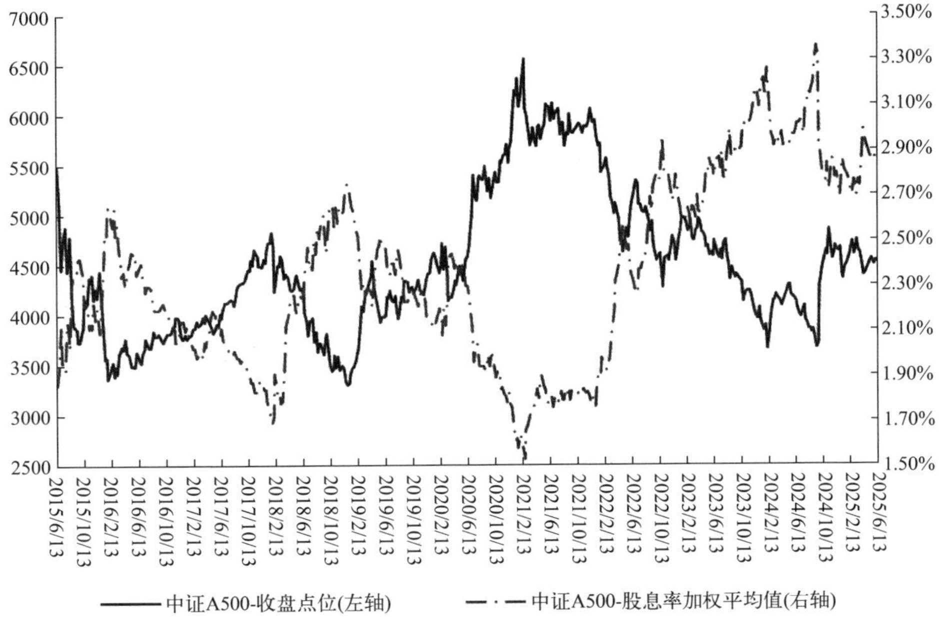


**图 4-9-2-3　中证 A500 指数收盘点位与股息率走势图**

最后再看一下股息率指标，中证 A500 的股息率估值，基本与 PB 估值相当，目前与 2018 年底的股息率水平相似，虽说不如 2024 年的绝对低估水平，但也算是相对低估的价格了。

由于中证 A500 指数刚刚推出不到一年时间，以上历史估值数据也是基于回测的结果，实际上它是没有买卖机会的。我知道读者更关注的问题是：现在的中证 A500 指数，到底能不能买？从“两低一高”视角来看，当前并不符合低 PE 特征，所以它暂时还未出现买入的绝佳机会。

很多人还会说，那不能买，你写这个有什么用？对此我想说，能不能买、要不要卖，不是我决定的，而是估值说了算。所以我们要持续跟踪，才能发现底部投资机会。

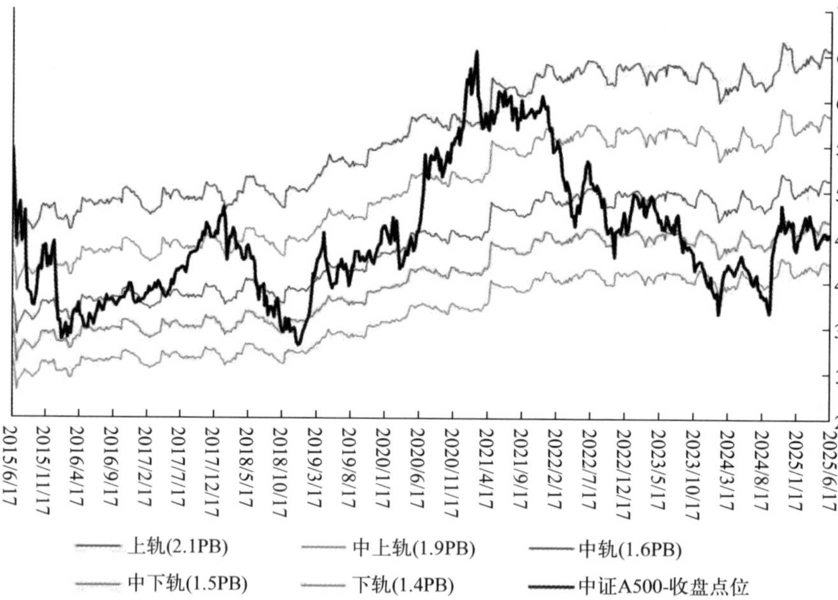


**图 4-9-2-4　使用中证 A500 指数市净率通道走势图来判断买卖点位**

在 2023 至 2024 年我一直说，股市目前被低估，存在投资机会，老读者听进去的应该都抄底赚钱了，**但大部分股民早都离开了市场，对股市漠不关心，直至**

**2024 年 10 月股市暴涨后才回来。**当底部出现时，你都看不见，就更不可能抓住投资机会，抄底买入了。我们必须保持对市场的持续观察，这样当“两低一高”信号出现时，读者朋友才能用事实来证明这种方法的有效性。

同样，我们也可以用 PB-Band 工具来判断投资时机。当中证 A500 指数 PB 低于 1.5 时，即可开始定投买入，当 PB 低于 1.4 时，甚至可以双倍力度定投；反过来，当 PB 高于 1.9 时开始卖出，高于 2.1 后直接清仓式卖出。

所以在当前点位，低于标准就慢慢定投加仓，高于标准就停止定投，也是完全没问题的。最后，买卖都需要坚持定投原则和阶梯式原则，这里我就不重复了。

## 4.10　成长型股票也适用“两低一高”投资法吗?

“两低一高”投资方法，只能适用于部分成长型股票。下面我们先来看一下成长型企业的特点。处于成长期的公司，其产品或服务的需求处于快速增长阶段，营业收入与净利润呈现快速上升态势，这标志着公司开始回收先前的投资并实现盈利。

同时成长型企业也面临大量新竞争者的潜在威胁，为了保持增长势头并与潜在商业对手展开竞争，公司会选择继续进行高强度投资，研发新技术，拓展新市场，扩大生产规模，这导致公司投资支出很高，经营活动产生的现金往往不足以支撑高额资本开支，因此需要积极寻求外部融资以支持其持续扩张和发展的资金需求。

所以想要分辨一家公司是成熟股还是成长股，从现金流量表中最容易找到答案。成熟型企业的经营活动现金流入（赚回的钱）往往大于投资活动现金流出（为投资花的钱）+ 筹资活动现金流出（偿还债务 + 为股东支付股利的钱），因此成熟型公司的股息率相对较高。

而成长型企业的投资活动现金流出，往往与经营活动现金流入（赚回的钱）+筹资活动现金流入（外部融资借回的现金）的规模相当，因为需要持续融资，自然没有多余现金向股东派发股利。因此成长型公司的股息率相对较低，参考价值不高。

比如这两年的热门股赛力斯、中芯国际，港股的小米，美股的英伟达，都是典型正处于快速成长阶段的股票，股息率均极低。这就使得我们在使用“两低一高”方法投资成长型企业时，股息率的取值标准相对需要放宽，甚至仅将股息率指标当作辅助参考，代价则是投资胜率相对降低，毕竟减少了一个相互印证的投资指标，容错率也会相对降低。

假设每个指标的判断错误率均在 50%，两个指标全错的概率只有 25%，而三个指标全错的概率进一步下降到 12.5%，一旦判断指标减少到两个，投资失败率会立即提高一倍。

为了控制这种投资失败的概率，我们必须对想要投资的成长股有足够了解，才能使用“两低一高”方法，并且需要严格控制 PE 指标的上限，避免落入高 PE 的成长陷阱当中。因为成长股总有一天会变为成熟股，这是企业生命周期与发展规律所决定的，这代表公司的高估值最终必然会向合理范围回归。

哪怕我们使用通用取值标准，在成长股 PE 历史百分位极低的位置买入，但如果 PE 数值过高，超出了合理上限，依然有可能造成大幅亏损。

我们以腾讯控股为例，公司上市以来，在 2018 年、2021 年至 2022 年，有两次比较大的股价回调。甚至到了 2025 年 1 月，公司股价与 2018 年 1 月时的价格相同，如果投资者长期持有，相当于浪费了 7 年的时间成本。

我们从估值的视角，就能很轻易地找到腾讯股价 7 年不涨的原因，答案是估值回归。在 2005 年至 2020 年间，腾讯控股的 PE 估值常年在 30 至 60 倍之间波动，当时腾讯具备成长属性，市场也是对其按成长股来给出的高估值。

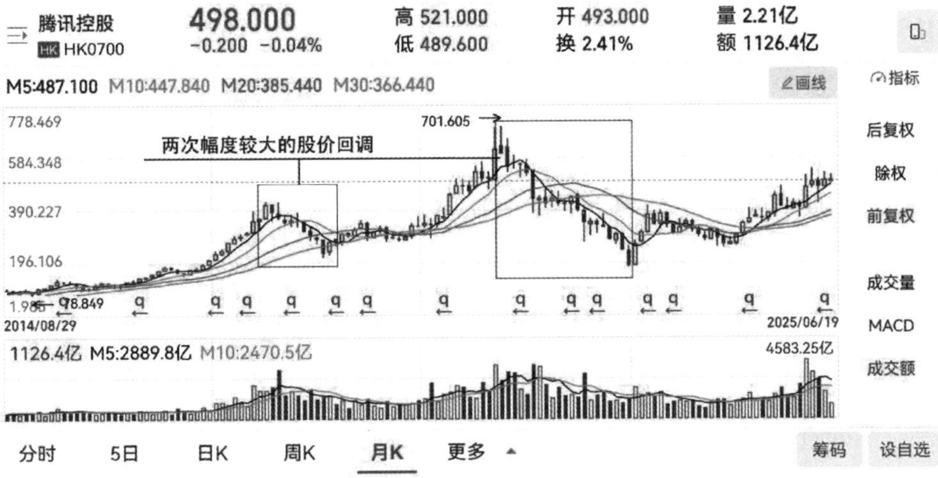


图 4-10-1　腾讯控股 2014 年 8 月—2025 年 6 月股价走势图，底图来源：同花顺 APP

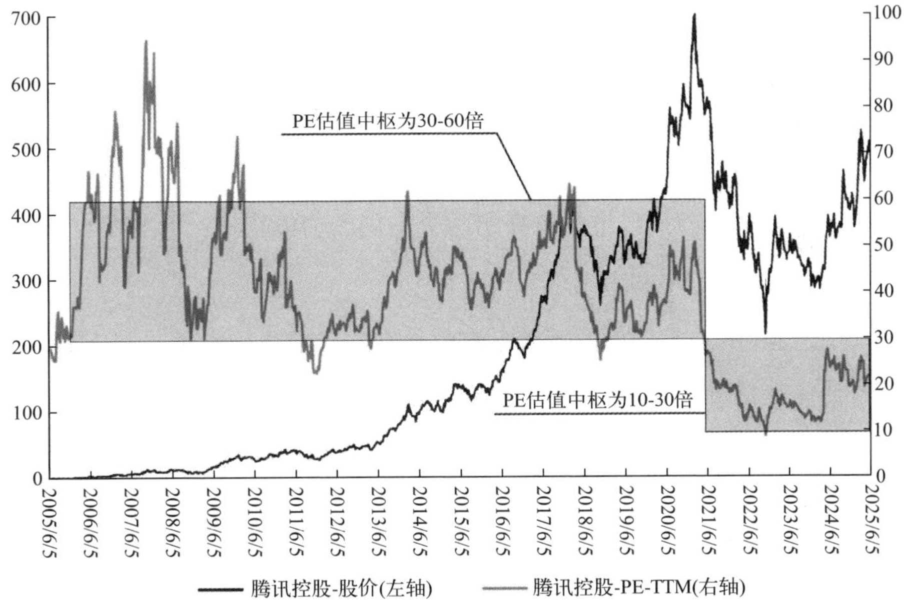


图 4-10-2　腾讯控股前复权价与滚动市盈率走势图

例如，2011 年和 2018 年，腾讯市盈率跌到 30 倍左右时，PE 历史分位点都低于 10%，甚至趋近于 1%，这些时点也是公司股价的阶段性底部，此时用“两低一高”方法判断买入，也是能精准抄底的。

有一说一，30～60 倍 PE 的估值中枢，肯定是偏高的，但问题出现在了 2021 年 5 月，这时腾讯的 PE 估值再次跌回了 30 倍，10 年历史分位点只有 9%，股价在 600 港元左右，看似很便宜，但如果你这时买入，就会被死死套牢，之后腾讯最低股价跌到了 200 港元，跌没了三分之二。

**可见在估值下降、业绩下滑、流动性抽离（背景环境是中概股普遍大跌）的“三杀”局面下，一旦估值买高了，教训是多么深刻。**并且股息率指标也没办法给予投资者指引，2006 年之后，腾讯的股息率几乎没超过 2%，而 2015 年之后，更是进一步下滑到了 0.2%～0.3% 的水平，完全失去了参考价值。

所以投资成长股，我始终坚持估值上限的投资原则，PE 高于上限值则不投，这样虽然会错过许多好股票、好公司，但也能大大降低投资风险，毕竟再好的公司，买贵了也会亏大钱。综上所述，“两低一高”方法只能说部分适用于成长型股票。

最后关于成长股，我再给各位介绍两个专用的估值指标：市盈率与预期净利润增长率的比值（PEG）和市销率（PS）。

PEG 估值法是在 PE 估值的基础上演化而来的，指的是公司过去一年 PE 与估算的公司未来净利润复合增长率的比值。比如一家企业的 PE 高达 100 倍，但同时它的净利润增速预期也为 100%，那么其 PEG=1，说明估值合理。PEG 的衡量标准，就是基于未来业绩增速的 PEG 比值是否高于 1，大幅高于 1 就算高估，大幅低于 1 就算低估，在 1 附近就算合理。

PEG 估值法适用于成长股的估值。因为成长股处于需求快速增长的行业当中，年化复合增长率较高，公司更愿意拿出利润，不断借贷融资，投入扩大再生产，快速抢占市场份额，为的就是快速提升规模后，在未来赚大钱。

一家 100 倍市盈率但可保持 100% 增长率的公司，在股价不涨的前提下，第二年其市盈率就会变成 50 倍，第三年变成 25 倍，第四年变成 12.5 倍，那么站在未来看当下，100 倍的市盈率好像也没那么贵。

但需要注意的是，PEG 估值的核心在于判断公司未来的复合净利润增长率。由于公司很难一直保持超高速的增长，随着市场份额的扩大，公司规模上升，净利润增长率必然会逐步下降，一旦业绩增速不及预期，基于之前过高预期的 PEG 估值可能就会偏高，按这个价格买入也就无形中放大了投资风险。

另外，使用 PEG 估值应该更多地关注公司未来成长质量。如果一家公司每年通过收、并购的方式，不断扩大资产与营收规模，同样可以使得净利润不断上涨。但这种方式不是靠企业自身内生增长动力来成长，而是依赖外部并购，因此该增长也不可持续，一旦停止收购甚至由于盲目扩张导致资金链断裂，比如当年的海航，给投资者带来的损失是无法估量的，因此 PEG 估值法也不能乱用。

对成长股的估值，要小心那些混入其中的周期股，因为周期股在行业周期上行的过程中，业绩会持续爆发，给人以高成长的错觉，但未来随着其所在行业进入下行周期，其业绩也会大幅下滑，因此并不适用 PEG 估值法，需要仔细甄别。

市销率又叫 PS，是公司市值与其销售收入的比值。PS 估值法的优点在于销售收入稳定直观，不受折旧、存货的影响，因此不像净利润那样容易调节。并且收入不会出现负值，而净利润可能为负，所以 PS 不会像 PE 指标那样容易失效。

PS 估值的缺点在于无法反映公司的成本控制能力，即当成本上升导致净利润下滑，而营收不变时，PS 就不会发生变化。所以 PS 估值使用场景受限，一般不会单独使用，往往与 PE、PB 等指标共同判断公司估值的高低。

PS 估值法一般适用于那些处于成长期还未盈利的新兴企业，这时行业竞争格局并不稳定，谁能预先抢占更大的市场份额，未来就有可能赚回更多利润。比如当年的美团、滴滴、拼多多以及现在的造车新势力，如理想、蔚来、赛力斯等，往往处于亏损的状态，这时就可以用 PS 指标来给公司估值。

### 4.10.1 爱尔眼科 | 小心估值与业绩的“戴维斯双杀”

我一直坚持两点投资准则不动摇：其一，没有一家公司会永远透支业绩预期享受高估值；其二，没有一家公司会永远保持业绩高速增长。因此无论是估值还是业绩增速，终归会回到合理水平，我们永远要对估值与业绩的“戴维斯双杀”心怀敬畏！

在这两条原则的指引下，不论爱尔眼科享受了多少市场追捧与称赞，我在2023年之前也从没碰过它，事后看来这真是无比正确的决策。

眼科医疗确实是门好生意，这个行业的高增长源于患者基数庞大。随着现代学习、工作、娱乐生活中用眼强度不断增加，我国当前近视患者约达6.5亿人，白内障患者约达2亿人。我国青少年近视率及近视人口数量全球第一，小学生近视率36%，初中生71.6%，高中生高达80%；同时，60岁以上的老年人口中，白内障的发病率高达80%，如此高的病患群体，推动眼科医疗服务市场在过去10年中持续保持高增长。

同时，眼科的商业竞争偏良性。在综合性公立医院中，眼科往往不太受重视，经常与耳鼻喉科或者五官科整合在一起，导致病人排队等候时间长、检查流程繁琐。而民营眼科医院的服务更好，设备更先进，并且通过给予医师更高的薪资待遇，吸引优秀眼科人才，快速提升医疗水平，从而吸引到更多的患者。

并且眼科不同于我们常见的牙科，高端眼科诊疗器械和耗材价格较贵，一般不是个人可以负担得起的，因此眼科没有像牙科一样，小诊所遍地开，竞争多在大型眼科医疗集团之间展开。

集团式的连锁运营模式可以统一眼科医疗机构的服务标准与管理体系，可复制性较强，因此眼科公司的业绩增长除了存量医院的经营效率提升外，还有不断连锁扩张带来的增量市场。

另外从财务数据指标上，也能看出眼科的优势所在。

眼科医院本质上属于轻资产运营，固定资产的投入主要是眼科诊疗设备，办公场地以租赁为主，因此固定资产占比较低，总资产负债率常年维持在低位，是一门投入不高、抗风险能力较强的生意。

**表 4-10-1-1　爱尔眼科财务数据分析表（一）**　　单位：元

| 项目名称 | 2019 | 2020 | 2021 | 2022 | 2023 | 2024 |
|---|---|---|---|---|---|---|
| 营业收入 | 99.90 亿 | 119.12 亿 | 150.01 亿 | 161.10 亿 | 203.67 亿 | 209.83 亿 |
| 营业成本 | 50.65 亿 | 58.34 亿 | 72.12 亿 | 79.80 亿 | 100.22 亿 | 108.87 亿 |
| 毛利率（%） | 49.30% | 51.03% | 51.92% | 50.46% | 50.79% | 48.12% |
| 销售费用 | 10.49 亿 | 10.66 亿 | 14.47 亿 | 15.56 亿 | 19.66 亿 | 21.52 亿 |
| 管理费用 | 13.05 亿 | 14.25 亿 | 19.58 亿 | 22.93 亿 | 26.69 亿 | 29.89 亿 |
| 财务费用 | 0.76 亿 | 0.90 亿 | 1.06 亿 | 0.07 亿 | 0.74 亿 | 2.14 亿 |
| 研发费用 | 1.52 亿 | 1.64 亿 | 2.23 亿 | 2.72 亿 | 3.33 亿 | 3.21 亿 |
| 四费总和 | 25.81 亿 | 27.47 亿 | 37.34 亿 | 41.27 亿 | 50.43 亿 | 56.76 亿 |
| 费用率（%） | 25.84% | 23.06% | 24.89% | 25.62% | 24.76% | 27.05% |
| 费用率 / 毛利率（%） | 52.41% | 45.18% | 47.94% | 50.77% | 48.74% | 56.21% |
| 销售费用 / 营业收入（%） | 10.50% | 8.95% | 9.65% | 9.66% | 9.65% | 10.25% |

同时，行业毛利率基本可以达到 40%～50% 的水平，说明眼科生意比较赚钱。行业龙头爱尔眼科的毛利率多数年份可达 50%，各项费用率相对稳定。注意，公司 2024 年的营业收入增速下滑，毛利率下降，费用率上升，这表明公司在经营方面遇到了困难，想要保持业绩高增长也变得越来越不容易。

**表 4-10-1-2　爱尔眼科财务数据分析表（二）**　　单位：元

| 项目名称 | 2019 | 2020 | 2021 | 2022 | 2023 | 2024 |
|---|---|---|---|---|---|---|
| 营业收入增长率（%） | 24.74% | 19.24% | 25.93% | 7.39% | 26.43% | 3.02% |
| 净利润 | 14.31 亿 | 18.77 亿 | 24.70 亿 | 26.89 亿 | 36.56 亿 | 37.36 亿 |
| 净利润同比增长（%） | 34.27% | 31.16% | 31.58% | 8.87% | 35.96% | 2.19% |

续表

| 项目名称 | 2019 | 2020 | 2021 | 2022 | 2023 | 2024 |
|---|---|---|---|---|---|---|
| 经营活动产生的现金流量净额 | 20.78 亿 | 33.44 亿 | 40.84 亿 | 44.91 亿 | 58.72 亿 | 48.82 亿 |
| 净利润现金比率（%） | 145.23% | 178.12% | 165.35% | 167.00% | 160.61% | 130.66% |
| 过去 5 年净利润现金比率（%） | 157.14% | | | | | |
| 扣除非经常性损益后的净利润 | 14.29 亿 | 21.31 亿 | 27.83 亿 | 29.19 亿 | 35.14 亿 | 30.99 亿 |
| 归属于母公司所有者的净利润 | 13.79 亿 | 17.24 亿 | 23.23 亿 | 25.24 亿 | 33.59 亿 | 35.56 亿 |
| 归母净利同比增长（%） | 36.67% | 25.01% | 34.78% | 8.65% | 33.07% | 5.87% |
| 归属于母公司所有者权益合计 | 65.94 亿 | 98.54 亿 | 113.10 亿 | 166.71 亿 | 188.56 亿 | 207.15 亿 |
| ROE（%） | 20.91% | 17.49% | 20.54% | 15.14% | 17.81% | 17.17% |

并且公司每年的净利润现金比率较高，平均接近 160%，哪怕扣除折旧影响后，也在 120% 以上，说明公司净利润多以现金的形式存在，赚到了真金白银。商业模式清晰、易懂且透明，成长性好，这是过去爱尔眼科长期享受高估值的逻辑。

但高增长总归不可持续，公司 2022 年与 2024 年业绩下滑明显，已无法像过去几年那样保持 30% 以上的净利润增长速度，而估值中枢更是从 2023 年 4 月开始破位下移。

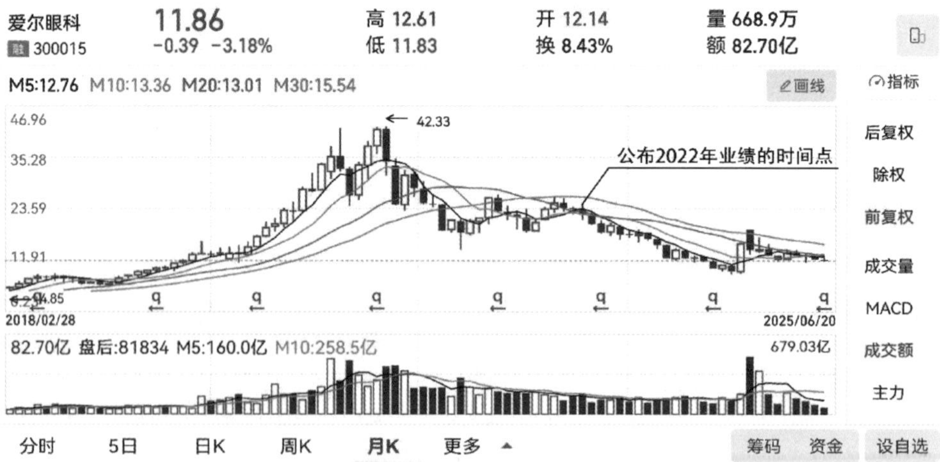


**图 4-10-1-1　爱尔眼科 2018 年 2 月至 2025 年 6 月股价走势图　底图来源：同花顺 APP**

关注年报公布日期的朋友都知道，每年 4 月底，正是上一年度年报的公布截止时间节点。也就是说，爱尔眼科 2022 年度净利润增速下滑到个位数，直接引发了业绩与估值双双下降的"戴维斯双杀"效应。

所谓"戴维斯双杀"效应，指的是市场预期与上市公司价格波动之间的双倍数效应。当一家公司业绩下滑，可能会引发投资者下调对公司的估值预期，从而导致估值同步下降。根据公式：每股股价 = 每股收益 × 市盈率，当每股收益下滑 50%，同时市盈率估值下降 50%，那么每股股价就会面临 75% 的下跌，这也是戴维斯双杀的恐怖之处。

下面我们来看一下公司的历史估值走势情况。

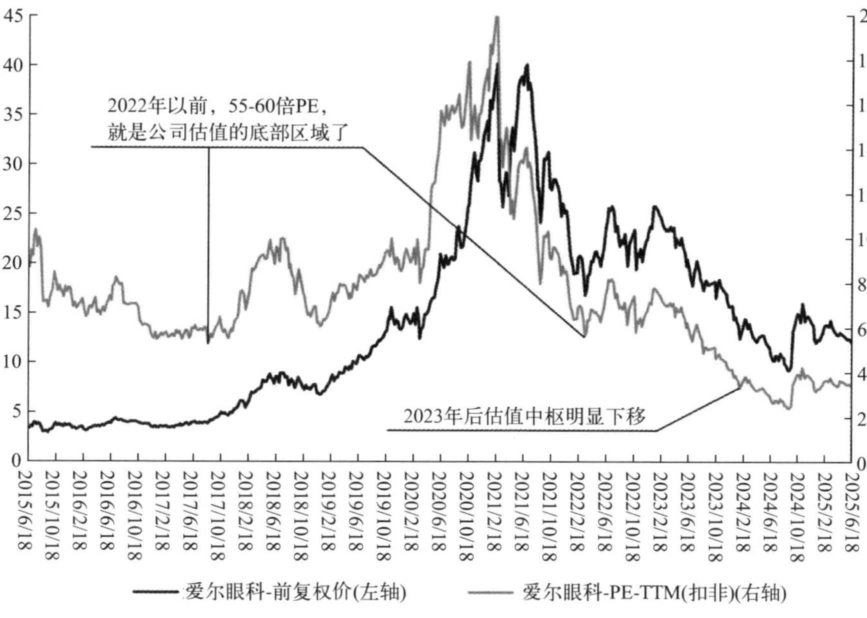


**图 4-10-1-2　爱尔眼科前复权价与扣非滚动市盈率走势图**

先来看扣非滚动市盈率指标。如上图所示，在 2022 年之前，每当爱尔眼科的 PE 指标下滑到 55～60 倍时，就是公司估值的绝对底部区间，是市场投资者认为它相对较便宜的点位。但前面我讲过 PE 估值上限的计算方法，在我看来，55 倍的 PE 估值也实在是太高了，换算成年化收益率还不到 2%，所以当公司 2022 年业绩增速下滑时，原本的高估值中枢被直接击穿，一路向下，最终 PE 最低值下滑到了 24.53 倍。

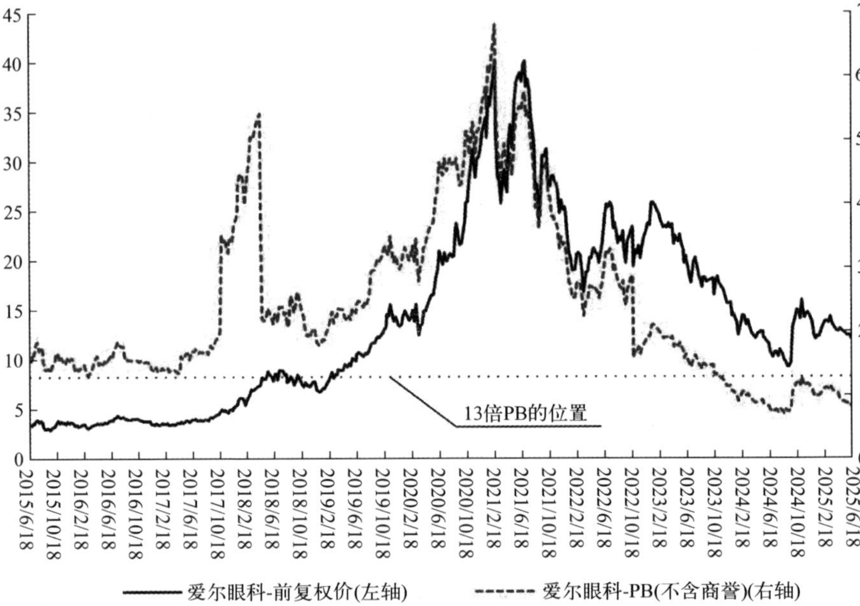


**图 4-10-1-3　爱尔眼科前复权价与不含商誉市净率走势图**

PB 估值也是同样的走势。在 2022 年之前，公司 PB 估值底部大约为 13 倍，在 2021 年 2 月时，甚至高达 68 倍，也就是说你花 68 元，才能买回爱尔眼科价值 1 元的净资产。之后随着公司业绩下滑，PB 估值也一路走低，最低值为 7.08 倍，其实这个估值同样不便宜，只是爱尔眼科的商业模式比较好，轻资产运营享受高 PB 还算可以接受。

最后再看一下股息率指标，可以从图中看到，在 2016 年至 2017 年，公司股息率曾经达到 0.9% 的水平，绝对数值肯定是很低的，但相比爱尔眼科自身历史数据，已经算是上市以来最高的水平了。只要在股息率高于 0.9% 时买入，大概率是可以买到一个公司股价的相对低点。所以哪怕成长股股息率极低，它依然可以给予我们一个辅助性的投资参考建议，并在股息率较低时，提示公司处于高估值状态。

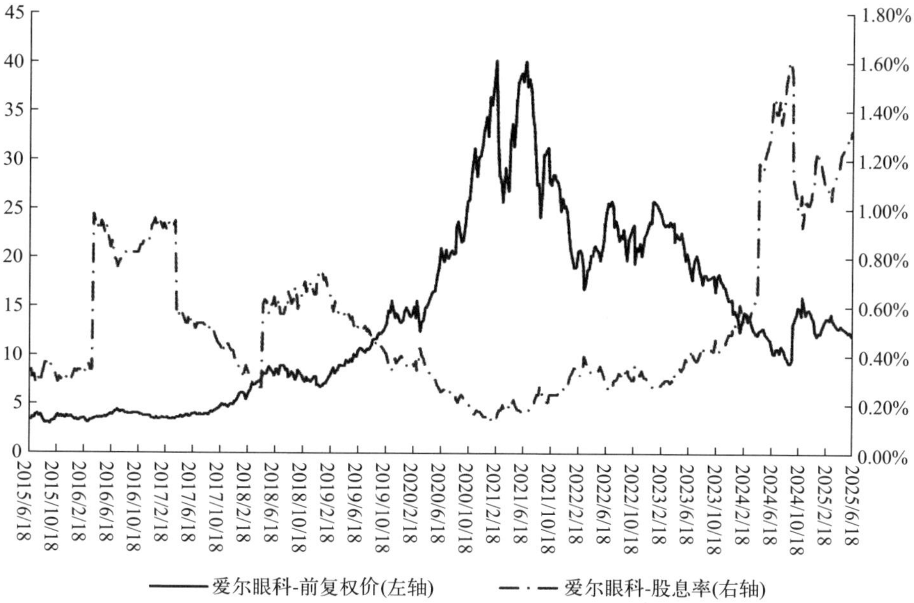


**图 4-10-1-4　爱尔眼科前复权价与股息率走势图**

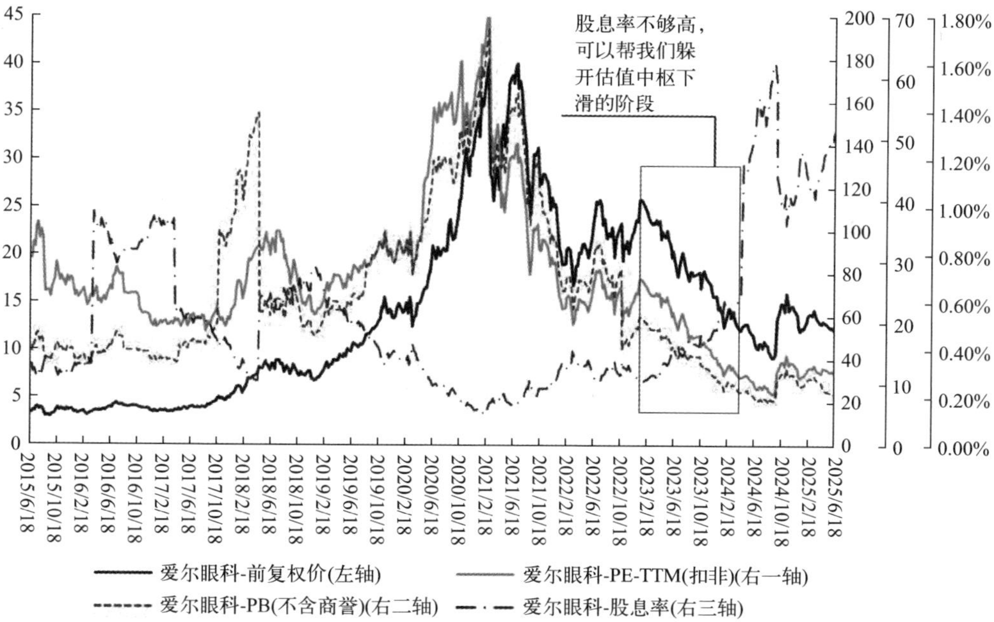


**图 4-10-1-5　爱尔眼科前复权价、扣非滚动市盈率、不含商誉市净率与股息率走势图**

最后看一下爱尔眼科近10年的“两低一高”分析图。很明显能发现，坚持“两低一高”投资方法，可以有效避开2023年1月至2024年5月公司估值中枢下降、看似很“便宜”的阶段。这段时间，无论是PE还是PB指标历史分位值，都是持续低于5%的，只有股息率不够高，不满足条件。

在2024年5月之后，随着公司股息率大幅上升，终于满足了“两低一高”的图形特征，投资者大约能在9～12元的位置，抄到公司的股价底部。

从爱尔眼科的例子能看出，“两低一高”投资方法可有效帮助我们规避高估值回撤的投资风险。同时，加上股息率指标作为辅助参考，也能帮助我们定位底部的买入区间。

### 4.10.2 海天味业｜好公司也要买在好价格

说到价值投资，散户往往对“价值”二字理解不深，总是抱有一大误区：一般仅将各行业龙头股、大市值股、业绩持续保持增长的股票认作价值股，认为只要投资好公司，长期持有等待企业不断成长贡献价值，那么这笔投资就属于价值投资。

我认为“好公司”仅是“价值投资”两重含义之一。**除此之外，“价值投资”还应包含“估值低于企业合理价值”这一概念。**

简单来说，我认为价值投资就是买入那些质量优秀、价格便宜且持有人还愿意打折甩卖的资产。举个例子，假如在上海市中心房产均价10万元/$m^2$的地段，有人愿意按6万元/$m^2$出售一户全套家电豪华装修、交通便利、自带学区、房主一天没住过的次新房，这种就算是一笔成功的价值投资。

反过来，同样的一套房子，如果是为了学区、地段和装修因素，投资者愿意出12万元/$m^2$的高溢价买入，那么哪怕房子质量真的不错，这也不算是真正的价值投资。

许多人误解价值投资的原因在于这套以12万元/$m^2$价格买入的房子，假如未来房价上涨至 15 万元 /m²，依然能为投资者带来可观的回报，从结果来看，这笔投资同样是成功的，所以将它与真正的价值投资混为一谈。其实本质上这属于趋势投资的范畴。

一旦未来房价大幅下跌，回归其真实内在价值，跌回 10 万元 /m² 的价格，那么这笔伪价投也就原形毕露了。

价值投资并不是指投资物本身是否有价值，因为没价值的东西根本就没人买。**我们关注的"价值"，是指买入价格相对于其真实价格是否有上涨空间或是估值修复空间，这部分空间才是价值投资者规避风险、获取利润的真实来源。**

下面我用海天味业的例子来说明这个道理。

**表 4-10-2-1　海天味业财务数据分析表**　　单位：元

| 项目名称 | 2019 | 2020 | 2021 | 2022 | 2023 | 2024/12/31 | 评估 |
|---|---|---|---|---|---|---|---|
| 资产合计 | 247.54 亿 | 295.34 亿 | 333.38 亿 | 340.59 亿 | 384.24 亿 | 408.58 亿 | 资产扩张能力 |
| 同比增长（%） | **22.89%** | **19.31%** | **12.88%** | **2.16%** | **12.81%** | **6.34%** | |
| 资产负债率（%） | **32.95%** | **31.72%** | **29.51%** | **21.07%** | **24.44%** | **23.14%** | 债务风险 |
| 有息负债总额 | 0.20 亿 | 0.93 亿 | 1.26 亿 | 2.46 亿 | 4.64 亿 | 3.57 亿 | |
| 货币资金 | 134.56 亿 | 169.58 亿 | 198.14 亿 | 182.23 亿 | 216.89 亿 | 221.15 亿 | |
| 货币资金 – 有息负债总额 | **134.36 亿** | **168.65 亿** | **196.88 亿** | **179.78 亿** | **212.25 亿** | **217.57 亿** | |
| 货币资金 / 资产合计（%） | **54.36%** | **57.42%** | **59.43%** | **53.50%** | **56.45%** | **54.13%** | |
| 应付（+ 预收）– 应收（+ 预付） | **53.75 亿** | **58.09 亿** | **67.10 亿** | **40.35 亿** | **61.46 亿** | **60.05 亿** | 行业地位 |
| 应收账款 / 资产总计（%） | **0.01%** | **0.14%** | **0.17%** | **0.55%** | **0.58%** | **0.59%** | 收入结构 |
| 应收账款 / 营业收入（%） | **0.01%** | **0.18%** | **0.22%** | **0.74%** | **0.91%** | **0.90%** | |
| 预付款项 / 营业收入（%） | **0.09%** | **0.07%** | **0.07%** | **0.10%** | **0.08%** | **0.13%** | |
| 固定资产，在建工程，工程物资三者之和 | 39.42 亿 | 42.83 亿 | 45.37 亿 | 53.87 亿 | 60.69 亿 | 65.31 亿 | 固定资产 |
| 三者之和 / 总资产（%） | **15.92%** | **14.50%** | **13.61%** | **15.82%** | **15.80%** | **15.98%** | |

续表

| 项目名称 | 2019 | 2020 | 2021 | 2022 | 2023 | 2024/12/31 | 评估 |
|---|---|---|---|---|---|---|---|
| 营业收入 | 197.97 亿 | 227.92 亿 | 250.04 亿 | 256.10 亿 | 245.59 亿 | 269.01 亿 | 成长能力 |
| 营业收入同比增长（%） | **16.22%** | **15.13%** | **9.71%** | **2.42%** | −4.10% | **9.53%** | |
| 毛利率（%） | **45.44%** | **42.17%** | 38.66% | 35.68% | 34.74% | 37.00% | 竞争力 |
| 费用率（%） | 15.36% | 10.70% | 10.09% | 10.04% | 10.37% | 11.37% | 成本控制能力 |
| 费用率 / 毛利率（%） | **33.79%** | **25.37%** | **26.10%** | **28.14%** | **29.85%** | **30.73%** | |
| 主营利润率（%） | **29.06%** | **30.54%** | **27.70%** | **24.83%** | **23.58%** | **24.78%** | 主业盈利能力 |
| 主营利润 / 利润总额（%） | **90.21%** | **91.08%** | **88.56%** | **86.36%** | **85.92%** | **88.74%** | |
| 营业外收入 / 利润总额（%） | **0.02%** | **0.16%** | **0.20%** | **0.18%** | **0.15%** | **0.29%** | |
| 营业利润率（%） | **30.15%** | **31.31%** | **28.37%** | **25.29%** | **24.50%** | **25.30%** | |
| 净利润 | 53.56 亿 | 64.09 亿 | 66.71 亿 | 62.03 亿 | 56.42 亿 | 63.56 亿 | 经营成果及含金量 |
| 净利润同比增长（%） | **22.66%** | **19.66%** | **4.09%** | −7.02% | −9.04% | **12.65%** | |
| 净利润现金比率（%） | **122.62%** | **108.45%** | 94.78% | 61.75% | **130.37%** | **107.68%** | |
| 扣除非经常性损益后的净利润 | 50.84 亿 | 61.77 亿 | 64.30 亿 | 59.66 亿 | 53.95 亿 | 60.69 亿 | |
| 归属于母公司所有者的净利润 | 53.53 亿 | 64.03 亿 | 66.71 亿 | 61.98 亿 | 56.27 亿 | 63.44 亿 | |
| 归母净利同比增长（%） | **22.64%** | **19.61%** | **4.18%** | −7.09% | −9.21% | **12.75%** | |
| ROE（%） | **32.28%** | **31.91%** | **28.51%** | **23.48%** | 19.72% | **20.53%** | 综合盈利能力 |
| 经营活动产生的现金流量净额 | 65.68 亿 | 69.50 亿 | 63.24 亿 | 38.30 亿 | 73.56 亿 | 68.44 亿 | 造血能力 |
| 购建固定资产、无形资产和其他长期资产支付的现金 | 5.83 亿 | 9.07 亿 | 10.31 亿 | 15.18 亿 | 19.24 亿 | 15.76 亿 | 未来成长 |
| 购建 / 现金流量净额（%） | 8.87% | **13.05%** | **16.30%** | **39.63%** | **26.16%** | **23.02%** | |
| 处置 / 购建（%） | **0.58%** | **0.18%** | **1.64%** | **0.33%** | **0.09%** | **1.06%** | |

续表

| 项目名称 | 2019 | 2020 | 2021 | 2022 | 2023 | 2024/12/31 | 评估 |
|---|---|---|---|---|---|---|---|
| 股利支付率（%） | 54.55% | 52.02% | 48.10% | 52.24% | 65.35% | 75.44% | 公司品质 |
| 三大现金流类型 | **正正负** | **正负负** | **正负负** | **正负负** | **正负负** | **正负负** | **发展阶段** |
| 现金及现金等价物净增加额 | 40.09 亿 | 20.82 亿 | -15.16 亿 | -48.49 亿 | 36.89 亿 | -9.34 亿 | 稳定性 |

上表是我统计的 2019 年至 2024 年间海天味业的主要财务指标情况。其中加粗代表指标健康或优秀，而虚线则是提醒注意，对应指标有恶化的迹象。我用这套表格跟踪分析了 A 股上百家优秀企业，海天味业绝对属于财报数据指标非常优秀的那一批，甚至在 2020 年之前，它在表格中几乎没有虚线，是堪比茅台般的存在。

简单解读一下：海天味业资产负债率较低，账面货币资金充足，而有息负债几乎可忽略不计，因此几乎没有偿债风险；公司无偿占用了上下游产业链大量的资金，行业地位非常强势，且应收账款与预付款项占营业收入的比例极低，说明它在行业中拥有较强话语权；固定资产占比不高，具有轻资产运营的特征，因此资本开支相对较低。

在 2020 年之前，海天味业长期保持较高的营业收入与净利润增长速度，毛利率较高而费用率不高，因此公司营业利润率可观，生意比较赚钱。公司净利润现金比率较好，说明赚的都是真钱，三大现金流非常健康，每年股利支付率也不算低。公司 ROE 指标连续多年超过 30%，这在 A 股没有几家公司能够做到。

所以站在 2020 年的时间点，海天味业是一家无可争议的、有价值的好公司。但买入好公司，依然不能保证一定赚钱。

海天味业的股价自 2021 年 1 月见顶后，连跌三年半，股价直接跌回了 2019 年的水平，由最高 125 元跌至最低 33 元，跌幅高达 73.6%，这几乎就是一个股价腰斩后再次腰斩的惨剧。曾经有读者来找我咨询，说自己在海天味业的持仓成本超过 100 元，我都不知道该如何安慰他。

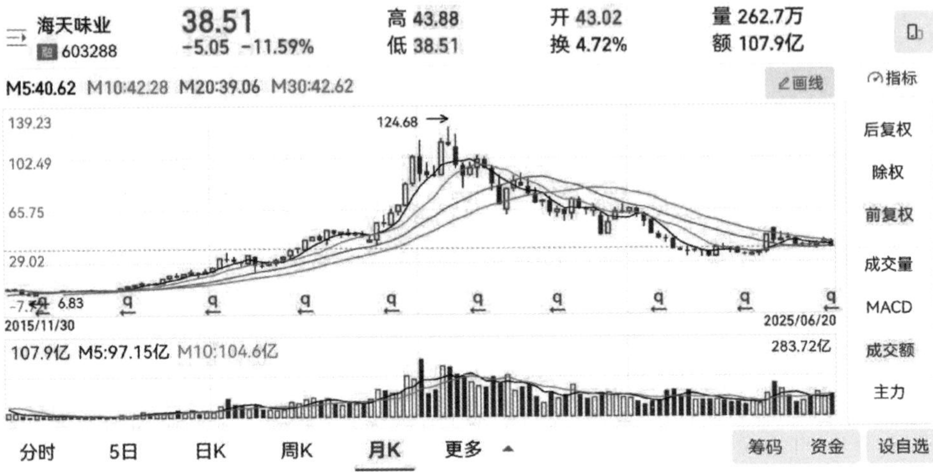


**图 4-10-2-1　海天味业 2015 年 11 月—2025 年 6 月股价走势图　底图来源：同花顺 APP**

**表 4-10-2-2　海天味业财务数据分析表**　　单位：元

| 项目名称 | 2019 | 2020 | 2021 | 2022 | 2023 | 2024 |
|---|---|---|---|---|---|---|
| 营业收入增长率（%） | 16.22% | 15.13% | 9.71% | 2.42% | -4.10% | 9.53% |
| 净利润 | 53.56 亿 | 64.09 亿 | 66.71 亿 | 62.03 亿 | 56.42 亿 | 63.56 亿 |
| 净利润同比增长（%） | 22.66% | 19.66% | 4.09% | -7.02% | -9.04% | 12.65% |
| 经营活动产生的现金流量净额 | 65.68 亿 | 69.50 亿 | 63.24 亿 | 38.30 亿 | 73.56 亿 | 68.44 亿 |
| 净利润现金比率（%） | 122.62% | 108.45% | 94.78% | 61.75% | 130.37% | 107.68% |
| 过去 5 年净利润现金比率（%） | 100.07% | | | | | |
| 扣除非经常性损益后的净利润 | 50.84 亿 | 61.77 亿 | 64.30 亿 | 59.66 亿 | 53.95 亿 | 60.69 亿 |
| 归属于母公司所有者的净利润 | 53.53 亿 | 64.03 亿 | 66.71 亿 | 61.98 亿 | 56.27 亿 | 63.44 亿 |
| 归母净利同比增长（%） | 22.64% | 19.61% | 4.18% | -7.09% | -9.21% | 12.75% |
| 归属于母公司所有者权益合计 | 165.82 亿 | 200.68 亿 | 234.02 亿 | 263.98 亿 | 285.31 亿 | 308.95 亿 |
| ROE（%） | 32.28% | 31.91% | 28.51% | 23.48% | 19.72% | 20.53% |

有人说海天味业的股价大跌，源自白马抱团牛市的终结，源自公司停止高增长。确实在 2020 年之后，海天味业的营业收入增长率下滑到个位数，净利润也停滞不前。但 2024 年公司业绩重新回到了 2020 年的水平，ROE 也回升至 20% 以上，所以股价跌幅远远超过了业绩下滑幅度，这个"锅"还是要由高估值来背。

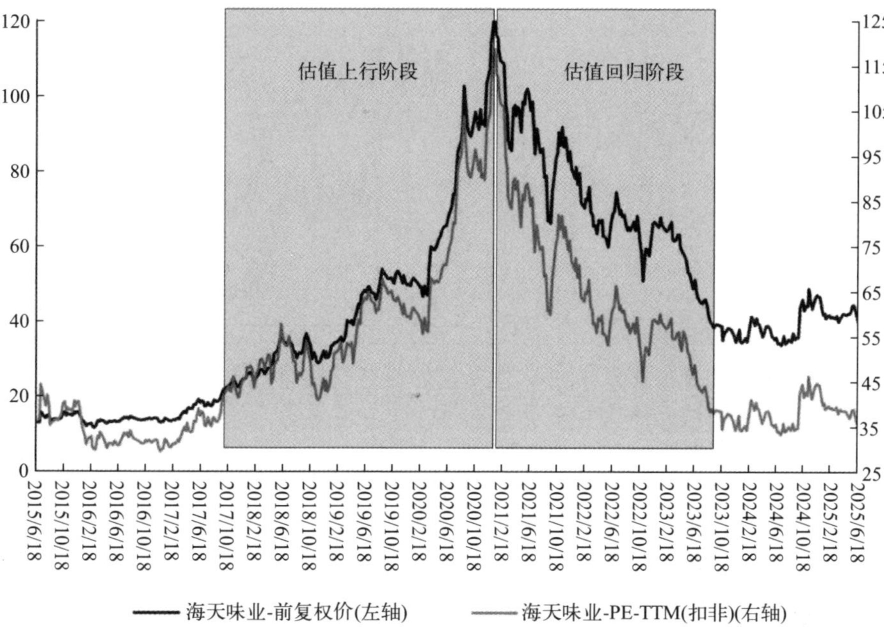


**图 4-10-2-2　海天味业前复权价与扣非滚动市盈率走势图**

在 2020 年之前，海天味业是标准的成长股，在市场投资者的追捧下，公司 PE 估值自 2016 年的 30 倍快速上涨至 2020 年超过 100 倍，这显然是太贵了，毕竟公司同期业绩增长也仅有 20% 左右。

之后公司股价持续下跌，就是估值回归的力量主导。所以这再次证明，哪怕再好的公司，买贵了（我指的是估值贵而非股价贵，千万不要混为一谈），也会给投资者造成较大亏损，这不是真正的"价值投资"。

当我们用衡量估值的"两低一高"方法来寻找买卖时机时，就会非常清晰。2016 年时，海天味业的 PE 大约为 30 倍，PB 约为 9 倍，处于自身历史较低的位置，而股息率高于 1.8%，处于相对高位，这时是海天味业非常明确的“两低一高”买点。

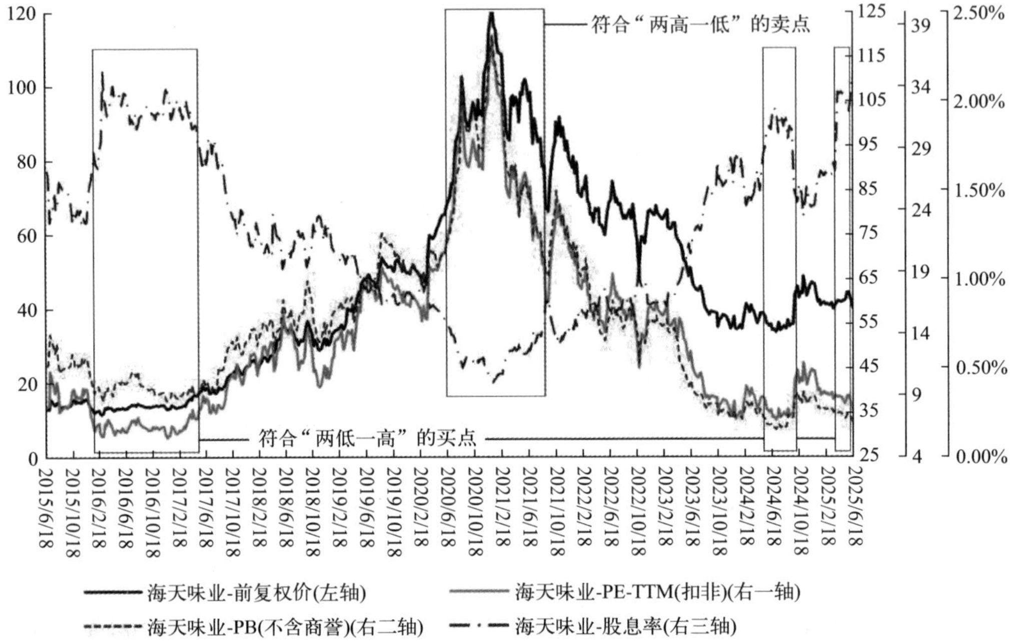


**图 4-10-2-3　海天味业前复权价、扣非滚动市盈率、不含商誉市净率与股息率走势图**

而到了 2020 年至 2021 年，公司 PE 超过 90 倍，PB 超过 30 倍，股息率则下滑至不足 0.6%，也就是说，估值水平相比 2016 年的低位，上涨超过 3 倍，这时哪怕公司质量再好，也是属于“两高一低”的卖出时点。

所以同样都是投资海天味业，在 2016 年买入，才是真正的价值投资，而在 2020 年至 2021 年买入，就是打着“价投”幌子行“投机”之实的伪价投。

当然不是说投机不能赚钱，只要在 2020 年买入海天味业，并在 2021 年初抛售，也是能赚到不菲的投资收益的，但这个利润的来源，终归属于投机而非投资，是依靠承担高风险换取的高回报。而我坚持的“两低一高”方法核心出发点就是要降低投资风险，提高投资胜率，毕竟买得便宜才能稳健地获取价值。

最后多说一句，根据“两低一高”的分析结果，海天味业在 2024 年重新回到了“两低一高”的买入标准区间，在公司基本面不发生大变化的前提下（要小心公司由成长股向成熟股切换的估值中枢下移），已经重新具备了一定的投资价值。

### 4.10.3　宁德时代丨被错过的好股票

为什么说“两低一高”只是部分适用于成长股呢？因为它的保守投资特点能让我们规避风险，但也可能导致错过一些成长型的大牛股，只能说，有一得必有一失。下面我以宁德时代为例，看看我是如何错过这只两年 10 倍大牛股的。

宁德时代于 2018 年 6 月 11 日上市，与许多新股一样，上市当日暴涨 44%，之后 7 个交易日连续“一字板”涨停，上市首月股价涨幅达到 186.24%。我个人的投资原则是，从不碰新股、次新股，至于原因，后文我会单独拿出一个篇章来讲解。因此我的“两低一高”方法，从不会用在上市时间小于三年的新公司身上，毕竟上市时间太短，没有经历充分的市场定价，又何来的“高”与“低”呢。

**图 4-10-3-1　宁德时代前复权价与扣非滚动市盈率走势图**

上市一年多以后，公司股价于2019年底启动，PE很快超过了50倍，这时已经脱离了我对于低PE的上限定义。到了2020年7月，公司PE首次超过了100倍，最高达到270倍，直到2022年4月，PE才重回100倍以下，而这时，公司股价的上涨阶段早已结束，进入了下跌回调期。

这就是使用“两低一高”方法的局限性，对于那些高估值股票，“两低一高”在规避了投资风险的同时，也会错失一些成长性极强的好公司。

我个人对此的看法是，不要想把市场上的每一分钱都赚到。A股有5000多家上市公司，宁德时代不符合条件，但同一时间总有符合条件的公司存在，万一真的一家都没有，就说明整个市场的价格已经大幅高于基本面价值，就像2007年牛市一样，这时我们要做的，就是离开这个疯狂的市场，这反而会帮助我们躲过危机，成功逃顶。

如果用风险和收益的关系来划分投资，那么简单来看有四种情形，分别是低风险低回报、低风险高回报、高风险高回报、高风险低回报。

“两低一高”投资方法，就是为了避开那些看似是机会的高风险可能性，并专注于寻找低风险高回报的投资时机，这也是投资者与投机者的本质区别。

我建议没有经验的投资者，不要使用“两低一高”方法投资成长股，很容易由于误判公司估值导致投资亏损。

## 4.11 周期股怎么玩?

周期型股票往往指那些业绩随经济周期或行业周期波动的股票。当进入周期上行阶段时，周期股的业绩往往大幅增长，反之在周期下行阶段，业绩暴跌。

**周期的成因有很多，如宏观经济周期、行业供需周期、产能周期、库存周期所引发的价格周期等**。下面我简单举例来讲一讲。

钢铁、化工、石油、煤炭、机械、制造等行业，往往随宏观经济周期正向变动。宏观经济周期进入上行阶段时，GDP往往保持较高增速，市场需求旺盛，订单充足，对工业品与基础原材料的需求上升，引发上述行业产品价格上涨；反之，当宏观经济进入下降周期时，经济增长低迷，市场需求疲软，商品滞销生产下降，这些行业的产品需求随之陷入低迷。

生猪养殖行业是典型的由行业供给不足与过剩引发周期性波动的板块。2018年非洲猪瘟疫情，引发了全国大面积扑杀生猪的现象，导致猪肉供给不足，猪肉价格飞涨。后期随着养殖企业疯狂扩产，生猪供给快速进入过剩阶段，猪肉价格大跌，全行业陷入亏损，形成了一轮完整的猪周期。

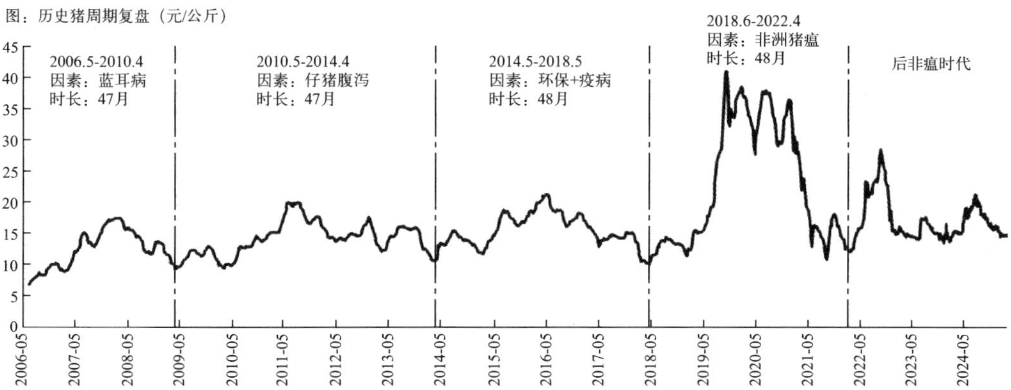


**图 4-11-1　历史猪周期复盘　资料来源：Ifind，涌益咨询，国金证券研究所**

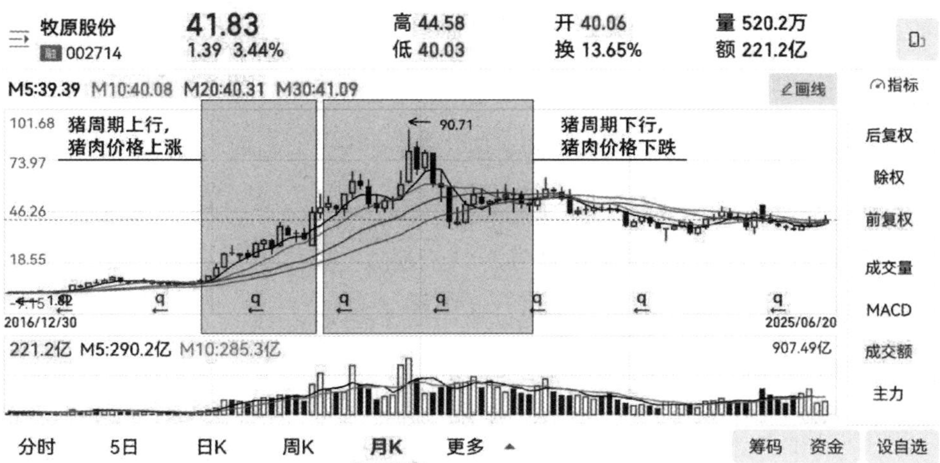


**图 4-11-2　牧原股份 2016 年 12 月—2025 年 6 月股价走势图　底图来源：同花顺 APP**

从生猪养殖龙头企业牧原股份的股价走势图能看出，2018 年至 2020 年，公司股价暴涨超过 10 倍，并在之后短短半年时间内暴跌 60%，可见周期来时，公司股价爆发力有多强，而周期去后，股价也会面临快速大幅回调。我在图中标出了这一轮猪周期的时间，很明显公司股价变化与周期变化并不同步。

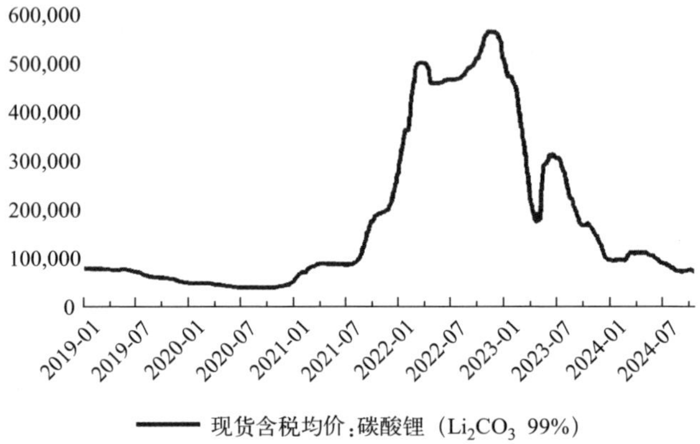


**图 4-11-3　碳酸锂价格走势**

**资料来源：SMM，单位：元 / 吨　时间：2019 年 1 月—2024 年 10 月　光大证券研究所**

锂金属资源板块则是典型的由需求旺盛与产能供给变化周期引发价格剧烈波动的例子。2021 年至 2022 年，由于新能源汽车销售量大增，动力电池需求大涨，电池级碳酸锂价格由 2021 年的不足 10 万元 / 吨暴涨至 2022 年的最高 60 万元 / 吨。之后在资本逐利的驱动下，锂矿企业大幅扩张产能，行业供给迅速由不足转入过剩阶段，碳酸锂价格大跌，重新回到了 10 万元 / 吨以下。

从赣锋锂业的股价历史能看出，这同样是一只两年 10 倍大牛股，之后从 2021 年 8 月到 2024 年 8 月，股价连跌 3 年，跌幅超过 80%。并且从图中能看出，公司股价的上涨阶段与下跌阶段明显领先行业周期 1 年左右。

库存周期最典型的代表就是国人熟知的房地产周期。1998 年住房制度改革终结了分房的历史，形成了住房供给商品化的开端。在城市住宅供给不足与城市化需求暴涨的双重作用下，房地产市场走出了长达 20 多年的上行大周期。在这个过程中，2008 年和 2014 年都遇到了由房地产库存高企所引发的行业下行阶段，像 2015 年的棚改货币化安置就是为了去化房地产库存所出台的逆周期调节政策。

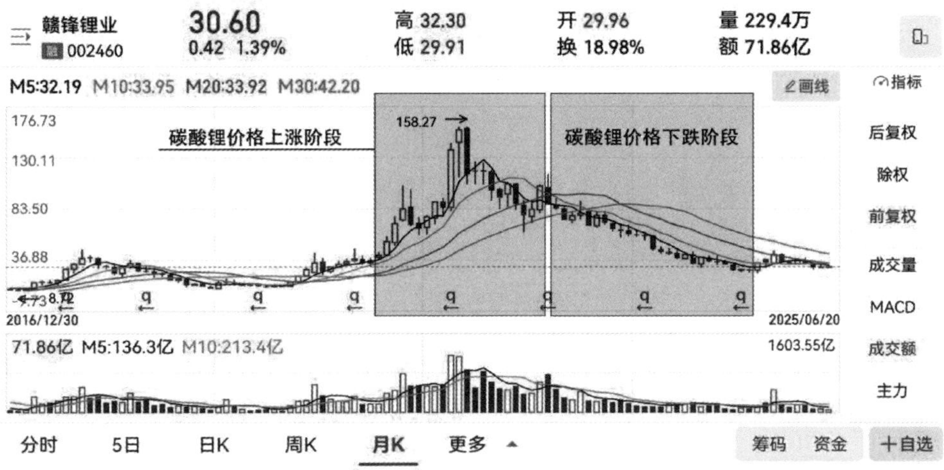


**图 4-11-4　赣锋锂业 2016 年 12 月—2025 年 6 月股价走势图　底图来源：同花顺 APP**

在我看来，周期股就是周期性进入成长期与衰退期的股票，因而具有三大特点：

第一，周期股业绩波动较大，因此股价波动极大，每当景气周期来临，股价动辄暴涨 5 倍～10 倍，而周期过后则是伴随股价暴跌。

**表 4-11-1　中远海控财务数据分析表**　　单位：元

| 项目类型 | 2019 | 2020 | 2021 | 2022 | 2023 | 2024 |
|---|---|---|---|---|---|---|
| 资产合计 | 2622.24 亿 | 2719.26 亿 | 4142.75 亿 | 5119.30 亿 | 4625.71 亿 | 4974.72 亿 |
| 同比增长（%） | 14.94% | 3.70% | 52.35% | 23.57% | -9.64% | 7.55% |
| 负债合计 | 1930.99 亿 | 1932.29 亿 | 2348.15 亿 | 2581.37 亿 | 2192.20 亿 | 2124.13 亿 |
| 资产负债率（%） | 73.64% | 71.06% | 56.68% | 50.42% | 47.39% | 42.70% |
| 净利润 | 103.50 亿 | 131.87 亿 | 1039.05 亿 | 1314.59 亿 | 283.97 亿 | 553.95 亿 |
| 归属于母公司所有者权益合计 | 353.60 亿 | 439.14 亿 | 1336.94 亿 | 2005.91 亿 | 1961.15 亿 | 2346.68 亿 |

比如被誉为周期之王的中远海控，在2020年时，公司归母净资产仅有439亿元。之后随着全球海运价格暴涨，公司于2021年赚取了1039亿元的净利润，2022年赚回了1314亿元，也就是说两年时间赚回了超过5倍于自身净资产的利润，因此到了2022年底，公司归母净资产暴涨至2000亿元的规模，直接增长至约4.5倍。

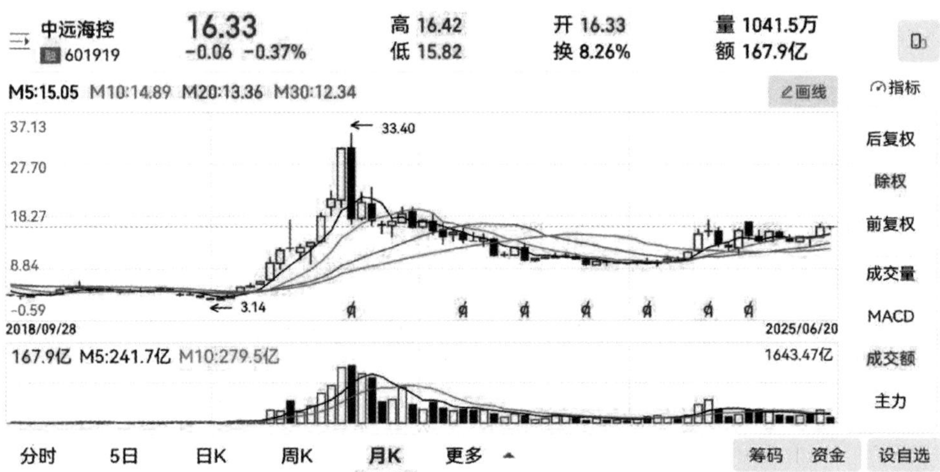


**图 4-11-5 中远海控 2018 年 9 月—2025 年 6 月不复权股价走势图（一） 底图来源：同花顺 APP**

在业绩基本面的加持下，中远海控股价于2020年6月—2021年6月期间，暴涨10倍，并在接下来的两年时间内暴跌70%，波动之大可见一斑。上述牧原股份、赣锋锂业等典型周期股，都具备股价高波动性这一特点。

第二，周期股股价往往大幅领先于业绩变动，形成股价与业绩的背离现象。

我统计了中远海控2020年—2023年每个季度的业绩变化情况，并将公司业绩上涨与下滑时间段放入K线图中，可以非常明显地看出，公司股价是先于业绩而变化的。

这是因为周期变化往往有许多先行指标，长期关注该领域的投资者会根据未来的周期上行预期提前展开买入交易，因而快速推高股价，而非等待数据确认。

反之，当先行指标预示着行业即将见顶，同一批投资者就会选择卖出，从而导致股价进入下降阶段。不懂周期规律的股民，如果看着公司业绩高增长，就选择买入周期股，那么被套牢的概率极高。

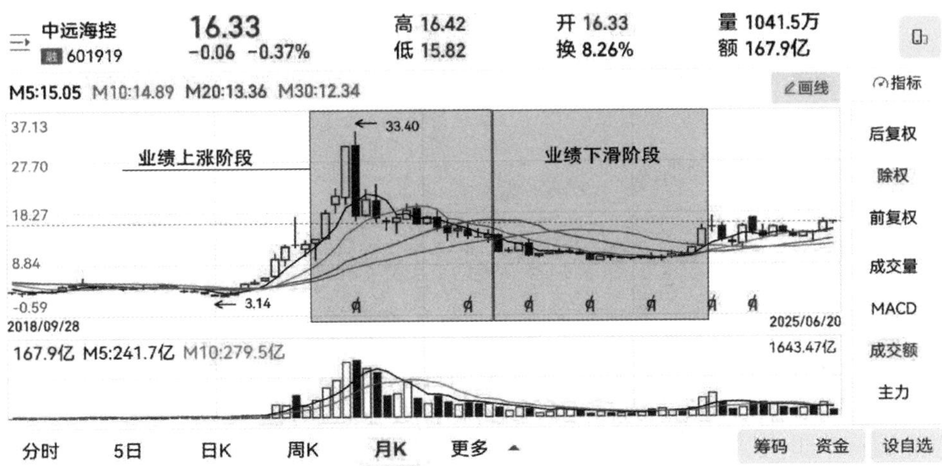


**图 4-11-6　中远海控 2018 年 9 月—2025 年 6 月不复权股价走势图（二）　底图来源：同花顺 APP**

上文提到的这几家周期股的先行指标，海运行业可以关注"闲置运力规模"与"港口装卸平均等待时长"指标；房地产行业可以关注"土地成交量"与"房地产库存量"指标；生猪养殖行业可以关注"能繁母猪与后备母猪的存栏变化"指标；锂金属行业则要关注全球产能供给与需求的相对变化关系。

第三，由于业绩波动较大，周期上行时公司净利润高增长，导致 PE 偏低，而周期下行时净利润大幅下滑，使得 PE 偏高，因此 PE 估值不适用于周期股的估值。

还是以中远海控为例，在 2020 年之前，公司市盈率估值常年超过 50 倍，甚至陷入亏损导致 PE 变成负值。但 2021 年后，随着公司业绩暴涨，公司 PE 估值快速下降，最低达到了 1.38 倍，如此大的估值波动，显然，市盈率指标无法反映公司的真实价值。

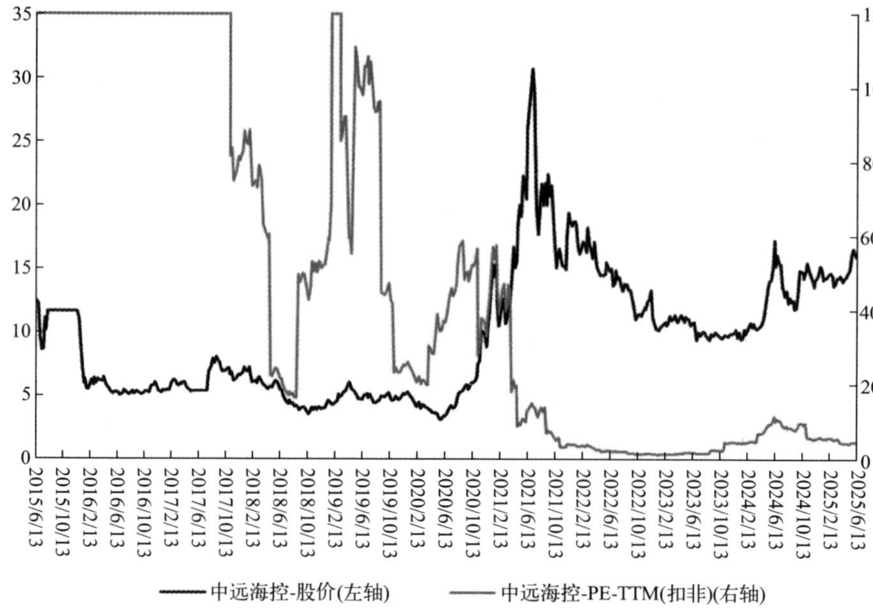


**图 4-11-7　中远海控不复权股价与扣非滚动市盈率走势图**

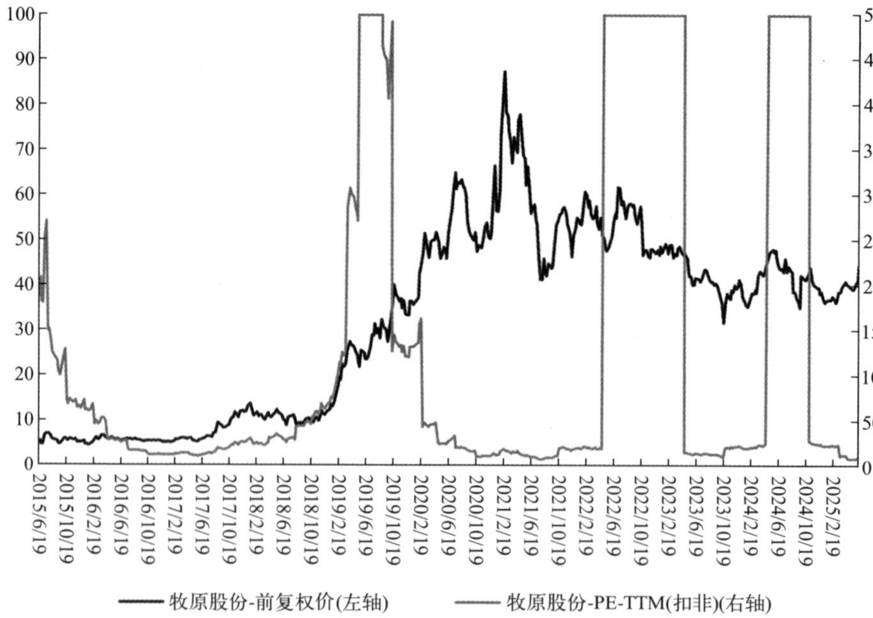


**图 4-11-8　牧原股份前复权价与扣非滚动市盈率走势图**

牧原股份的例子可能更加明显，从图中能清晰地看到，公司市盈率指标在极低（负值）与极高的数值之间周期性波动，无法用来衡量公司的估值水平高低。

PE 指标失效的例子普遍存在于周期股之中。我自己常常使用 PB 或 PS 指标来衡量周期股的估值变化情况，这两个指标与公司股价的同步性更强，参考价值也更高。

### 4.11.1　中国神华｜产能供需，盯准变化

煤炭是典型的强周期行业，周期景气上行阶段所带来的超额收益，让其他板块的投资者眼红。

煤炭行业上一轮完整周期自 1999 年开启。当时由于 1998 年执行的“关井压产”，煤炭产能快速减少了近 30%。另一方面，随着我国经济快速发展，特别是加入 WTO 后，GDP 增长拉动电力等能源需求，因此煤炭市场供不应求，煤炭价格快速上涨，带动行业固定资产投资额快速上涨。

2000 年时煤炭价格大约为 250 元每吨，行业年固定资产投资额 150 亿元左右。到 2011 年，煤炭价格涨到 800 元每吨，每年新增投资 5000 亿元。是不是似曾相识的感觉，之前分析过的猪周期、光伏周期都是类似的情景。

随着 2008 年“四万亿刺激计划”对经济拉动效应逐步减弱，我国经济增速自 2011 年开始下滑，煤炭价格也开始进入下降周期，到 2015 年最低跌到了 400 元 / 吨，形成了一轮完整的周期循环。

新周期我认为启动于 2016 年，同样是在政策的影响下，2016 年开启了供给侧结构性改革，清退了大量产能落后的小矿井，依靠煤炭进口维持行业供需平衡。2020 年的疫情导致全球供应链中断，打破了之前的平衡；海外供给不足、美国超发货币导致通胀引发大宗商品价格上涨；俄乌冲突引发能源危机，使得煤炭价格快速上涨，行业进入了新一轮的景气周期。

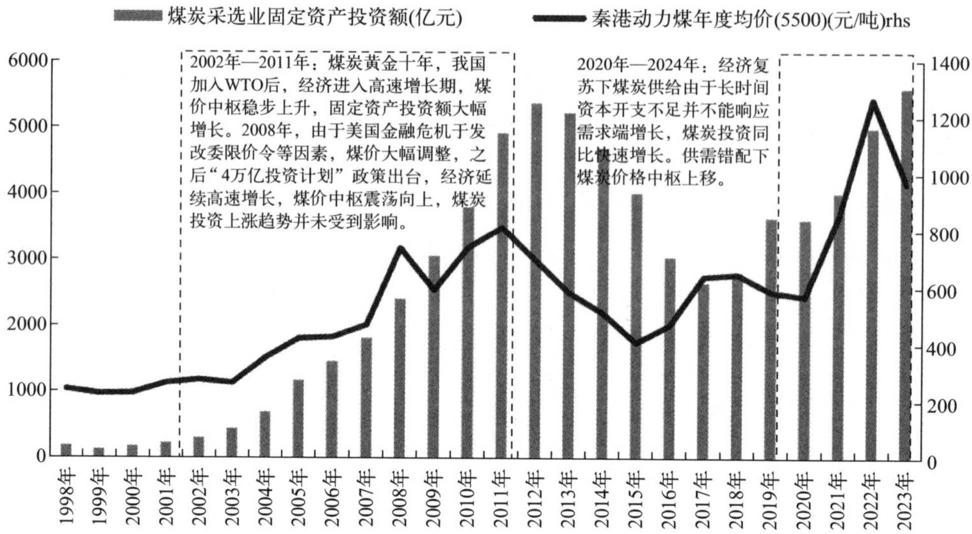


**图 4-11-1-1　煤炭周期复盘，资料来源：Ifind，信达证券研发中心**

不过随着 2023 年疫情结束，进口煤炭缓解供给短缺，而国内经济呈现弱复苏形势，因此煤炭价格由 1270 元/吨的高点快速进入下跌通道，行业也重回下行周期。

**煤炭行业的周期变化取决于煤炭价格变化，在我看来，要从货币通胀、产能供给与市场需求三个角度来衡量。**

货币与通胀会决定煤炭价格趋势。由于货币超发与购买力稀释，使得大宗资源商品的价格长期被动上涨，毕竟钱越来越不值钱了，叠加冲突加剧的能源危机，当前全世界都在经历新一轮的能源通胀周期。

产能供给方面，国内煤炭供给的核心目标被称为“保供”。这是由于我国目前依然是以火力发电作为主要能源来源，在新能源转型尚未完成对化石能源的替代之前，煤炭依然是保证我国能源安全的关键资源。且随着未来煤炭资源枯竭的情况越来越多，开采量呈长期下降趋势，又要避免过度开采，因此适度供应以保证基本需求是目前国内煤炭供给的现状。

从全球视角来看，当前煤炭总供给是相对过剩的，特别是 2022 年俄乌冲突导致的能源危机，加速了行业产能扩张，最终使得煤炭行业供大于求，这也导致了煤炭价格于 2023 年开始下滑。

需求端，煤炭主要应用于火力发电，需求占比超过 50%，另外在钢铁、水泥建材、化工等行业的需求也不小。因此经济发展的状况，会在一定程度上影响煤炭总需求，只要不出台类似十万亿、二十万亿的刺激政策，那么煤炭需求不会出现爆发式增长。且国家正在大力推进水力、光伏、风力、核能发电，用以逐步替代煤炭火力发电，此消彼长，我认为煤炭价格会持续回落，最终向长协价格靠拢。

**中国神华虽说是一家煤炭企业，但公司主营业务还包括电力、化工、铁路、港口、航运等业务板块，**运营模式也从单一的煤炭开采，转型成为集煤炭生产与采购、运输、发电与化工等一体化的产业链。

其中电力板块可与公司煤炭板块形成跷跷板的两极。当煤炭价格下跌时，可使公司发电成本下降，增厚利润，从而与煤炭板块形成业绩对冲，降低煤炭价格波动对于公司的整体净利润的影响。

在 A 股的煤炭企业中，中国神华资源储量排名第二，年煤炭产量排名第一，开采成本全行业第二低，极低的生产成本与多产业一体化联动，构成了中国神华最强大的竞争优势。

下面我们来看一下公司的估值走势情况。对于周期股，我一般只会用 PB 指标与股息率指标来判断公司的股价高低。

下图是中国神华过去 10 年的市净率走势图，很明显能看出，2016 年、2020 年、2021 年，当公司 PB 低于 1 时，是估值的相对底部，这些位置也是公司股价的底部区间。反之，2015 年、2018 年、2022 年和 2024 年，当公司 PB 高于 1.5 后，就进入了相对估值高位。

这里多说一句：2023 年后，随着房地产市场持续低迷，国家为了稳房价，**推动基准利率持续下调，这变相提升了所有高分红股票的价值，高股息资产受到市场追捧，**煤炭作为红利股的代表，估值中枢开始上行。

虽然这是由利率环境决定的，但在我看来，公司估值目前依然是偏高的。只有当公司估值下降时公司才会重新具备较为安全的投资价值。

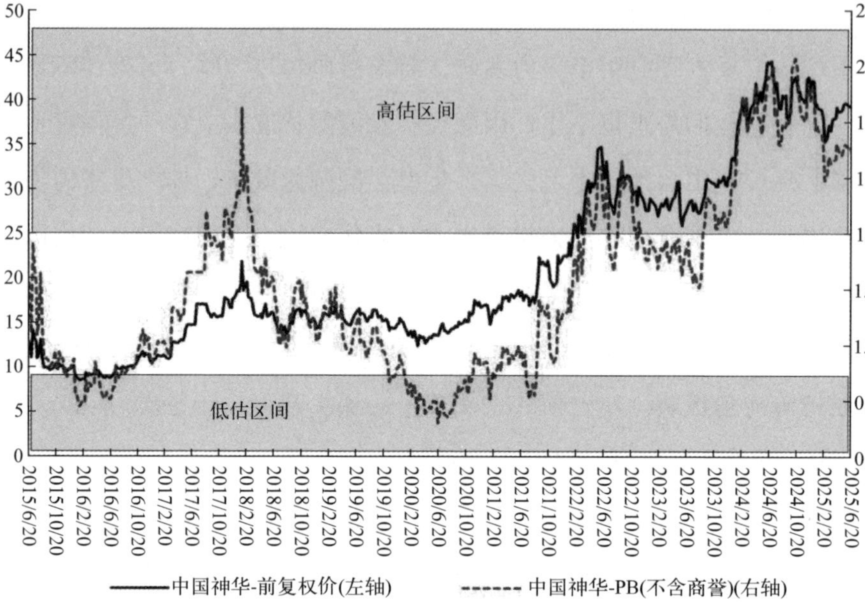


**图 4-11-1-2　中国神华前复权价与不含商誉市净率走势图**

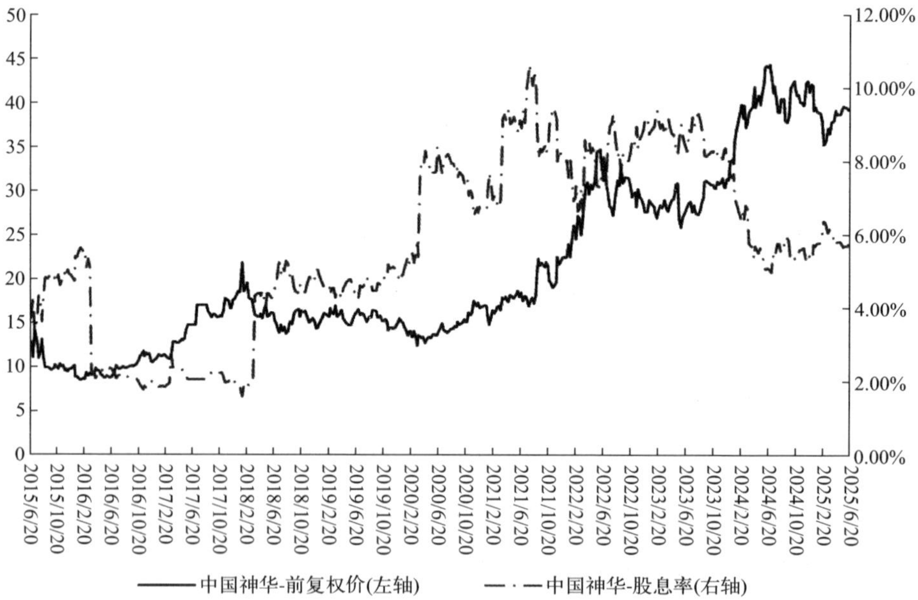


**图 4-11-1-3　中国神华前复权价与股息率走势图**

再看一下股息率情况，对于中国神华这种典型的红利股，我一般要求股息率高于 6%，才算进入低估价值区间。而当股息率低于 3% 时，就到了高估卖出的区域。

当前股息率指标与市净率指标出现了相反的指示作用，市净率显示最近 1 年多中国神华估值偏高，而股息率则显示估值合理，这就侧面证实了中国神华的高股息受到市场追捧，它在当前享受了远比自身历史高得多的估值水平。

当指标出现冲突时，我的建议是不要乱操作，因为未来总会有其中一个指标发生变化。要么股息率下降，与市净率指标共同显示中国神华目前估值偏高；要么市净率下降，回归合理估值范围。我们只需要用耐心，等待指标重新相互验证，再择机出手也不迟。

### 4.11.2　宝钢股份 | 逆向思维，逆向投资

钢铁行业的强弱，是一个现代化工业国综合国力的体现。钢铁产业诞生于英国工业革命时期，之后产能向美、日、欧转移，进而随着中国快速发展向国内集中。目前，中国钢铁产量占全球一半以上，占据主导地位。

钢铁行业带有明显周期性，以钢材价格为例，2000 年—2008 年是价格上行周期，普钢价格由 2000 元 / 吨上涨至 5500 元 / 吨；2009 年—2015 年是下行周期，普钢价格再次跌回 2000 元 / 吨左右；2016 年—2021 年再次进入上行，最高价格涨回 5000 元 / 吨以上后开始下跌；2024 年又再次跌回 4000 元 / 吨以下。

当然，多说一句，**钢铁股的股价变动与钢材价格变动并不同步，因此不能简单地按照钢价周期来投资钢铁股。**

钢铁行业周期基本与钢材库存周期同步，而库存是由供给和需求两部分决定的，企业利润则由供给和成本决定。

供给端受产能政策和环保限产的影响，企业产能利用率、年产量增速等常作为衡量指标；需求端受宏观经济周期与下游行业景气度影响，特别是受建筑业影响较大；成本端则受铁矿石、焦煤焦炭、废钢价格影响。

目前我国钢铁行业的特点是供给端高产量，需求端对外高出口、对内需求弱，并且由于成本高企、价格低迷，导致企业盈利能力下降。

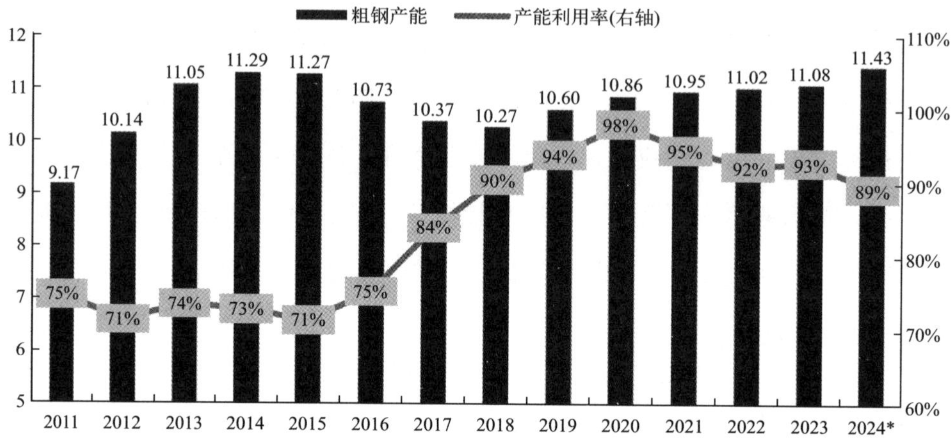


*资料来源：IFind、国家统计局、中金协装配式建筑分会、信达证券研发中心　注：2024年产能数据按照中金协装配式建筑分会统计，产能利用率按照1—10月产量相应折算。*

**图 4-11-2-1　我国粗钢产能及产能利用率复盘　资料来源：Ifind，信达证券研发中心**

上图是自 2011 年以来的粗钢产能情况，根据中金协装配式建筑分会于 2024 年 11 月的统计，我国粗钢产能达到了 11.43 亿吨，已经超过了 2014 年供给侧结构性改革时的高点，哪怕产能利用率持续下降，供给端依旧充足。

从需求角度，目前我国钢材出口呈现高景气，得益于价格优势，仅 2024 年前 10 个月，钢材总出口量就超过了 2023 年全年，出口总量以 20% 以上的速度增长。

但国内需求令人担忧，由于钢材的核心需求——房地产行业的持续低迷，叠加消费不振，国内需求持续下滑。可以说，产能过剩、同质化竞争严重，是目前我国钢铁行业最突出的问题。

下面我们来看一下钢铁行业“一哥”，宝钢股份的历史估值情况。

从近 10 年市净率指标来看，2020 年中、2022 年 10 月以及 2024 年 8 月，当公司 PB 估值低于 0.65 倍时，公司股价的阶段性底部随之出现。当然，如果把标准放宽至 0.7 倍 PB，将 2016 年 8 月纳入其中，买入价格同样便宜。

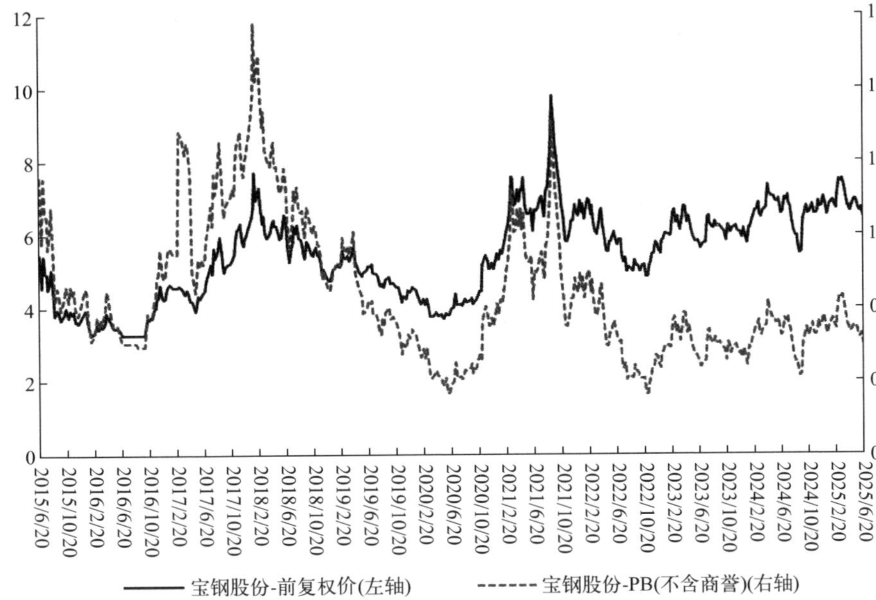


**图 4-11-2-2　宝钢股份前复权价与不含商誉市净率走势图**

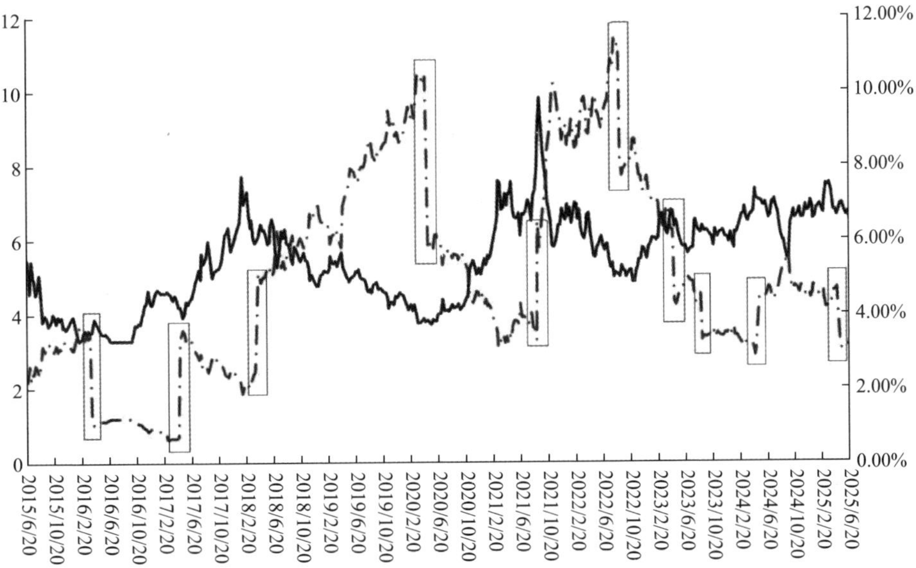


**图 4-11-2-3　宝钢股份前复权价与股息率走势图**

高估卖出的话，由于钢铁行业属于常年破净板块，因此每当公司 PB 高于 1 时，都是股价相对高估的卖出点位。

最后，如果是非红利性质的周期股，我不建议参考股息率指标，因为它与 PE 指标一样，会出现失真的情况。宝钢就是非常典型的例子。

上图中我框出了公司股息率大幅上升或者大幅下降的时间，这些都是由于股息分红大幅变化导致股息率被动变化的时间点。虽然宝钢最高股息率可以超过 10%，但高股息往往很难持续，不具备持续性的高股息，投资者参考时还需慎重。

周期股的投资诀窍是买在周期底部，这往往也是公司业绩最差的时候；卖在周期顶部，这时是公司业绩最好的时候。**周期股就是典型的逆向思维、逆向投资的代表。**

周期股的投资难度极大，因为周期的相对位置不是那么好判断的，没有经验且没有长期跟踪的新手，建议慎重投资周期股。

个人投资周期股时，往往更多使用 PB 指标，通过它的相对高低位置来判断公司所处的周期位置。各位以后也可以验证一下。

### 4.11.3 中国海油丨资源再好，便宜为王

中国海洋石油有限公司是 A 股与港股两地上市公司。其中 A 股上市时间较短，而港股于 2001 年上市，更具备长期代表性，因此我选择中国海油的港股作为分析目标。虽说市场不同，但投资方法的本质是共通的。

中国海洋石油是国内最大的海上原油与天然气供应商，也是获国务院唯一授权拥有海洋油气开采许可的企业，未来开发潜力较大。公司主要业务为勘探、开发、生产及销售原油和天然气，以中国渤海、南海西部、南海东部和东海为核心区域，资产分布遍及亚洲、非洲、北美洲、南美洲、大洋洲和欧洲，总资产超过 1 万亿元。

中海油是典型的周期股与红利股，其周期性与石油价格波动高度相关。石油

作为工业血液，是目前最重要的人类活动能源供给来源。油价受供需两端影响，中东国家、俄罗斯、美国是主要产油国，而中美是最大的原油消费国。

从供给端来看，以 OPEC、俄罗斯和美国为代表的主要产油国的增产或减产政策会显著影响原油供给。从需求端来看，世界经济景气度直接影响原油需求。除此之外，涉及主要产油国或消费国的地缘政治因素同样会影响油价走势，比如中东冲突、俄乌冲突等。想要投资石油股，对以上这些时事新闻均需保持关注。

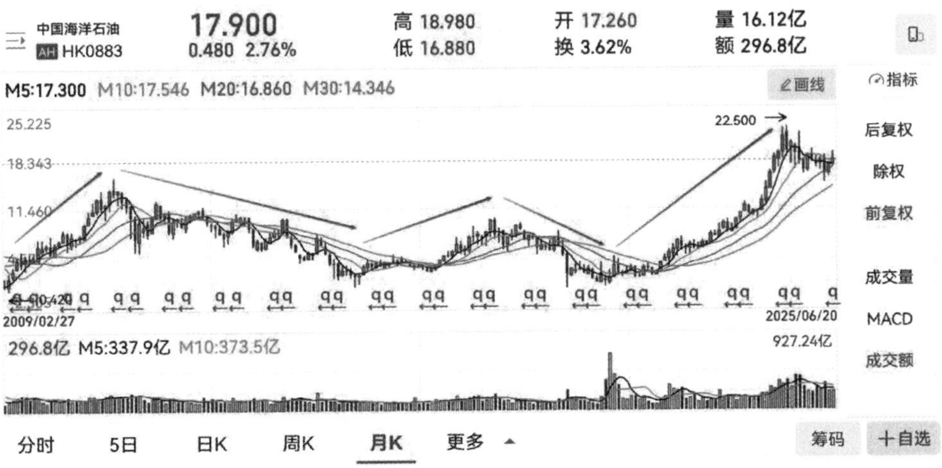


**图 4-11-3-1　中国海洋石油 2009 年 2 月—2025 年 6 月前复权股价走势图**

**底图来源：同花顺 APP**

上图是中海油港股自 2009 年以来的前复权股价走势。由于中海油分红一直较高，所以股价已经快接近变成负数了。

公司周期性在图中展现得非常明显，我用箭头画了出来。但有一说一，自 2010 年至 2020 年，公司股价从长期来看 10 年没涨；2011 年 4 月，公司前复权股价高点达到了 15.7 港元，而 2020 年 12 月的低点，仅有 0.92 港元，这也是事实。

所以我就想告诉各位，再好的股票，也不要去追高，追高了有可能持有 10

年反而亏 90%，其实同样的例子还有 A 股的中石油。反之如果趁它估值在低位时买入，比如早在 2020 年 12 月买，持有到现在，那么就是 4 年 20 倍的超强收益。

**没有股票只涨不跌，关键还是要买得便宜。**可能你会说，哪有那么容易买得便宜啊，谁知道哪里是底部。这时我的“两低一高”投资方法对于这种情况就特别管用。

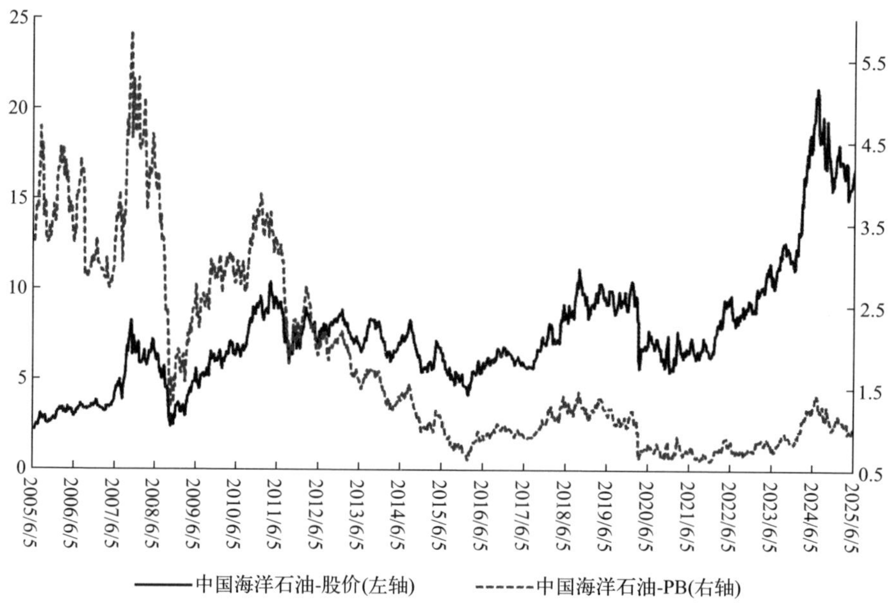


**图 4-11-3-2　中国海洋石油股价与市净率走势图**

周期股的市净率指标与股价同步性更好，PB 低点往往也是股价的阶段性低点。

而具备红利属性公司的股息率，同样能反映估值情况。历史上，中海油几次股息率超过 9% 时，都是比较好的投资机会，全都是股价的阶段性底部。

当我们选择在中海油 PB 低位、股息率高位的位置买入，几乎都能抄到公司股价的阶段性底部，享受高股息率的同时，还能赚取未来股价上涨的收益。

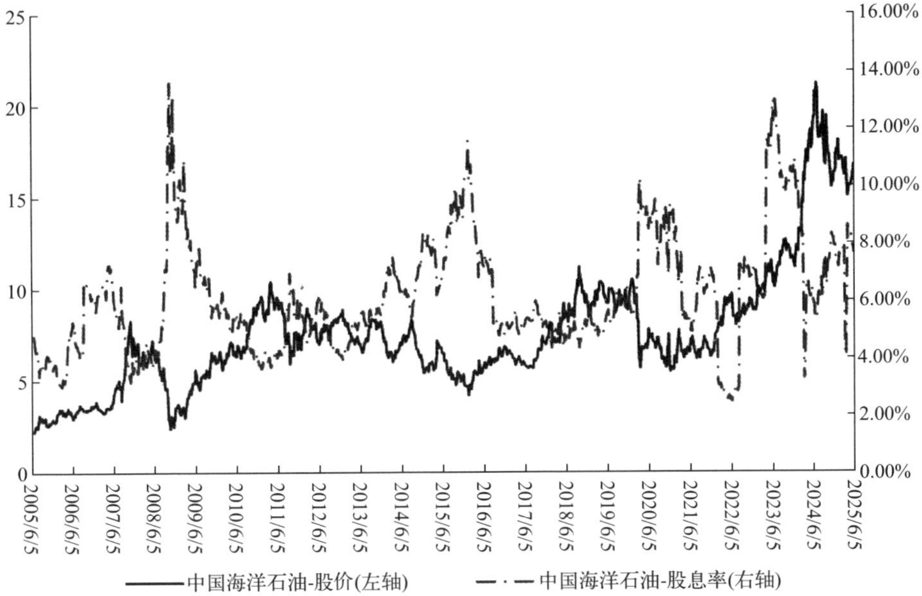


图 4-11-3-3　中国海洋石油股价与股息率走势图

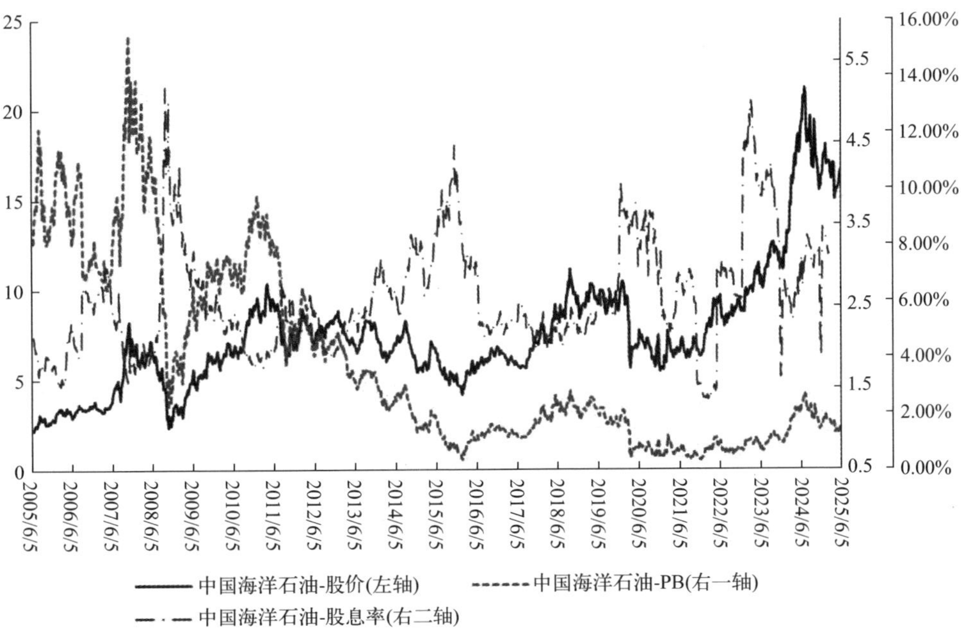


图 4-11-3-4　中国海洋石油股价与市净率、股息率走势图

## 4.12 哪些股票千万别用“两低一高”投资法？

长期使用下来，我总结出“两低一高”方法也有很多不适用的范围，大致包括妖股、新股与次新股、衰退型股票、经营基本面发生剧烈变动的股票四种类型，并且我不建议用在小市值股票上。

先说一下关于小市值股票的问题，截至2025年4月11日，A股一共5490家上市公司，总市值小于50亿元的企业数量高达2733家，占比接近50%，数量庞大。

理论上小市值股票只要不是以上四种类型，仍可按照成熟股、成长股或周期股的类型划分，也是可以采用“两低一高”的对应投资方法来判断买卖点。

但小市值股票的特点体现为：**①低流动性与高波动性；②高成长性与高风险性；③股价易控；④财务造假重灾区。**

首先，由于市值较小，流通盘有限，少量资金即可推动股价变化，大涨大跌时常发生，价格波动相对大盘股更大。其次，小盘股通常属于初创企业或成长型企业，其营收增速可能高于行业平均值，但盈利稳定性较差，从而导致股价随业绩大幅波动，带来较高的投资风险。再次，较低的流通市值，更容易被大资金操纵股价，从而通过坐庄的形式收割散户投资者。最后，由于营收与利润规模较小，小市值股票更容易进行财务造假，粉饰业绩，因此往往是财务造假的重灾区。

我个人习惯投资大盘股，因为市值大，更难被资金操控，估值指标也就更有价值；另外，由于规模较大，公司财务造假的可能性更低，抵御各种风险的能力也更强。**有一句话我非常认同：“选择能让你睡得踏实的方式来投资。”**相比于小盘股，大市值股票投资风险更低，这也是我偏爱投资大盘股的原因。

下面我来讲一下4种不适用“两低一高”投资方法的股票类型。

### 4.12.1 妖股不要碰

所谓妖股，就是那些**走势明显比别的股票异常，不合常理，让人难以捉摸的股票**。妖股股价往往暴涨暴跌，明明这家上市公司业绩亏损，股价却连连拉出涨停；明明这家公司的价值撑不起如此高的市值，股价却依然涨势凶猛。

妖股常见"庄家－游资－散户"的联动模式：庄家通过控盘制造 K 线形态（如连续涨停、V 型反转），吸引技术派散户跟风，随后反向操作出货。传统技术指标（如 MACD、KDJ）易被刻意"画线"误导。

妖股往往由题材炒作驱动（如政策风口、行业概念），而非企业真实的盈利能力或成长性。市盈率（PE）、市净率（PB）等传统估值指标可能高达数百倍甚至为负，基本面分析完全失效，因此"两低一高"方法不适用于妖股投机。

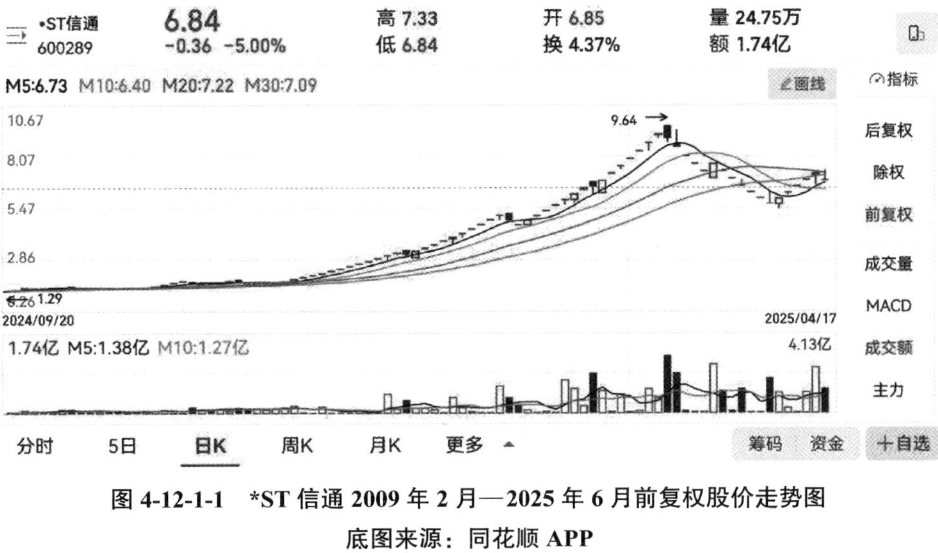


**图 4-12-1-1 *ST 信通 2009 年 2 月—2025 年 6 月前复权股价走势图**

**底图来源：同花顺 APP**

上图是 *ST 信通最近半年的股价日 K 线走势图，这是典型的妖股走势。

所谓 ST，是特别处理的意思，当上市公司出现财务状况或者其他异常情况时，证券交易所发出风险警示，同时给股票名称前面贴上"ST"标签，提示投资者要关注公司的投资风险；如果被实施“退市风险警示”，在股票简称前会冠以“*ST”字样，可以说“*ST”就代表了A股中质量最差、投资风险最高的一批股票。

*ST信通于2025年1月14日复牌以来，股价由1.7元暴涨至3月24日的9.64元，其间涨幅达到467%，共收获35个涨停板（ST股票实行5%的涨跌幅限制），之后自3月25日开始至4月17日，一共17个交易日，出现11个跌停板和6个涨停板，公司股价每天不是涨停就是跌停，相当刺激。

哪怕今年公司股价暴涨，涨幅全A股排第一，当前总市值也仅有40亿元左右，而2025年1月14日复牌时，公司市值更是低到只有10.73亿元，超低的市值，是公司能够被持续炒作的原因之一。

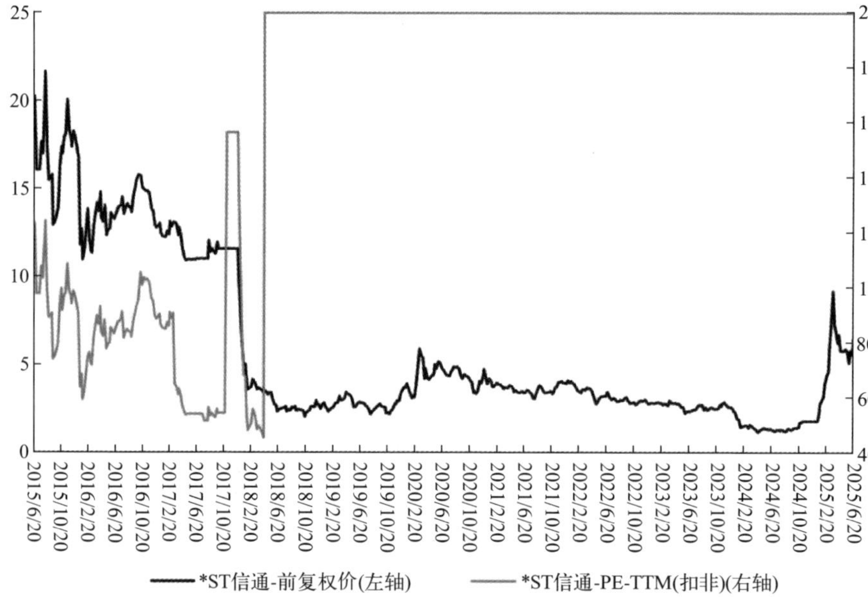


**图 4-12-1-2　*ST 信通前复权价与扣非滚动市盈率走势图**

从它的扣非滚动市盈率估值来看，公司自2017年以来，连续7年扣非净利润亏损，这样一家每年都在亏钱的公司，自然没有为股东创造价值的能力。

市净率估值同样很有意思，在2019—2020年，公司有两次市净率突然暴涨暴跌，说明公司的净资产金额发生了大幅度变化，这也是经营不稳定的象征。

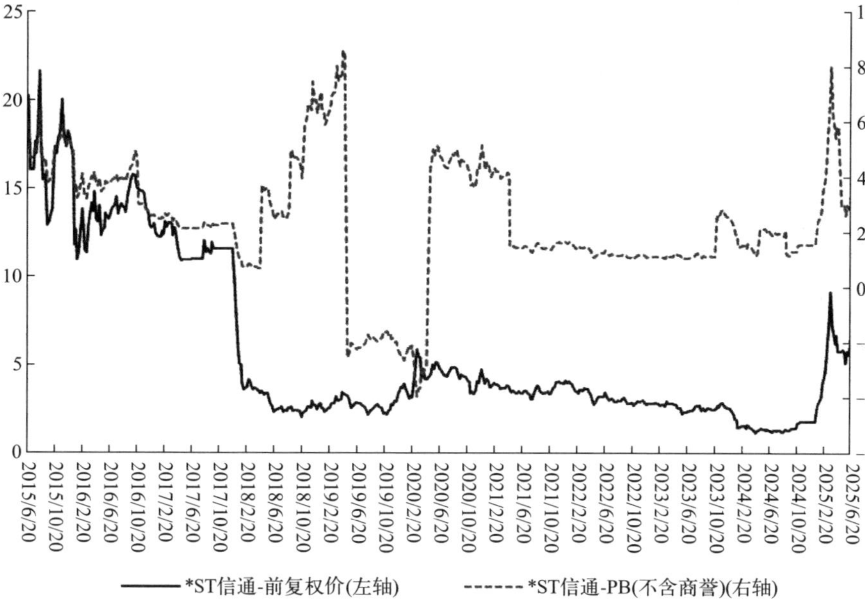


图 4-12-1-3　*ST 信通前复权价与不含商誉市净率走势图

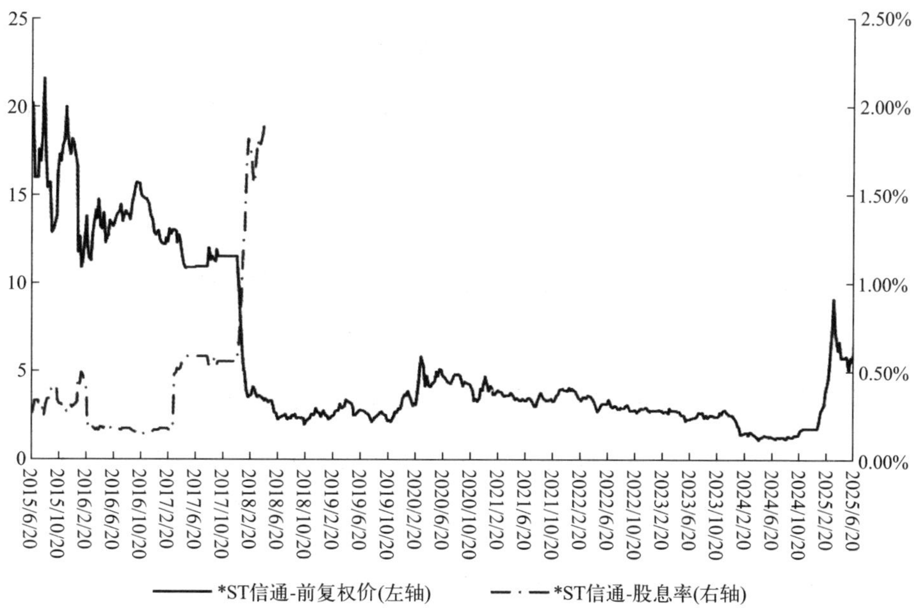


图 4-12-1-4　*ST 信通前复权价与股息率走势图

自从公司2017年起连年陷入亏损后，已无力向股东支付股利，因此再也没发过股息。综上所述，PE、PB、股息率指标对于*ST信通来说，均失去了参考价值，方法自然也就失效了。

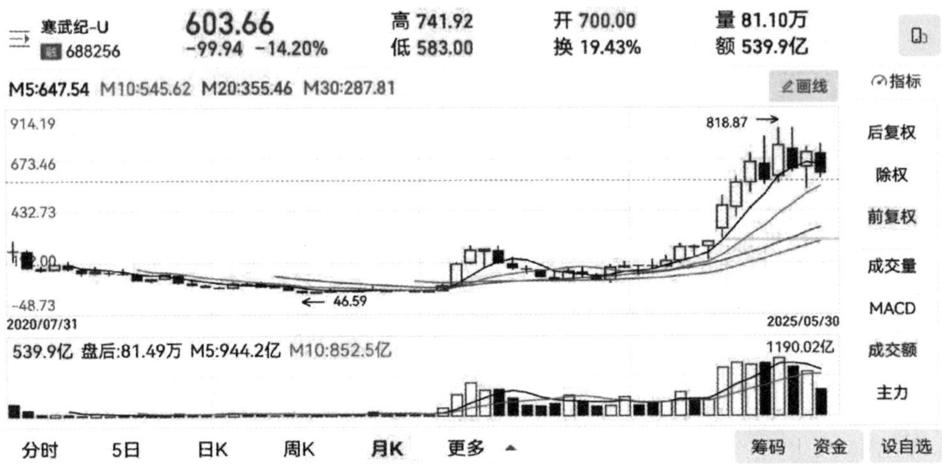


**图4-12-1-5 寒武纪2020年7月—2025年5月前复权股价走势图 来源：同花顺APP**

我再举一个更出名的例子：寒武纪。寒武纪在上市初期，股价一度冲高至603.66元，自2021年高点回调后，其股价已大幅跌落。自2023年1月以来的低点算起，到本文撰写之日，股价翻了十多倍。

公司滚动市盈率高达1941倍，市净率高达43.24倍，市值也超过了2500亿元。与此同时，公司2024年营业收入仅有11.74亿元，净亏损4.57亿元。

也就是说，公司估值已经涨上了天，市场上任何一种估值方法，放在寒武纪身上均不适用，这是典型的脱离了基本面的、由情绪驱动的股价炒作。

我能理解市场爆炒寒武纪的原因：算力芯片代表了人工智能行业的发展速度，同时国外科技封锁对国产替代的必然要求，都决定了这是一个潜力巨大的市场。但这场投机盛宴存在巨大泡沫，也是不争的事实。

所以我把寒武纪写在书中，算是一个站在当下、可被历史记录的真实案例。等到本书出版，这段文字映入读者眼中的那一天，我们可以回头再来看看，寒武纪股价的最终走势究竟如何。

### 4.12.2　新股与次新股要躲开

*ST 信通是截至 2025 年 4 月，A 股涨幅第一名，而排第二名的，就是一家次新股，叫作万达轴承。

新股和次新股上市时间短，历史财务数据有限，尤其是次新股可能尚未经历完整经济周期的考验。虽然上市前需通过严格审核，但部分公司可能通过透支未来业绩的方式，美化财务数据，从而满足上市条件，其后遗症则是容易出现上市后"业绩变脸"，导致股价大幅下跌。

并且 A 股新股发行时，市盈率常被市场情绪推高，尤其是科创板、创业板新股发行市盈率普遍高于行业平均水平。

新股和次新股因流通盘小、关注度高，常被游资短期操控。例如，江南新材上市首日换手率达 85%，前五大买入席位均为游资，而机构则集中抛售，形成典型的"击鼓传花"模式。这种高换手率表面看流动性充足，实则暗藏主力撤退后股价崩盘的风险。

新股上市初期无涨跌幅限制（如科创板、创业板），价格易出现极端波动。有数据统计显示，新股上市后的平均涨幅超 250%，部分个股涨幅甚至达 1300%，但高估值往往缺乏长期业绩支撑，极易引发后续暴跌。据统计，70% 的新股在上市一年后跌破发行价，散户追高后往往成为接盘者。

下面是几只次新股的日 K 线走势图，可以看到都是上市当日即巅峰，之后就是漫漫下跌之路。

当然也不能说新股、次新股就一定不能投资，它们中也会出现较好的投资品种，只是历史估值数据时间太短，无法用"两低一高"方法去判断它们的股价何时见底，方法自然也就不适用了。

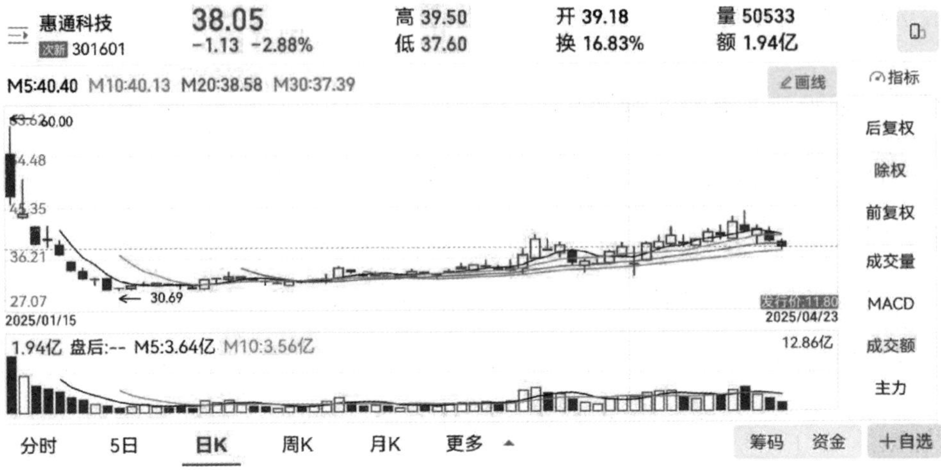


图 4-12-2-1　惠通科技 2025 年 1 月—2025 年 4 月股价走势图　来源：同花顺 APP

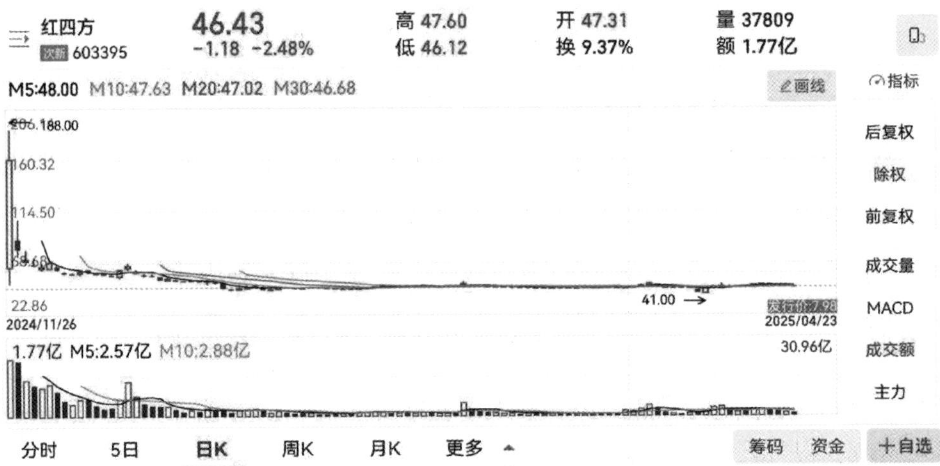


图 4-12-2-2　红四方 2024 年 11 月—2025 年 4 月股价走势图　来源：同花顺 APP

毕竟从统计学的角度来看，如果没有足够长时间的数据，那么任何指标都无法被证明具有统计学意义。

我个人的习惯是，不投资上市 3 年之内的股票，等待它的历史财务数据足够长且稳定后，再考虑投资机会。

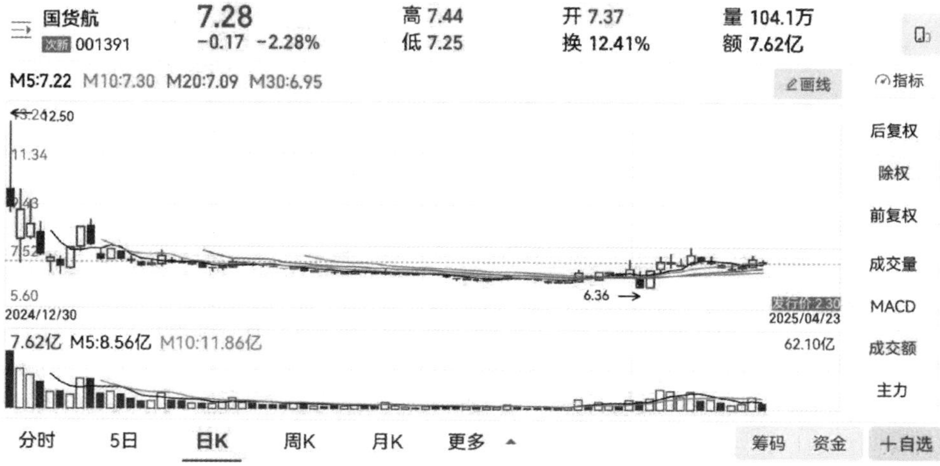


图 4-12-2-3　国货航 2024 年 12 月—2025 年 4 月股价走势图　来源：同花顺 APP

### 4.12.3　衰退股要小心

有些公司会因为自身基本面的变化，陷入衰退。常见的情况是：受市场饱和或产品失去竞争力的影响，企业盈利能力持续下降，并且由于新的利润增长点尚未显现，企业缺乏新的投资机会，维持运营的必要资产规模也持续减少。企业会减少投资，并且可能会通过处置资产来弥补现金流的不足。

近两年我们身边最典型的衰退型行业例子，就是房地产行业。房地产作为不动产，具有明显的区域性特征，与其所在地区的经济发展状况、人口结构变化以及购房调控政策紧密相关，具有明显的周期波动性。而这几大影响因素中，人口因素占据绝对主导地位。

过去几十年间，新出生人口所带来的总人口数量增长，以及工业化进程推动城镇化率的快速提升，共同推动了世界范围内最大规模的城镇人口增量，从而创造出巨大的住房需求，刺激房地产市场快速增长。

但随着我国近年来生育率持续下滑，总人口数量开始缓慢减少，城镇化率不再快速上涨，新增城镇居住需求明显减少，叠加经济发展放缓，居民部门杠杆率接近 70%，房地产行业逐渐进入下行周期。

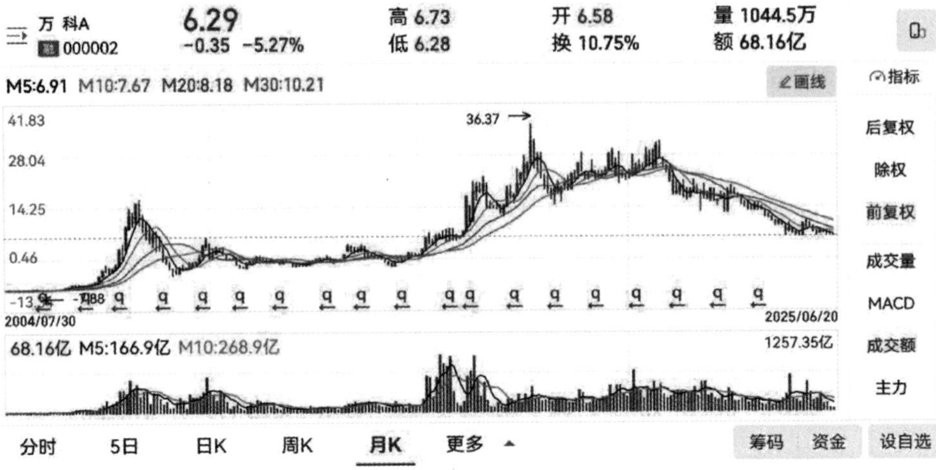


**图 4-12-3-1　万科 A2004 年 7 月—2025 年 6 月股价走势图　来源：同花顺 APP**

这是过去 20 年间万科 A 的股价走势图，很明显能看出，自 2016 年房价第三次大规模暴涨后，到 2018 年 1 月，万科 A 股价就已经见顶了。2018 年是万科首次高喊“活下去”的年份，这也说明，房企对自身行业的处境是非常清楚的。

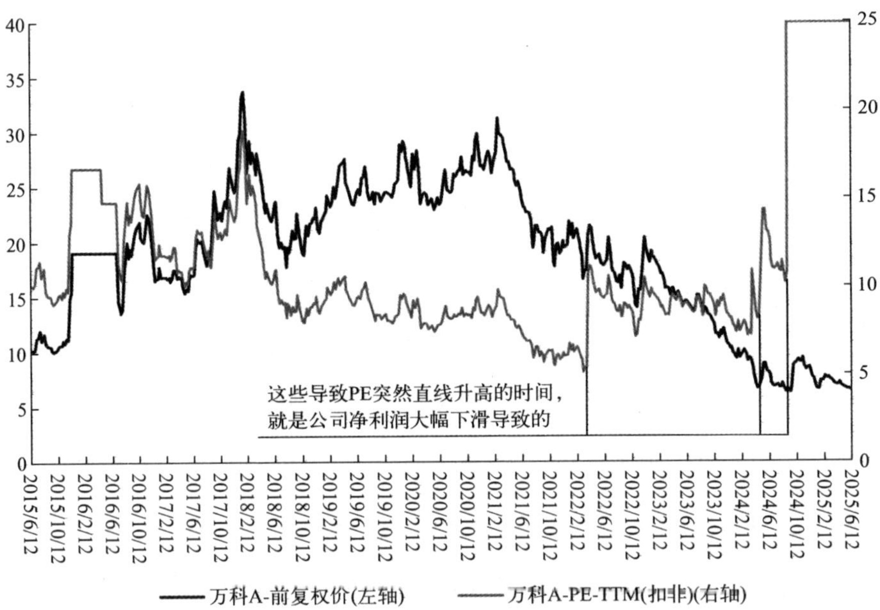


**图 4-12-3-2　万科 A 前复权价与扣非滚动市盈率走势图**

之后万科 A 的股价，再也没有回到巅峰，并在 2021 年白马股牛市结束后，一路下跌，目前依然没有看到见底的迹象。

从市盈率估值的角度来看，陷入衰退的公司，其 PE 指标往往会随着净利润的大幅下滑而被动上涨，最后陷入亏损后变得无法计算，因此 PE 也就失去了参考价值。

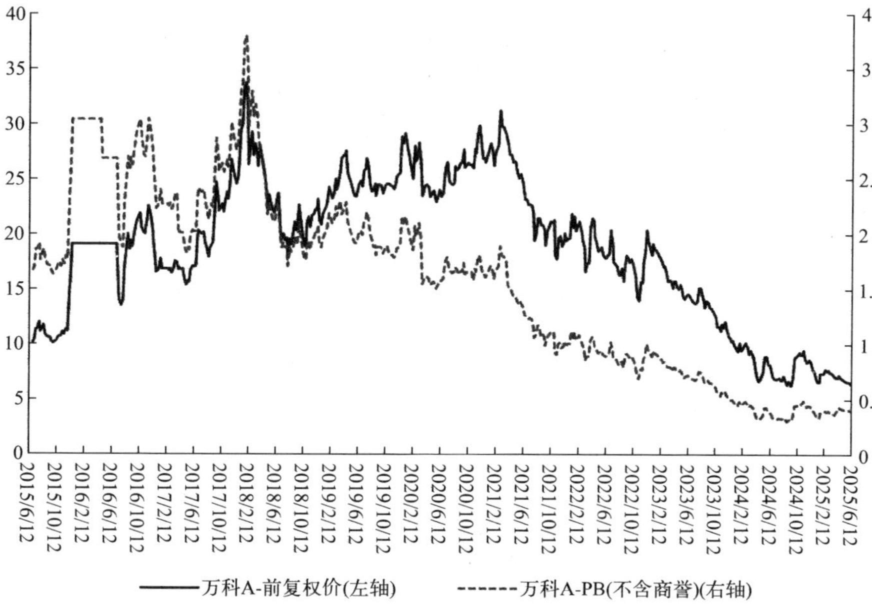


**图 4-12-3-3　万科 A 前复权价与不含商誉市净率走势图**

市净率指标相对来说更能体现地产股的价值，随着房地产行业陷入衰退，公司资产价值持续缩水，而债务规模保持不变，这就让市场对公司净资产估值持续下滑，导致 PB 指标持续下降。没人知道 PB 跌到什么位置才能触底，因此它也同样失去了参考意义。

最后是股息率指标，可以看到 2021—2023 年，由于万科 A 的股价持续下跌，导致股息率被动上涨，在相当长的一段时间内保持在高位，但这都是假象。因为随着公司持续陷入衰退，最终净利润由盈利转为亏损，自然也没有多余的现金分给股东，因此自2023年年报起，万科A就再也没有分红过，股息率瞬间清零。

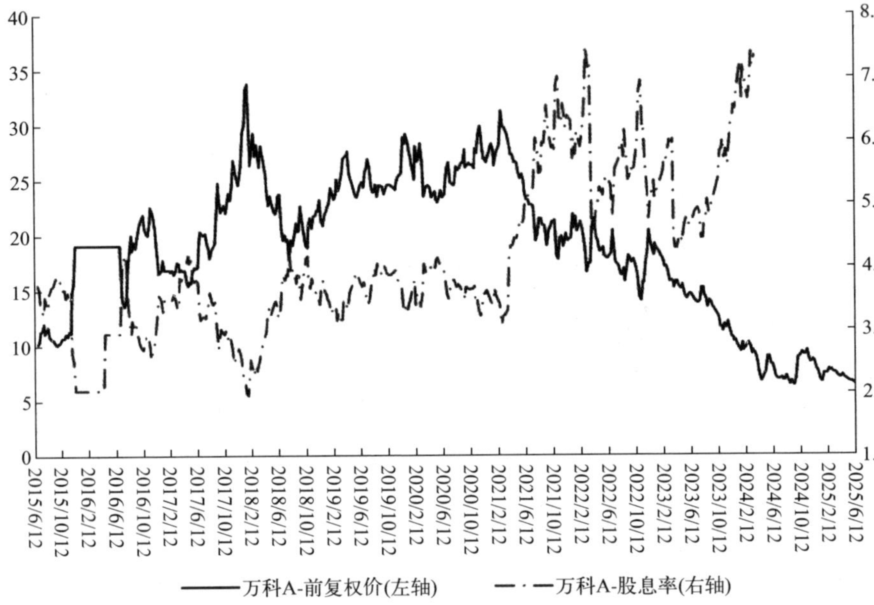


**图 4-12-3-4　万科 A 前复权价与股息率走势图**

我把公司股价、PE、PB、股息率指标叠在一起，很明显万科A的“两低一高”买点出现在2021年底—2022年初，当时公司PE低于6倍，PB低于0.9倍，几乎都是上市以来的历史最低值，股息率超过6%，则是上市后的最高水平。当时公司股价在16元到20元之间，但我们千万不能在这个“假买点”买入。

截至2025年5月，公司最新股价跌至6.29元。如果真的在2022年初买入，就会造成巨额亏损。所以万科A的例子很清晰地说明了，“两低一高”方法不适用于陷入衰退的股票投资。

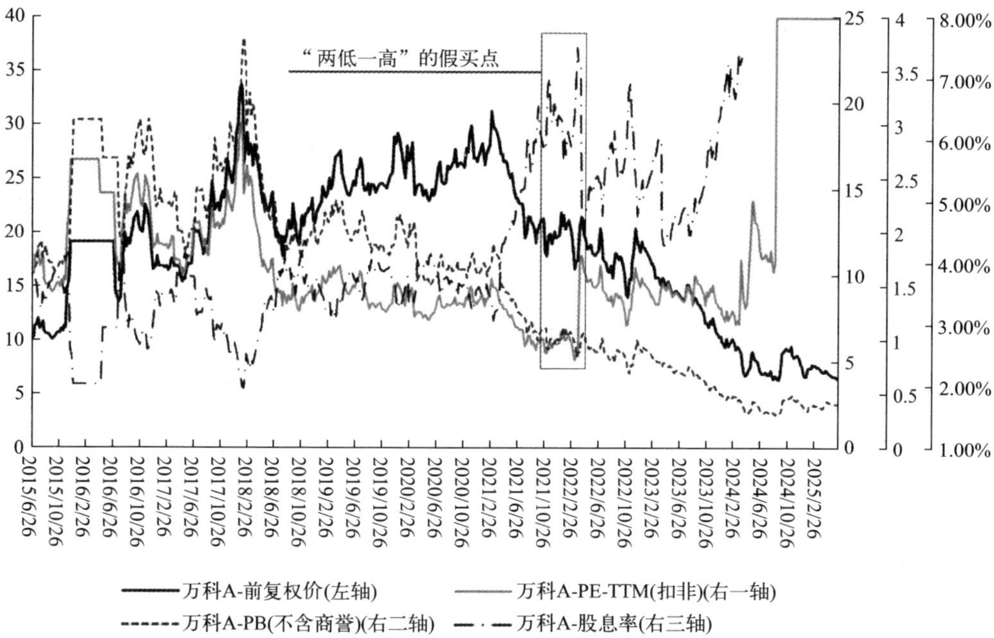


**图 4-12-3-5　万科 A 前复权价、扣非滚动市盈率、不含商誉市净率与股息率走势图**

## 4.12.4　经营基本面剧烈变动尽早离场

经营基本面发生剧烈变动的股票，最典型的案例就是上海机场。讲这个之前，我先来介绍一下机场运营行业的相关背景知识。

机场运营属于高壁垒、高排他性的区域垄断性行业，对于一个城市而言，几乎不会有新的竞争者出现。因此机场类上市公司普遍经营状况稳定，具有公用事业类股票的特征。反映在财务报表中，机场股呈现业绩稳定、低存货、高固定资产、高折旧、净利润现金含量较高、盈利能力适中的特点。

机场在建设期要投入大量的资金用于航站楼和跑道等固定资产的施工，因而形成较高的固定资产规模。投入运营后，高固定资产折旧会导致高折旧，因此公司每年的营业成本中，有很大一部分属于固定资产折旧费用。

这部分费用不是真的花掉了，而是会计估算的结果。机场每年投入的维修金额一般来说都远远低于折旧成本，因此机场股往往会产生比净利润更多的经营现金流，真实盈利能力高于净利润水平。

机场为航空公司、旅客和物流企业提供服务，因此存货极少，没有减值风险。机场收费属于政府定价，以保证一定的利润空间用于偿还前期的巨额建设投入，并为股东留下适当利润，因此机场股盈利能力适中，不会大赚，但高于上市公司平均水平，且业绩稳定。

综上所述，机场股也曾经是比较适合采用“两低一高”投资方法的行业。但这一切都随着经营基本面的剧烈变动而宣告终结。2020 年开始的新冠疫情对人们的交通出行产生了极大影响，机场依靠客流量获取利润，客流量锐减，对机场运营造成了致命打击。

曾经的上海机场，依托国际旅客占比较高的优势，与中国中免签订了条款为“高保底、高提成”的机场免税运营权合同，2019 年，上海机场商业餐饮收入达到了 54.6 亿元，占总收入的比例接近 50%。

之后受疫情影响，机场旅客流量断崖式下跌，在 2021 年，上海机场与中国中免签订了免税经营权补充协议，其特点为“流量挂钩 + 上有封顶”，上海机场的免税销售分成由“保底”变成了“封顶”，商业餐饮收入锐减。

2023 年 12 月，随着新冠疫情已成过去时，上海机场与中国中免又再次签订了免税经营权补充协议第二版，重新将分成模式改回了“保底 + 提成”模式，只不过不同于最初版的合同，这份协议的特点变成了“低保底、低提成”，令上海机场的免税销售分成收入锐减。根据 2024 年年报数据，当年上海机场的商业餐饮收入仅有 20.55 亿元，占总收入的比例仅有 16.62%，相比 2019 年减少了 62.36%。

由于免税销售分成收入曾经是上海机场增速最快、毛利最高的营收来源，因此当它大幅降低后，上海机场的整体经营基本面也发生了剧烈改变：从毛利率指标就能明显看出，2019 年公司毛利率超过 51%，而到了 2024 年，虽然毛利率有所回升，但也仅有不到 22%，盈利能力断崖式下滑。

**总之，当公司经营基本面发生改变后，历史估值中枢必然也会发生变化，估值数据的参考性大大降低，**自然就不适宜使用“两低一高”方法判断买卖点了。

## 4.13　方法也有局限性，怎么办？

世界上没有完美无缺的投资方法，“两低一高”同样有其自身的局限性，本节我就来分析其局限性有哪些，以及可以通过哪些方法来应对。

### 4.13.1　买入频率过低？——跟踪更多投资目标

不知各位是否听说过，投资中的“不可能三角”：**高收益、低风险与高流动性，三者不可兼得**。短线炒股追涨杀跌，虽然获得了高收益与高流动性，但必然伴随着高风险；活期存款可以随时取用且无风险，但注定无法获得高收益；而部分理财产品具有高收益、低风险的特征，但往往伴随着一段不短的锁定期，导致资金丧失了流动性。

如果我们用交易频率来代替流动性，形成新的“不可能三角”模型，那么当我们通过“两低一高”方法追求低风险、高收益时，就必然要接受交易的低频性。

这也很好理解，如果真有收益高、风险低且能高频交易的方法存在，我给大家举例测算一下：比如我用 1000 元做本金，每日交易 1 次，能稳定获取 5% 的收益率，且可高频交易，假设 1 年有 250 个交易日，那么到年底时，这笔钱会变成 19.8 亿元；而到了第二年末，投资收益将变为恐怖的 392635.86 亿元，超过世界上绝大多数国家的 GDP，而这根本不可能。

**所以我们获取高胜率与低风险的代价，就必然要接受低频交易。**前面我分析了许多公司作为例子，它们无一例外，“两低一高”的投资良机出现频率均很低，大多数公司在 10 年内仅有一两次的买入机会。当然，如果你放宽“两低一高”的买入标准，机会立刻就变多了，与此同时，投资风险也会相应升高。

由于低频的特点，我们在估值底部买入，没人知道估值回归效应何时起作用，快的话明天，慢的话 3 到 5 年都有可能。这也是我选取股息率指标的重要原因之一，万一估值回归长时间都不出现，高股息也能成为时间成本的补偿。

这里我们来看一下建设银行的情况。

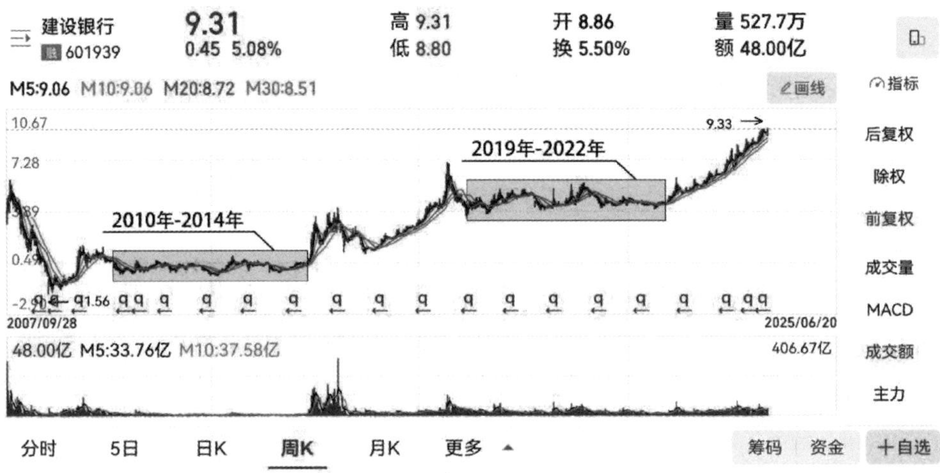


**图 4-13-1-1　建设银行 2007 年 9 月—2025 年 6 月股价走势图　来源：同花顺 APP**

建设银行自 2007 年上市至今，出现过两次长达 4 年的横盘整理期，分别是 2010 年 5 月—2014 年 5 月，以及 2019 年 1 月—2023 年 1 月。如果你在这 8 年时间中长期持有建设银行，持股体验肯定相对较差，特别是 2019 年—2020 年，A 股出现了一波白马牛市，但公司股价也没有亮眼表现。

投资建行相对较好的时机，第一次出现在 2014 年初，第二次出现在 2022 年底，之后公司股价都出现了一波持续性地上涨。而这两个时间点，恰好完美符合“两低一高”的估值特征，哪怕把 2016 年的买点也算上，那么自 2010 年以来，建设银行历史级别的投资机会，也仅出现过 3 次而已，平均 5 年一次，频率肯定算不上高。

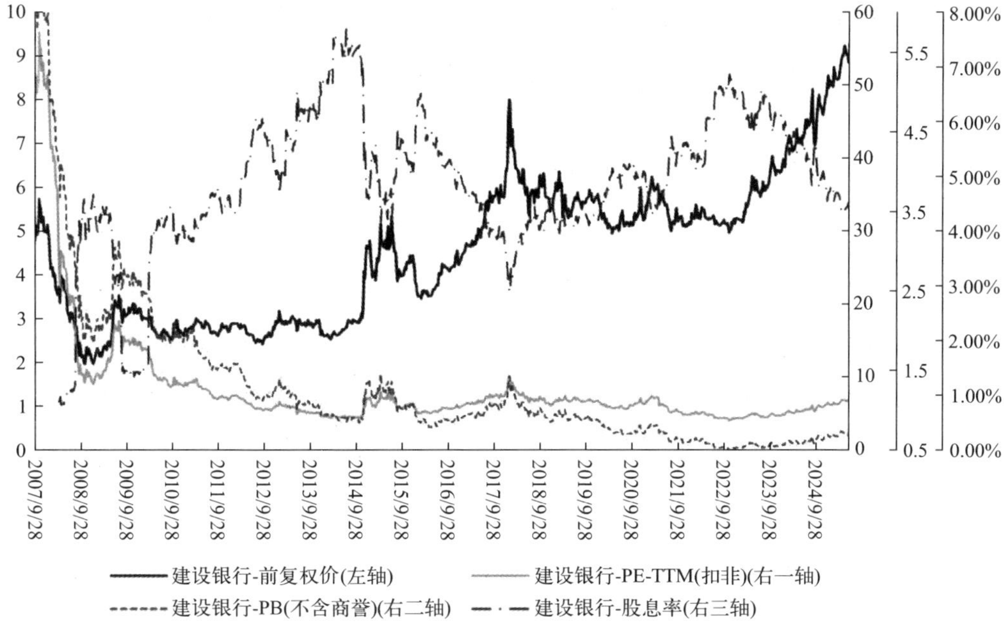


**图 4-13-1-2 建设银行前复权价、扣非滚动市盈率、不含商誉市净率与股息率走势图**

另外有意思的一点是，虽然建行股价在 2010 年—2014 年、2019 年—2022 年长期横盘，但它的估值可并非一成不变，均是 PE 与 PB 逐渐降低，而股息率逐步升高，估值由高慢慢变低，直到估值再次出现“两低一高”特征，股价才会开启新一轮的上涨。

那么如何应对方法低频性的问题呢？**我的办法是跟踪不同行业、不同板块的多只股票，通过数量的增多，来提高投资机会出现的概率。**

假如符合条件的股票每 5 年出现一次“两低一高”投资良机，那么当你长期跟踪 10 只不同行业特征的股票时，就有可能每半年发现一次买入机会。我在自己的公众号“思索的瓶起子”长期跟踪了超过 100 家各行各业的龙头公司，为的就是应对单一投资目标投资机会出现频率过低的局限性。

多说一句，A 股存在明显的板块轮动效应，比如 2020 年的医药板块，2021 年的光伏新能源板块，2022 年的煤炭板块，2023 年的信创概念以及 2024 年的银行板块，均在当年度出现了明显跑赢大盘的独立行情。**只要不是牛市顶点，投资良机始终都存在，就看你是否拥有一双发现机会的眼睛。**

### 4.13.2 估值中枢变化？——坚持定投策略

“两低一高”买卖点判断，最忌讳的就是估值中枢变化，估值中枢上移会导致卖出过早，而估值中枢下移会导致抄底过早。

**估值中枢变化是一个始终存在的现象。**要么由宏观环境变化导致，如 20 世纪 90 年代后，美国爆发 IT 革命，推动纳斯达克指数的 PE 估值由 15 倍持续上涨至 200 倍；要么由企业自身基本面变化导致，如生物医药行业自集采政策实施后，PE 估值中枢由 60 倍逐渐下滑至 30 倍。

估值中枢上移的例子并不多见，比如自 2009 年以来的美国股市，就走出了一波长达 15 年的慢牛行情，在这个过程中，指数估值持续提升。

再比如 A 股的长江电力，自 2015 年以来，同样走出了一波长达 10 年的长牛行情。

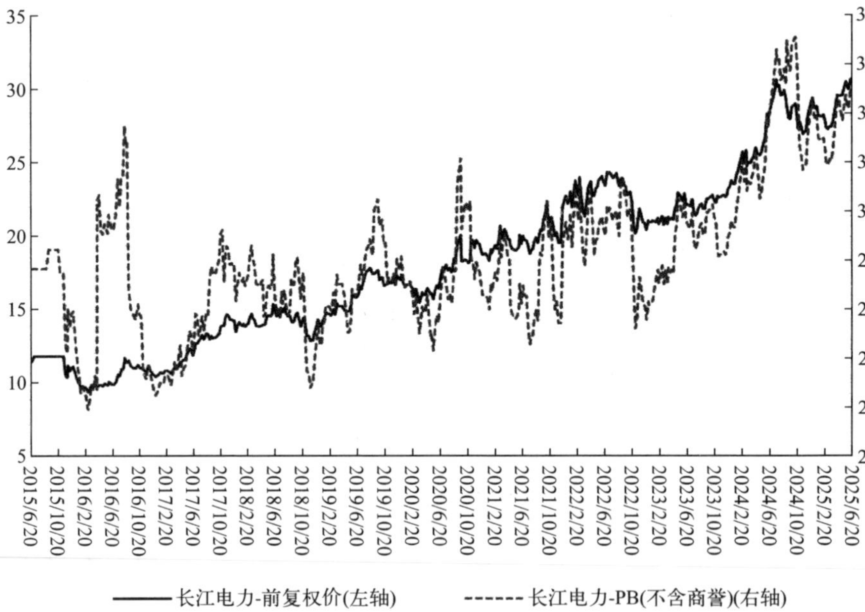


**图 4-13-2-1 长江电力前复权价与不含商誉市净率走势图**

上图是长江电力过去 10 年的市净率估值走势图。可以看到，它的 PB 指标随着股价的持续上涨而不断提升，这会导致我们无论在任何时间卖出长江电力，事后都会被证明是错误的选择。

应对估值中枢上移的方法很简单，就是坚定地长期持有，不要操作，享受由估值和业绩上升所带来的戴维斯双击效应。

**在 A 股中更常见的是估值中枢下移的现象。**因为中枢下移必然导致估值底部的降低，从而出现抄底过早、被套在半山腰的问题。

由于大多数企业都会经历初创期、成长期、成熟期和衰退期，在企业生命周期规律中，初创期与成长期往往会享受更高的估值水平，随着企业进入成熟期，估值水平也会持续降低。

另一方面，任何企业或经济体的发展，都是先快后慢，当规模体量达到一定程度后，高速发展必然不可持续，因此发展的降速也会导致估值中枢的下移。总之，高估值往往无法长期保持，估值下降是普遍现象。

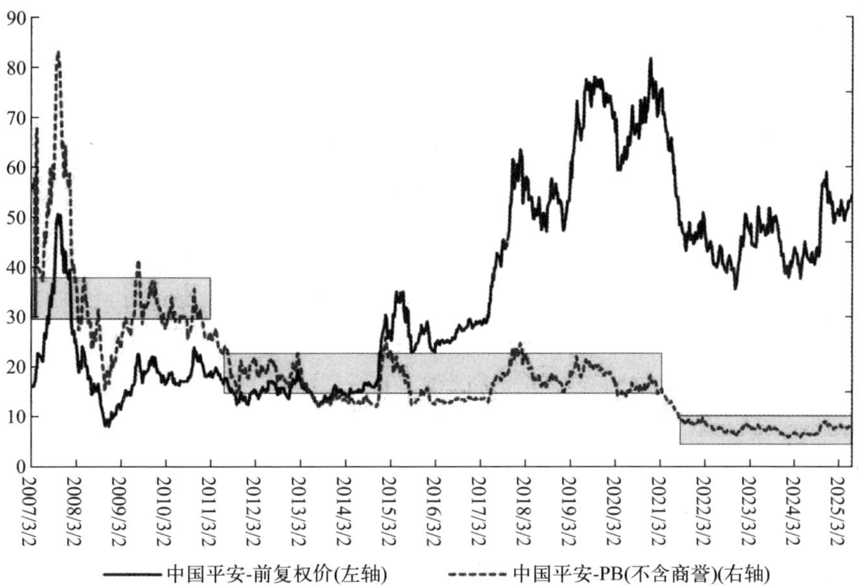


**图 4-13-2-2　中国平安前复权价与不含商誉市净率走势图**

我们看一下中国平安的例子，它自2007年上市至今，PB指标的估值中枢呈现过三个区间：2007年—2010年PB指标在4～5倍之间震荡，2011年—2020年PB指标在2～3倍之间波动，而2021年至今，PB指标中枢区间进一步下滑到了0.8～1.2倍。图中我框出了三个中枢平台的位置，很明显它们依次呈现逐级下降的趋势。

中国平安第一个估值平台肯定是偏高的，这与公司2007年上市赶上了历史级别的大牛市有关。而估值下滑至第二个平台后，保持了大约10年的时间，这个阶段公司估值稳定，且业绩稳步提升，也是平安股价表现最好的10年。

2021年之后，随着经济不振，基准利率持续下行，利差持续缩减，在盈利端压制公司估值；另一方面，由于保险行业部分底层资产锚定在房地产行业，因此受房地产行业爆雷的影响，市场对于公司资产端不良资产的担忧同样影响了估值水平。因此中国平安的估值再次下滑。

如果我们在2021年6月，在第二个估值中枢平台的底部、在中国平安股价60元左右的位置全仓买入，就会遇到抄底过早的问题，从而导致自己在未来的3年中，被深深套牢，持股体验自然不好。

**应对估值中枢下移的方法之一，是要加强对公司基本面的分析，从而提前识别估值下移的风险。**2021年4月，中国平安公布了2021年一季报，其中对华夏幸福相关投资资产进行减值计提与估值调整，合计金额高达182亿元，影响当期税后归母净利润约100亿元。作为华夏幸福的第二大股东，中国平安的业绩在2021年与2022年连续下降，也正是由此时起，市场以卖出公司股票的方式"投票"，因而将其估值中枢压到了新低。

所以我们要持续关注公司的基本面情况，一旦基本面有恶化征兆，就有可能导致估值中枢下移，这时如果有持仓，最好先卖出，观望后续发展，而没有持仓的，则不要着急抄底，以免被套在半山腰。

**应对估值中枢下移的方法之二，则是要建立定投抄底的投资纪律，通过分批买入的方式，避免抄底过早的现象发生。**对于我个人而言，定投买入是始终坚持的纪律原则，因为没人能准确判断未来股价走势，但通过定投的方式，就可以均摊买入成本，使得最终持仓成本处于一个相对较低的位置。

还是以中国平安为例，假设我没有识别出未来公司估值中枢下移的风险，在 2021 年 7 月做出决策，选择买入中国平安，那么我会以每三个月或每半年一次的频率定投抄底。

这里我以每半年抄底一次作为演示，取每年 7 月或 1 月的第一个交易日收盘价，作为当天中国平安的买入价格，具体情况如下：

2021 年 7 月 1 日收盘价 56.6 元，2022 年 1 月 4 日收盘价 43.72 元，2022 年 7 月 1 日收盘价 40.53 元，2023 年 1 月 3 日收盘价 42.29 元，2023 年 7 月 3 日收盘价 44.82 元，2024 年 1 月 2 日收盘价 37.04 元，2024 年 7 月 1 日收盘价 39.19 元。按照上述时间点与价格，定投抄底一共买入 7 次。

如果采用等额定投策略，每次均买入 100 股，平均持仓成本约为 43.46 元，虽说没有抄到 35.19 元的历史大底，但按照当前中国平安 54.33 元的股价来计算，也收获了 25% 的投资收益率。

如果采用金字塔定投策略，也就是跌得越多，买得越多的抄底方法，比如我们设定：中国平安股价高于 50 元时，每次定投 100 股；股价低于 50 元后，每次定投 200 股；当股价低于 40 元后，每次定投 300 股，逐级递增。那么上述 7 次抄底后的平均持仓成本，就进一步下降为 =（56.6+43.72 × 2+40.53 × 2+42.29 × 2+44.82 × 2+37.04 × 3+39.19 × 3）/15=41.87 元，整体收益率提升至 29.76%。

无论以上哪种定投策略，都可以有效规避抄底过早的风险，从而有效应对估值中枢的变化。

### 4.13.3 方法判断不准？——宁缺毋滥

如果一只股票不适用于“两低一高”方法，或者用本方法无法判断它的买卖点，又该怎么办呢？

我的答案是放弃，宁缺毋滥！

**世界上不存在任何一种普适性的投资方法，如果有人说，他的投资方法针对任何股票、任何投资品均有效，那他肯定是个骗子。**每只股票的基本面都是不同的，在每个不同时间点上，投资者情绪、资金流动性、政策环境、估值水平、业绩预期可能均不相同，因此也不存在“一招鲜吃遍天”的投资方法。

全世界有无数的聪明人，每天的工作就是研究如何投资股票，如何找到一套真正有效的投资方法。各种各样的方法，涵盖了分析、选股、买入、持有、卖出等各个环节，基本上我们能想到的，都有人展开研究。

但市场是复杂多变的。短期内，投资者情绪是影响行情波动的主要因素，而最难把握的恰恰就是人心。长期来看，企业基本面、行业竞争、技术变革、宏观经济环境等诸多因素相互作用、相互影响，共同左右了股价走势，这些因素交织在一起，展现出股市的复杂性特征。

“两低一高”的应用，必须建立在对公司基本面的详尽分析基础之上，我们只需把它用在那些我们更了解、判断准确率更高的股票上，就足够了。每个人只能赚自己认知范围内的钱，一定要记住，贪多嚼不烂。

如果经过我们的分析，一只股票不属于“两低一高”的应用范围，那么就代表这种方法对它是失效的，一个失效的方法，并不能保证帮助你获益，反而还有可能产生误导，从而导致投资失败。

又或者一只股票的估值指标相互矛盾，并不符合“两低一高”的买入标准，但你比较看好它，觉得现在是一个良好的买入时机，那么对我个人的选择而言，我不会买这只股票，哪怕未来它的股价真的上涨了，我也不觉得可惜，因为上涨的背后，也隐含着下跌的风险。

A 股市场有 5000 多只股票，而我们的钱只有一份，你买其中一只股票，就代表这笔钱放弃了其他股票的买入机会，**所以说接受放弃、学会放弃、拥抱放弃，是我们投资成长之路上的必修课。**

我们会因为错过一些买入机会而少赚收益；同时也会因为错过一些买入机会而减少亏损。只在确定性高的时候下注，才是有效提高投资胜率、避免投资亏损的关键原则。

### 4.13.4　方法过于机械？——熟练后灵活变通

为了让大家更容易理解低买高卖的本质，我尽可能简化了方法的表现形式，以“低 PE、低 PB、高股息率”的形式出现，但它的弊端就是使用过程有点机械。

前文我们讲过，周期型企业不宜使用 PE 指标估值，而成长型企业的 PB 指标往往也是极高，并且 A 股大多数公司都不习惯于给股东提供高分红的股利回报，股息率往往也无法单独衡量公司价值。

所以如果生搬硬套低 PE、低 PB 与高股息率的标准，有可能会因为指标的无效性，而导致投资失败。

“两低一高”方法的本质，就是让我们可以在价格低于价值时买入，并在价格高于价值后卖出，但不同公司的价值呈现方式也并不相同，不能简单机械地将 PE、PB、股息率指标套在每一家公司身上。

比如对一些成长型的公司，PEG 指标可能是更好的选择；而对于一些暂时陷入亏损的企业，PS 指标由于不受净利润的影响，也能反映出企业价值的变化情况。

等我们熟练掌握方法后，就可以根据不同公司的特点，灵活调整指标的选用。

Value

第 5 章

# 投资工具箱：用得好，胜率翻倍

Investing

## 5.1 同花顺 APP 这样查估值指标

我的公众号后台留言中，有一类非常典型的问题是："请问老师，在哪里可以查看公司 / 指数的历史估值走势图？"

我发现，有太多的股民，只会看股价 K 线图，却从来不知道，估值也是有历史走势的。

以我多年与读者朋友的交流经验，A 股股民中有相当一部分人从来都没看过自己投资的公司的 PE、PB、股息率指标是多少，且大部分人不知道 PE、PB、股息率指标的历史走势如何看，不知道估值历史百分位是什么含义。

所以我要写个工具篇，来系统性地教会大家如何查看估值指标，否则你学会了我的"两低一高"方法，却找不到对应的历史估值数据，就好比学会了李寻欢的刀法，手里却没有飞刀，英雄无用武之地，一切都白玩。

首先打开同花顺 APP，并随便打开一只股票，这里我以伊利股份为例。

进入伊利股份股价分时图页面后，向下拖动，会出现"简况 F10"的选项，点击进入并再次点击"财务分析"，向下拖动，即可找到"估值走势"的内容。目前同花顺提供市盈率（PE）、市净率（PB）、市销率（PS）、市现率（PCF）四个估值指标的历史走势图，默认的统计区间为 1 年，我一般会改成 10 年，这样就能看到公司近 10 年对应的估值走势图了。

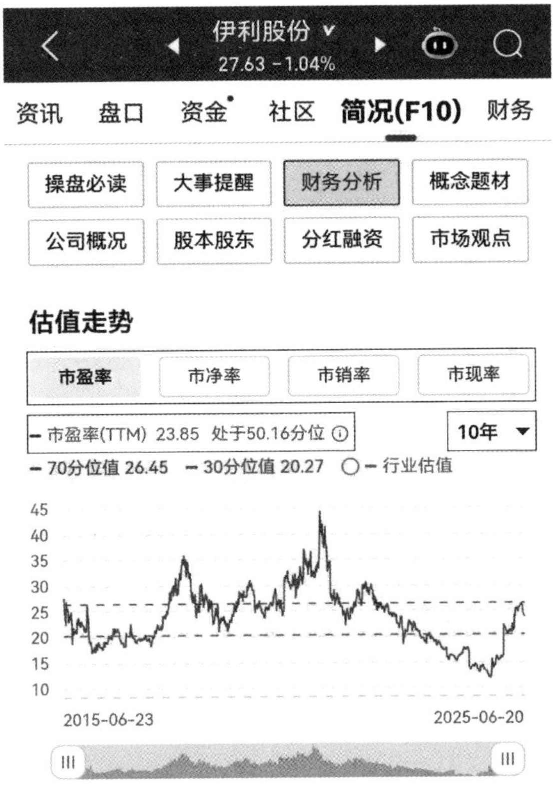


**图 5-1-1　伊利股份市盈率走势图　底图来源：同花顺 APP**

可以看到目前 PE-TTM 为 23.85 倍，位于近 10 年历史 50.16% 的分位点，并且图中给出了 70% 分位点的 PE 估值为 26.45 倍，30% 分位点的 PE 估值为 20.27 倍，用来参考估值的高低相对位置。

同理，你们想看市净率、市销率或市现率指标，也是同样的方法，点击对应的估值按钮图标即可。注意，同花顺可选统计区间长度为 1 年、3 年、5 年和 10 年，最多只能看 10 年的时间长度，再长就没有了。

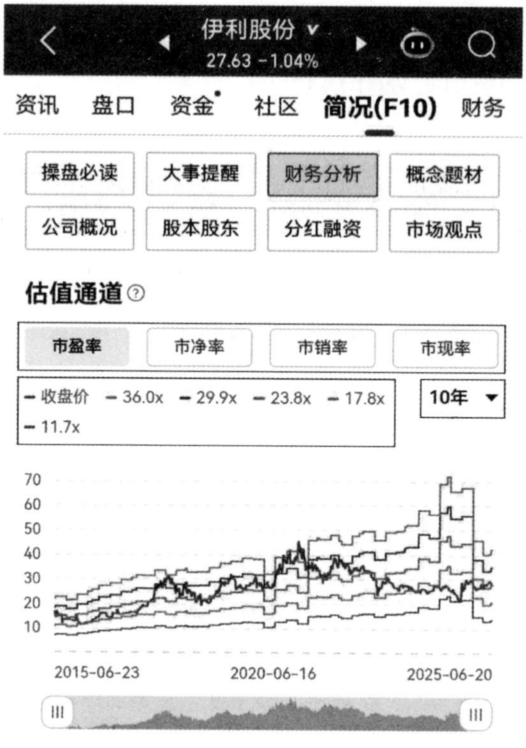


**图 5-1-2　伊利股份市盈率估值通道走势图　来源：同花顺 APP**

如果想看估值通道图，同花顺也提供这四个指标的相关数据，并给出了每个通道对应的估值指标情况，同样，时间别忘记选 10 年。

如果想看股息率走势，那么在“简况 F10”中点击“分红融资”，向下拖动即可找到“股息率”走势图。同样默认统计区间为 1 年，拖动下方的时间拉杆拉到最左边，即可查看最长的 10 年股息率走势图。注意，同花顺 APP 给出的股息率指标为静态股息率，具体指标要点击图中的对应位置才能查看。

查看港股、美股相关数据：港股我只找到了查看 PE/PS/PCF 指标的方法，没找到股息率的历史走势，而美股则同样都没找到，可能是我们的行情交易软件没有全面接入港股、美股的数据系统吧。

图 5-1-3　伊利股份股息率走势图　底图来源：同花顺 APP

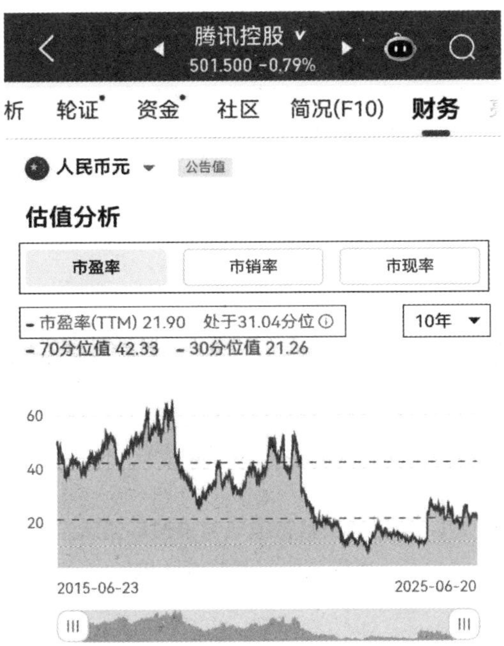


图 5-1-4　腾讯控股市盈率走势图　底图来源：同花顺 APP

以腾讯为例，要找到它的“财务”指标，点击后下拉，找到估值分析，即可查看对应的估值指标历史走势图，同样别忘记要改时间。

以上是查看个股估值的方法。同样，各大 A 股指数的估值也是有历史数据走势图的。以上证指数为例：

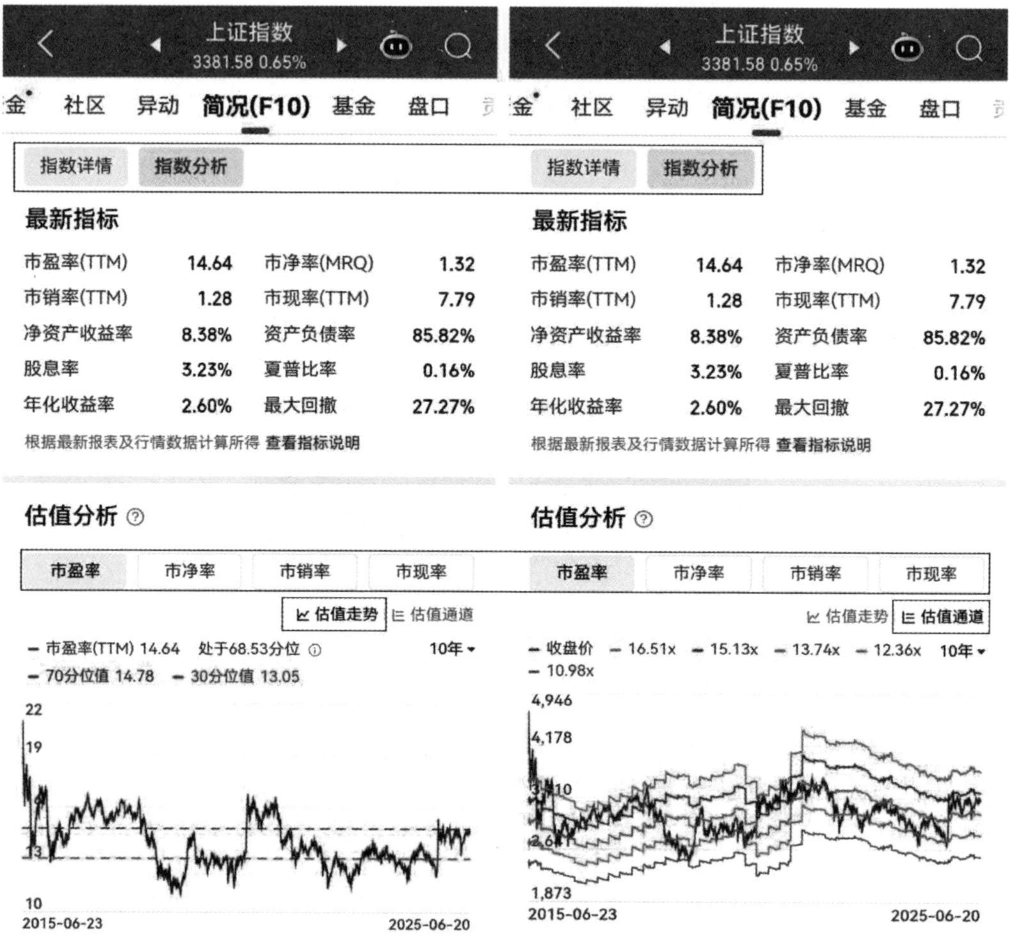


图 5-1-5 上证指数市盈率与市盈率通道走势图

底图来源：同花顺 APP

进入上证指数的股价分时图，下滑找到“简况 F10”，并点击“指数分析”，下滑即可找到“估值分析”走势图，具体功能与个股是完全相同的。不同点在于，对于指数的估值分析，多了一个按钮叫作“估值通道”，其实就是我们前文写过的通道图，点进去即可查看四大估值指标的五档估值通道图，时间同样建议选 10 年，这样就能看到它相对估值位置的高低，非常直观。“股息率”走势图就在“估值分析”的下面，我就不截图展示了。

最后注意，**如果你想看自己买的 ETF 的估值，那是看不到的，因为 ETF 没有估值指标，只能看它跟踪指数的估值情况。**这个问题由于读者朋友问得较多，特此解释一下。

## 5.2　投资数据网："两低一高"分析利器

我自己日常跟踪股票估值数据，都是用的投资数据网，这是一个付费数据网站，我自己的使用体验是非常好的。免费看估值的方法，在上一节已经教大家了，下面我以投资数据网为例来讲讲如何用专业的付费数据网站来分析“两低一高”的价值买卖点。

这里包括公司、行业、指数、基金、市场、宏观、转债、投研等相关内容，可以查询各种资料并配备分析工具，内容太多，感兴趣的朋友可以自行挖掘。这里我以美的集团为例，讲讲如何用投资数据网来分析“两低一高”的投资买卖点。

进入网站后，我们可以在右上角搜索股票、指数、行业、基金的名称，进入分析页面。直接输入“美的集团”，就会弹出美的集团 A 股与港股两个选项，点击“美的集团 000333”，就会进入它的分析页面。

图 5-2-1　投资数据网主页截图　来源：投资数据网

图 5-2-2　投资数据网美的集团分析页面截图（一）　来源：投资数据网

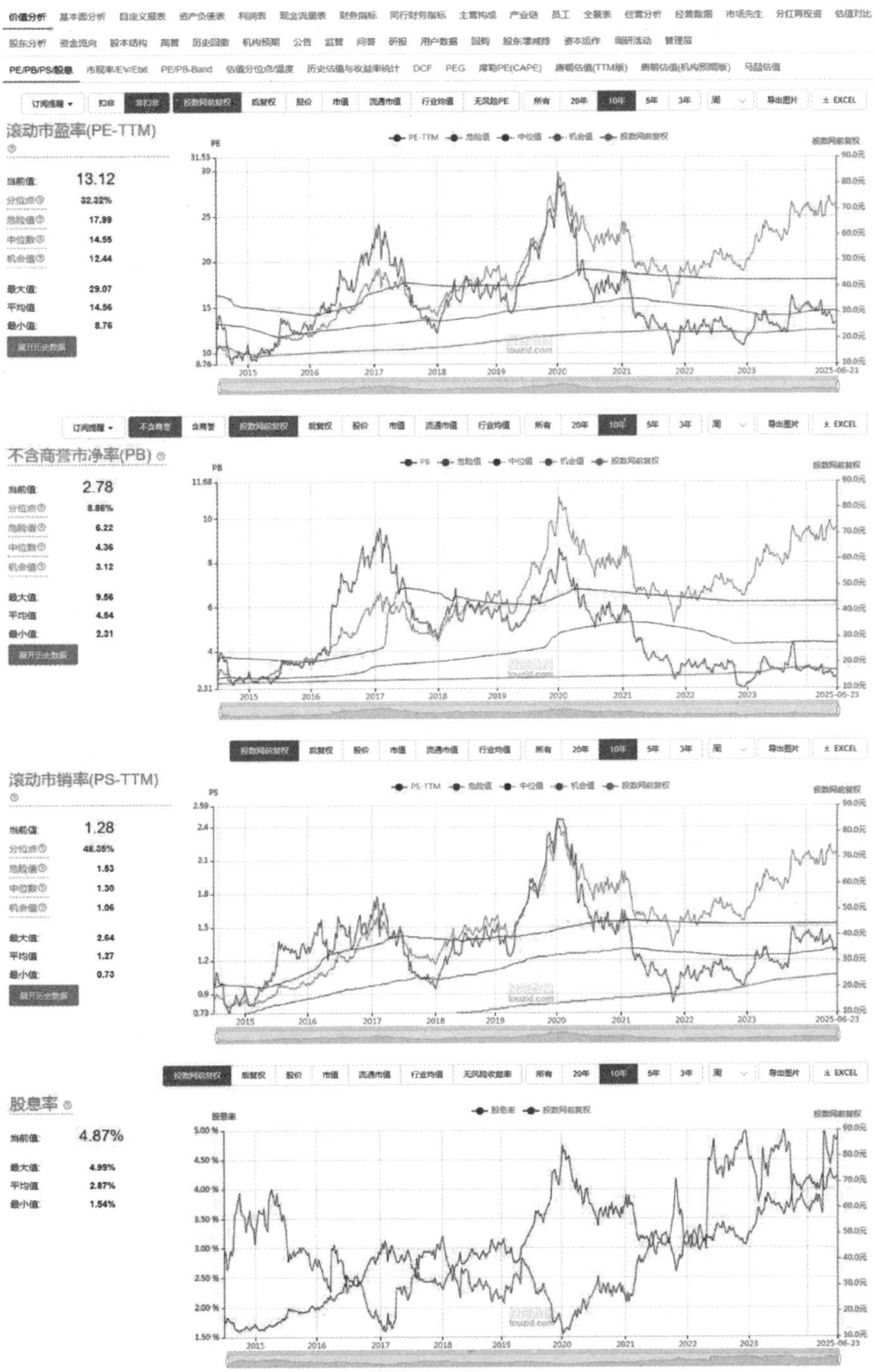


**图 5-2-3　投资数据网美的集团分析页面截图（二）　底图来源：投资数据网**

第一部分是它的基本情况介绍，包括上市时间、股价、总股本、市值、股东人数；今年、最近 1 年、3 年、5 年、10 年、上市至今的年化收益率；以及它目前的 PE、PB、PS、股息率估值指标，所属行业和指数情况等。

第二部分是它的一级菜单栏，包括绝大多数公司的基本信息，你想要查阅公司的绝大多数数据，在这些选项中均可找到。**我自己最常用的有价值分析、三大财务报表、机构预期、公告和研报这 5 大项。**

其中，价值分析是最主要的功能，用来看公司估值。图中我们可以看到美的集团的各种估值指标历史走势图，包括 PE、PB、PS、股息率，展示估值指标的当前数值、分位点、最大值、平均值、最小值等，并可以自由选择时间长度、计算方式，与公司股价作直观对比，辅助我们的投资决策。

在 PE/PB-Band 菜单下可以看前文我讲过的估值通道图，同时网站自带了一些基础估值模型，如 DCF、PEG、席勒 PE、唐朝估值等，感兴趣的朋友可以自行研究一下，不过网站给的估值模型比较机械，不明白原理的话，不建议生搬硬套。

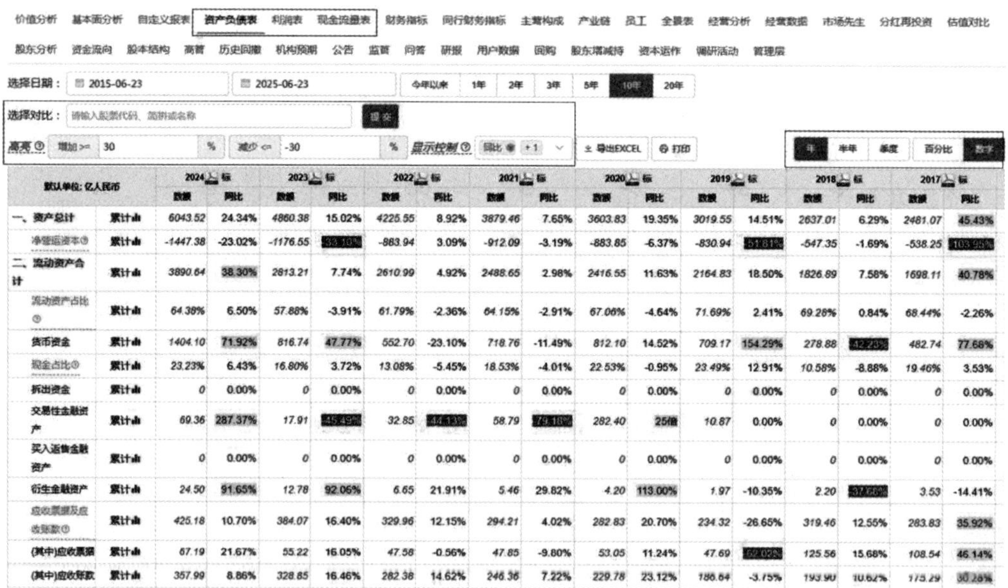


| 默认单位：亿人民币 | | 2024 | | 2023 | | 2022 | | 2021 | | 2020 | | 2019 | | 2018 | | 2017 | |
|---|---|---|---|---|---|---|---|---|---|---|---|---|---|---|---|---|---|
| | | 数额 | 同比 | 数额 | 同比 | 数额 | 同比 | 数额 | 同比 | 数额 | 同比 | 数额 | 同比 | 数额 | 同比 | 数额 | 同比 |
| 一、资产总计 | 累计 | 6043.52 | 24.34% | 4860.38 | 15.02% | 4225.55 | 8.92% | 3879.46 | 7.65% | 3603.83 | 19.35% | 3019.55 | 14.51% | 2637.01 | 6.29% | 2481.07 | 45.43% |
| 净营运资本 | 累计 | -1447.38 | -23.02% | -1176.55 | 33.10% | -883.94 | 3.09% | -912.09 | -3.19% | -883.85 | -6.37% | -830.94 | 51.81% | -547.35 | -1.69% | -538.25 | 103.95% |
| 二、流动资产合计 | 累计 | 3890.64 | 38.30% | 2813.21 | 7.74% | 2610.99 | 4.92% | 2488.65 | 2.98% | 2416.55 | 11.63% | 2164.83 | 18.50% | 1826.89 | 7.58% | 1698.11 | 40.78% |
| 流动资产占比 | 累计 | 64.38% | 6.50% | 57.88% | -3.91% | 61.79% | -2.36% | 64.15% | -2.91% | 67.06% | -4.64% | 71.69% | 2.41% | 69.28% | 0.84% | 68.44% | -2.26% |
| 货币资金 | 累计 | 1404.10 | 71.92% | 816.74 | 47.77% | 552.70 | -23.10% | 718.76 | -11.49% | 812.10 | 14.52% | 709.17 | 154.29% | 278.88 | 42.23% | 482.74 | 77.68% |
| 现金占比 | 累计 | 23.23% | 6.43% | 16.80% | 3.72% | 13.08% | -5.45% | 18.53% | -4.01% | 22.53% | -0.95% | 23.49% | 12.91% | 10.58% | -8.88% | 19.46% | 3.53% |
| 拆出资金 | 累计 | 0 | 0.00% | 0 | 0.00% | 0 | 0.00% | 0 | 0.00% | 0 | 0.00% | 0 | 0.00% | 0 | 0.00% | 0 | 0.00% |
| 交易性金融资产 | 累计 | 69.36 | 287.37% | 17.91 | 45.49% | 32.85 | 44.13% | 58.79 | 79.18% | 282.40 | 25倍 | 10.87 | 0.00% | 0 | 0.00% | 0 | 0.00% |
| 买入返售金融资产 | 累计 | 0 | 0.00% | 0 | 0.00% | 0 | 0.00% | 0 | 0.00% | 0 | 0.00% | 0 | 0.00% | 0 | 0.00% | 0 | 0.00% |
| 衍生金融资产 | 累计 | 24.50 | 91.65% | 12.78 | 92.06% | 6.65 | 21.91% | 5.46 | 29.82% | 4.20 | 113.00% | 1.97 | -10.35% | 2.20 | 37.68% | 3.53 | -14.41% |
| 应收票据及应收账款 | 累计 | 425.18 | 10.70% | 384.07 | 16.40% | 329.96 | 12.15% | 294.21 | 4.02% | 282.83 | 20.70% | 234.32 | -26.65% | 319.46 | 12.55% | 283.83 | 35.92% |
| (其中)应收票据 | 累计 | 67.19 | 21.67% | 55.22 | 16.05% | 47.58 | -0.56% | 47.85 | -9.80% | 53.05 | 11.24% | 47.69 | 62.02% | 125.56 | 15.68% | 108.54 | 46.14% |
| (其中)应收账款 | 累计 | 357.99 | 8.86% | 328.85 | 16.46% | 282.38 | 14.62% | 246.36 | 7.22% | 229.78 | 23.12% | 186.64 | -3.75% | 193.90 | 10.62% | 175.29 | 30.28% |

图 5-2-4　投资数据网美的集团分析页面截图（三）　来源：投资数据网

资产负债表、利润表、现金流量表是查看财务数据的报表，这里以资产负债表为例，我们可以按年度、半年度或季度来看相关数据，可以与其他公司作对比，也可以显示同比或环比变动情况，并自行设置条件，高亮一些变化较大的指标项。

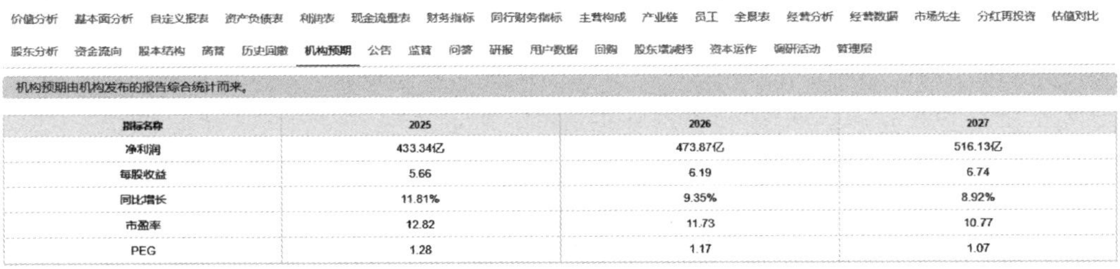


| 指标名称 | 2025 | 2026 | 2027 |
| --- | --- | --- | --- |
| 净利润 | 433.34亿 | 473.87亿 | 516.13亿 |
| 每股收益 | 5.66 | 6.19 | 6.74 |
| 同比增长 | 11.81% | 9.35% | 8.92% |
| 市盈率 | 12.82 | 11.73 | 10.77 |
| PEG | 1.28 | 1.17 | 1.07 |

**图 5-2-5　投资数据网美的集团分析页面截图（四）　来源：投资数据网**

机构预期数据是网站综合研究机构的报告结果取平均值后得出的未来 3 年业绩预测，帮助投资者判断未来业绩变化方向。从上图中能看到，机构预测美的集团 2025 年至 2027 年的净利润指标分别为：433.34 亿元、473.87 亿元、516.13 亿元。

| | 公告时间 | 标题 | 种类 |
| --- | --- | --- | --- |
| 1 | 2025-06-18 | 关于首次实施以集中竞价交易方式回购A股股份的公告(227K PDF) | 股权变动 |
| 2 | 2025-06-17 | 关于以集中竞价方式回购公司A股股份方案的报告书(383K PDF) | 股权变动 |
| 3 | 2025-06-13 | 董事会薪酬与考核委员会关于公司股权激励相关事项的核查意见(424K PDF) | 董事会 |
| 4 | 2025-06-13 | 第五届董事会第九次会议决议公告(586K PDF) | 董事会 |
| 5 | 2025-06-13 | 根据2025年H股股份奖励计划的奖励授予(310K PDF) | 日常运营 |
| 6 | 2025-06-13 | 北京市嘉源律师事务所关于美的集团第八期股权激励计划相关事项调整、注销到期未行权期权及行权相关事项的法律意见书(388K PDF) | 中介报告 |
| 7 | 2025-06-13 | 北京市嘉源律师事务所关于美的集团2021年限制性股票激励计划解锁、回购价格调整及回购注销部分限制性股票的法律意见书(646K PDF) | 中介报告 |
| 8 | 2025-06-13 | 北京市嘉源律师事务所关于美的集团2022年限制性股票激励计划解锁、回购价格调整及回购注销部分限制性股票的法律意见书(648K PDF) | 中介报告 |
| 9 | 2025-06-13 | 北京市嘉源律师事务所关于美的集团2023年限制性股票激励计划解锁、回购价格调整及回购注销部分限制性股票的法律意见书(582K PDF) | 中介报告 |
| 10 | 2025-06-13 | 北京市嘉源律师事务所关于美的集团第五期股权激励计划注销到期未行权期权相关事项的法律意见书(332K PDF) | 中介报告 |
| 11 | 2025-06-13 | 北京市嘉源律师事务所关于美的集团第九期股权激励计划相关事项调整、注销到期未行权期权及行权相关事项的法律意见书(389K PDF) | 中介报告 |
| 12 | 2025-06-13 | 关于调整股权激励计划行权价格和回购价格的公告(453K PDF) | 股权激励 |
| 13 | 2025-06-13 | 关于调整公司第八期股票期权激励计划的激励对象名单及期权数量的公告(358K PDF) | 股权激励 |
| 14 | 2025-06-13 | 关于注销第五期股票期权激励计划预留授予第四个行权期已到期未行权股票期权的公告(554K PDF) | 股权激励 |
| 15 | 2025-06-13 | 关于对2021年、2022年和2023年限制性股票激励计划部分激励股份回购注销的公告(531K PDF) | 股权激励 |

**图 5-2-6　投资数据网美的集团分析页面截图（五）　来源：投资数据网**

公告一栏可以查询上市公司发布的所有公告，在这里可以查看财务报告、业绩预告、股权变动（增持或减持）等内容，所有规定上市公司需要披露的信息，我们都可以在公告中找到。

公司研报 行业研报 公司问答

| 股票代码 | 股票名称 | 报告时间 | 研报标题 | 机构名称 | 作者 | 观点 |
|---|---|---|---|---|---|---|
| 000333.sz | 美的集团 | 2025-05-07 | 美的集团（000333）：2025年一季报点评：营收利润双高增，拟分拆安得智联H股上市(5页) | 西南证券 | 龚梦泓 | 买入 |
| 000333.sz | 美的集团 | 2025-05-07 | 美的集团（000333）：美的集团：2025Q1业绩超预期高增，收购Teka全球布局加速(5页) | 太平洋 | 孟昕,赵梦菲,金桐羽 | 买入 |
| 000333.sz | 美的集团 | 2025-05-05 | 美的集团（000333）：美的集团25Q1点评：超市场预期(4页) | 华安证券 | 邓欣,唐楚彦 | 买入 |
| 000333.sz | 美的集团 | 2025-05-02 | 美的集团（000333）：公司信息更新报告：2025Q1业绩超预期，B端及C端外销快速增长(5页) | 开源证券 | 吕明,周嘉乐,陈怡仲 | 买入 |
| 000333.sz | 美的集团 | 2025-05-01 | 美的集团（000333）：营收业绩大超预期，家电&To B业务高增(3页) | 天风证券 | 孙谦,赵嘉宁 | 买入 |
| 000333.sz | 美的集团 | 2025-04-30 | 美的集团（000333）：大象起舞，全球化和2B转型卓有成效(19页) | 中国银河 | 何伟,刘立思,杨策 | 买入 |
| 000333.sz | 美的集团 | 2025-04-30 | 美的集团（000333）：2025年一季报点评：持续拓展全球，推动数智驱动(3页) | 东莞证券 | 魏红梅 | 增持 |
| 000333.sz | 美的集团 | 2025-04-03 | 美的集团（000333）：2024年业绩符合预期；B端业务加速及政策支持，2025年业绩预期正面(6页) | 交银国际证券 | 谭星子 | 买入 |
| 000333.sz | 美的集团 | 2025-04-03 | 美的集团（000333）：业绩稳步增长，分红持续提升(5页) | 中邮证券 | 杨维维 | 买入 |
| 000333.sz | 美的集团 | 2025-04-01 | 美的集团（000333）：公司信息更新报告：分红比例超预期，2024年业绩完美收官(10页) | 开源证券 | 吕明,周嘉乐,陈怡仲 | 买入 |
| 000333.sz | 美的集团 | 2025-03-31 | 美的集团（000333）：2024年报点评：海外持续拉动增长，大规模回购+分红回报股东(6页) | 国信证券 | 陈伟奇,王兆康,邹会阳 | 增持 |
| 000333.sz | 美的集团 | 2025-03-31 | 美的集团（000333）：美的集团2024年报点评：非经波动，激励积极(4页) | 华安证券 | 邓欣,唐楚彦 | 买入 |
| 000333.sz | 美的集团 | 2025-03-31 | 美的集团（000333）：美的集团：2024Q4业绩双位数增长，海外加速，高分红超预期(5页) | 太平洋 | 孟昕,赵梦菲,金桐羽 | 买入 |
| 000333.sz | 美的集团 | 2025-03-30 | 美的集团（000333）：海外全速发力，注重稳健发展和股东回报(18页) | 中国银河 | 何伟,刘立思,杨策 | 买入 |

图 5-2-7　投资数据网美的集团研报页面截图　来源：投资数据网

最后是研报功能，网站收集了部分相关公司与行业的研究报告，是一个非常好的信息来源，建议只看最近 1 年、页数大于 20 页的深度研究报告即可。

图 5-2-8　投资数据网美的集团分析页面截图（六）　来源：投资数据网

那么如何用投资数据网制作直观的“两低一高”分析图呢？在最上方菜单栏有个分析菜单，在里面我们可以创建自己的分析模型。

如上图所示，我们可以搜索想要分析的目标，包括 A 股、港股、美股、指数、行业、基金等，这里我搜索并添加了四个美的集团的指标：前复权股价、扣非滚动市盈率、不含商誉市净率、股息率，具体指标内容可以自行设置。

**图 5-2-9　投资数据网美的集团分析页面截图（七）　来源：投资数据网**

这样我们就得到了一张 10 年时间范围内的、将以上四个指标走势叠加在一起的分析图，图中能很清晰地看到，“两低一高”的时间，往往也是公司股价相对较低的时间点，而“两高一低”的位置，与股价见顶的点位一一对应。

以上就是使用投资数据网来分析“两低一高”的方法演示，受限于篇幅，这里我只讲了个大概的思路，如果各位感兴趣，可以去实操一下。当然除了投资数据网外，我也用过理杏仁、萝卜投研、choice 等，都是很好用的投资研究工具。

最后我再强调一下，工具只是提升我们分析效率、辅助投资决策的帮手，最终还是要依靠自身的认知来主动决策，切不可被工具蒙蔽了双眼。

## 5.3 秘塔 AI+DeepSeek 搜研报

秘塔 AI 搜索是秘塔科技旗下的搜索产品，在简洁无广告的界面下，结合 DeepSeek 的长思考技术，可以通过精准的关键词匹配，实现高效的信息搜索功能。秘塔 AI 搜索具备如下优点：

首先，它支持自定义搜索范围，例如全网、文库、学术（包括中文数据库和英文数据库），这就能在更精准、更专业的范围内，完成信息的智能检索，并给出具体的资料来源供我们查看，这样可以大大降低大模型自身产生的 AI 幻觉，提高搜索结果的质量，避免被当前充斥在互联网上的海量垃圾信息所影响。

图 5-3-1　秘塔 AI 搜索页面截图（一）

可能很多人都不知道，现在做 AI 信息源污染都已经成为一个创业方向了，通过被污染的信息，为业务导流，就是这种商业模式的变现方式。所以我们在使用

AI 工具时，一定要注意对信息来源的筛选。

同时，它也支持搜索图片、视频、播客这类非文本类资料，可以满足特定的搜索需求。

其次，它支持简洁搜索、深入搜索与研究搜索三种模式。其中研究搜索分为先想后搜与先搜后扩，前者先由模型根据问题，整理思考框架，再完成搜索并整合资料；后者则是先搜索信息，再扩展延伸得到完整资料。

图 5-3-2　秘塔 AI 搜索页面截图（二）

我自己常用秘塔 AI 搜集投资目标的研报信息。研报是丰富的知识库、信息库和资料库，是分析师智慧的结晶。深度分析研报的内容，我们会发现其系统性、逻辑性和完备性远胜于其他碎片化的信息获取渠道，是投资者重要的参考资料。

这里我一般会选择 DeepSeek-R1 模型，进行长思考搜索，结合需求，选择不同的模式与搜索范围，在得到回答的同时，我们可以查看秘塔 AI 给出的详细信息来源。

这里我让秘塔 AI，帮我总结泡泡玛特的相关研报，结果如下：

请总结泡泡玛特的相关研报

基于多份研报的分析，泡泡玛特作为中国潮玩行业的龙头企业，其核心竞争力、市场表现及未来前景可总结如下：

## 一、行业地位与核心优势

1. **全产业链布局与IP运营能力**
泡泡玛特构建了覆盖IP孵化、设计、生产、销售的全产业链闭环，通过签约顶级艺术家（如Molly设计师王信明）、合作知名IP（如海绵宝宝）及自研团队持续扩充IP库，并延长经典IP生命周期（如Dimoo、Skullpanda）3 PDF 4 PDF 6 PDF。其IP运营能力被视为行业壁垒，2025年国金证券报告指出，公司通过内容化运营（如乐园、游戏）进一步挖掘IP变现潜力7 PDF。

2. **供应链与渠道优势**
   - **供应链效率**：突破行业"不可能三角"，实现快速上新（高频次补货）、高性价比（毛利率稳定在60%以上）及低库存7 PDF 12 PDF。
   - **全渠道覆盖**：线下零售店持续扩张（2025年预计海外门店大幅增加），线上渠道（天猫、抖音、小程序）增长迅猛，2023年线上收入占比显著提升3 PDF 7 PDF 1 PDF。机器人商店作为特色触点，增强消费者触达3 PDF。

3. **会员体系与用户黏性**
截至2021年，会员数达1142万，女性占比75%，高复购率（月收入8000-20000元用户占90%）和社区互动（如PTS展会线上化）强化用户粘性7 PDF 20 PDF。

由泡泡玛特看潮流玩具行业 全产业链构筑核心壁垒，强...
全流程高效IP赋能阿尔法彰显，渠道复苏潮玩龙头再起...
剖析泡泡玛特"吸金之术"
泡泡玛特(09992)内地篇：拨云见日，泡泡玛特的变与不...
潮流玩具：行业百舸争流，龙头浪遏飞舟
由泡泡玛特看潮流玩具行业 全产业链构筑核心壁垒，强...
泡泡玛特(09992)内地篇：拨云见日，泡泡玛特的变与不...
泡泡玛特（09992.HK）买入（首次评级）公司深度研究...
由泡泡玛特看潮流玩具行业 全产业链构筑核心壁垒，强...
泡泡玛特(09992)内地篇：拨云见日，泡泡玛特的变与不...

图 5-3-3　秘塔 AI 搜索页面截图（三）

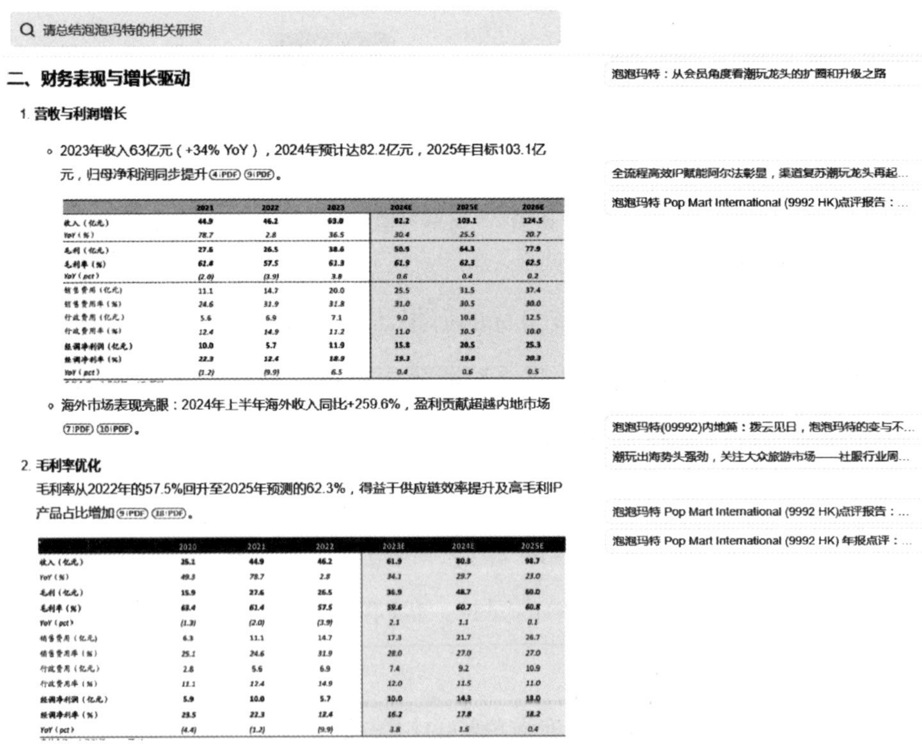

请总结泡泡玛特的相关研报

## 二、财务表现与增长驱动

1. **营收与利润增长**
   - 2023年收入63亿元（+34% YoY），2024年预计达82.2亿元，2025年目标103.1亿元，归母净利润同步提升4 PDF 9 PDF。

| | 2021 | 2022 | 2023 | 2024E | 2025E | 2026E |
|---|---|---|---|---|---|---|
| 收入（亿元） | 44.9 | 46.2 | 63.0 | 82.2 | 103.1 | 124.5 |
| YoY（%） | 78.7 | 2.8 | 36.5 | 30.4 | 25.5 | 20.7 |
| 毛利（亿元） | 27.6 | 26.5 | 38.6 | 50.9 | 64.3 | 77.9 |
| 毛利率（%） | 61.4 | 57.5 | 61.3 | 61.9 | 62.3 | 62.5 |
| YoY（pct） | (2.0) | (3.9) | 3.8 | 0.6 | 0.4 | 0.2 |
| 销售费用（亿元） | 11.1 | 14.7 | 20.0 | 25.5 | 31.5 | 37.4 |
| 销售费用率（%） | 24.6 | 31.9 | 31.8 | 31.0 | 30.5 | 30.0 |
| 行政费用（亿元） | 5.6 | 6.9 | 7.1 | 9.0 | 10.8 | 12.5 |
| 行政费用率（%） | 12.4 | 14.9 | 11.2 | 11.0 | 10.5 | 10.0 |
| 经调净利润（亿元） | 10.0 | 5.7 | 11.9 | 15.8 | 20.5 | 25.3 |
| 经调净利率（%） | 22.3 | 12.4 | 18.9 | 19.3 | 19.8 | 20.3 |
| YoY（pct） | (1.2) | (9.9) | 6.5 | 0.4 | 0.6 | 0.5 |

   - 海外市场表现亮眼：2024年上半年海外收入同比+259.6%，盈利贡献超越内地市场7 PDF 10 PDF。

2. **毛利率优化**
毛利率从2022年的57.5%回升至2025年预测的62.3%，得益于供应链效率提升及高毛利IP产品占比增加9 PDF 18 PDF。

| | 2020 | 2021 | 2022 | 2023E | 2024E | 2025E |
|---|---|---|---|---|---|---|
| 收入（亿元） | 25.1 | 44.9 | 46.2 | 61.9 | 80.3 | 98.7 |
| YoY（%） | 49.3 | 78.7 | 2.8 | 34.1 | 29.7 | 23.0 |
| 毛利（亿元） | 15.9 | 27.6 | 26.5 | 36.9 | 48.7 | 60.0 |
| 毛利率（%） | 63.4 | 61.4 | 57.5 | 59.6 | 60.7 | 60.8 |
| YoY（pct） | (1.3) | (2.0) | (3.9) | 2.1 | 1.1 | 0.1 |
| 销售费用（亿元） | 6.3 | 11.1 | 14.7 | 17.3 | 21.7 | 26.7 |
| 销售费用率（%） | 25.1 | 24.6 | 31.9 | 28.0 | 27.0 | 27.0 |
| 行政费用（亿元） | 2.8 | 5.6 | 6.9 | 7.4 | 9.2 | 10.9 |
| 行政费用率（%） | 11.1 | 12.4 | 14.9 | 12.0 | 11.5 | 11.0 |
| 经调净利润（亿元） | 5.9 | 10.0 | 5.7 | 10.0 | 14.3 | 18.0 |
| 经调净利率（%） | 23.5 | 22.3 | 12.4 | 16.2 | 17.8 | 18.2 |
| YoY（pct） | (4.4) | (1.2) | (9.9) | 3.8 | 1.6 | 0.4 |

泡泡玛特：从会员角度看潮玩龙头的扩圈和升级之路
全流程高效IP赋能阿尔法彰显，渠道复苏潮玩龙头再起...
泡泡玛特 Pop Mart International (9992 HK)点评报告：...
泡泡玛特(09992)内地篇：拨云见日，泡泡玛特的变与不...
潮玩出海势头强劲，关注大众旅游市场——社服行业周...
泡泡玛特 Pop Mart International (9992 HK)点评报告：...
泡泡玛特 Pop Mart International (9992 HK) 年报点评：...

图 5-3-4　秘塔 AI 搜索页面截图（四）

**图 5-3-5　秘塔 AI 搜索页面截图（五）**

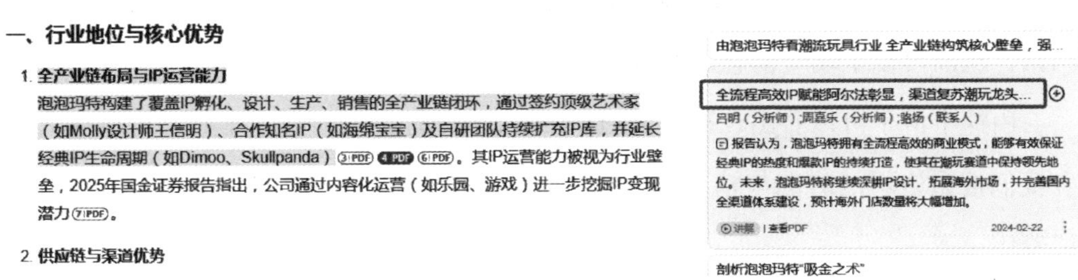


**图 5-3-6　秘塔 AI 搜索页面截图（六）**

截图左侧给出的是对于泡泡玛特这家公司的分析总结回答，右侧则给出了具体的资料来源，方便我们查看。

当我点击右侧信息来源时，会显示对应资料的简单总结，并提供对应的 PDF 文件。我们可以点击查看 PDF，就能跳转到具体资料的全部内容。

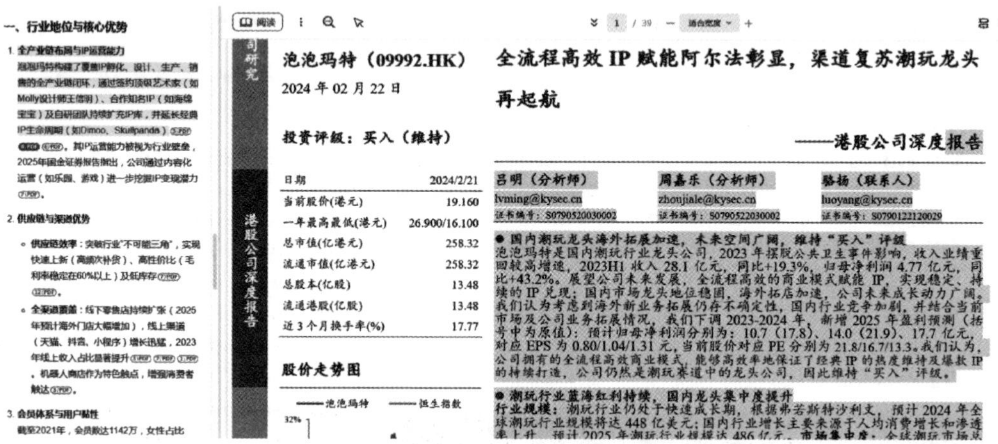


图 5-3-7　秘塔 AI 搜索页面截图（七）

可以看到这是一篇由 39 页内容组成的深度研究报告，内容翔实，对于投资泡泡玛特具有较高的参考价值。

回答的最后，秘塔 AI 会给出所有参考资料的来源，便于我们点击查看、追根溯源，毕竟投资的参考信息要求专业且可靠。在来源的右侧，有一个“管理”按钮，在这里我们可以添加网页来源偏好，设置希望优先显示的网站以及屏蔽特定网站，从而可以手动对信息来源进行过滤。

由这个例子可以看出，秘塔 AI 是一款高效的辅助投研搜索工具，可以大大节省我们搜索资料的时间与精力，提高投资参考资料的专业度与精准度，建议大家试着用一下。

Q 请总结泡泡玛特的相关研报

来源 管理

1. PDF 泡泡玛特（09992.HK）买入（首次评级）公司深度研究证券研究报告. 国金证券研究所.[2025-04-02]

2. PDF 泡泡玛特（9992.HK）: 3Q24收入增速再次大超预期，预示公司进一步推动IP全球化变现. 林闻嘉等. [2024-10-23]

3. PDF 由泡泡玛特看潮流玩具行业 全产业链构筑核心壁垒，强渠道能力先发优势明显. 华创证券研究所. [2020-07-17]

4. PDF 全流程高效IP赋能阿尔法彰显，渠道复苏潮玩龙头再起航——港股公司深度报告. 吕明（分析师）等.[2024-02-22]

5. PDF 从泡泡玛特看潮玩零售发展. 王薇娜.[2020-06-11]

6. PDF 剖析泡泡玛特"吸金之术". 刘文正.[2020-06-14]

7. PDF 泡泡玛特(09992)内地篇：拨云见日，泡泡玛特的变与不变——泡泡玛特深度报告系列（一）. 马莉等.[2023-11-04]

8. PDF 泡泡玛特（09992.HK）新股分析. 华金证券.[2020-12-06]

9. PDF 泡泡玛特 Pop Mart International (9992 HK)点评报告：收入利润新高，分红彰显信心 Review Report: Revenue and Profit Hitting New Record, Dividend Showing Strong Confidence. 汪立亭 Liting Wang 李宏科 Hongke Li 胡佳璐 Rebecca Hu et al.[2024-03-21]

10. PDF 潮玩出海势头强劲，关注大众旅游市场——社服行业周报（2024.08.19-08.23）. 翟宁馨. [2024-08-25]

11. PDF 泡泡玛特：21H1业绩前瞻：线上线下、新老IP多点开花，供应链持续改善，业绩翻倍可期. Feng Cui et al.[2021-08-16]

12. PDF 潮流玩具：行业百舸争流，龙头浪遏飞舟. 冯翠婷SAC执业证书编号：S et al.[2021-06-24]

13. PDF 9992.HK 泡泡玛特 潮玩"C位"的黄金年代. 兴业证券.[2021-01-23]

14. PDF 泡泡玛特 21H1业绩前瞻：线上线下、新老IP多点开花，供应链持续改善，业绩翻倍可期. 冯翠婷. [2021-08-15]

15. PDF 泡泡玛特（9992.HK）: IP 渠道双赋能，十年铸剑引领潮玩新体验. 花小伟.[2021-04-20]

16. PDF 潮玩专题：从泡泡玛特上市看潮玩发展. 史凡可等.[2020-12-06]

17. PDF 从泡泡玛特潮流玩具展看潮玩行业的黄金时代——潮玩盲盒行业深度报告之二. 徐春潇.[2020-11-18]

图 5-3-8　秘塔 AI 搜索页面截图（八）

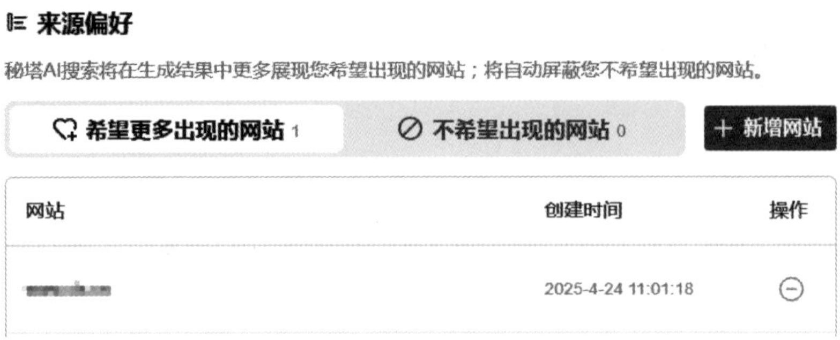


图 5-3-9　秘塔 AI 搜索页面截图（九）

## 5.4　Kimi+DeepSeek 提炼重点

当我们用秘塔 AI 搜索到一篇好研报，而自己又没有太多时间详细阅读时，就可以利用 Kimi 来帮我们总结提炼研报资料。

Kimi 是月之暗面科技有限公司出品的一款智能助手，是全球首个支持输入 20 万汉字的 AI 大模型产品，其主要优势就在于对长文本的处理能力，目前它最高支持一次性处理高达 200 万字的文本信息，这在 AI 领域处于领先地位。

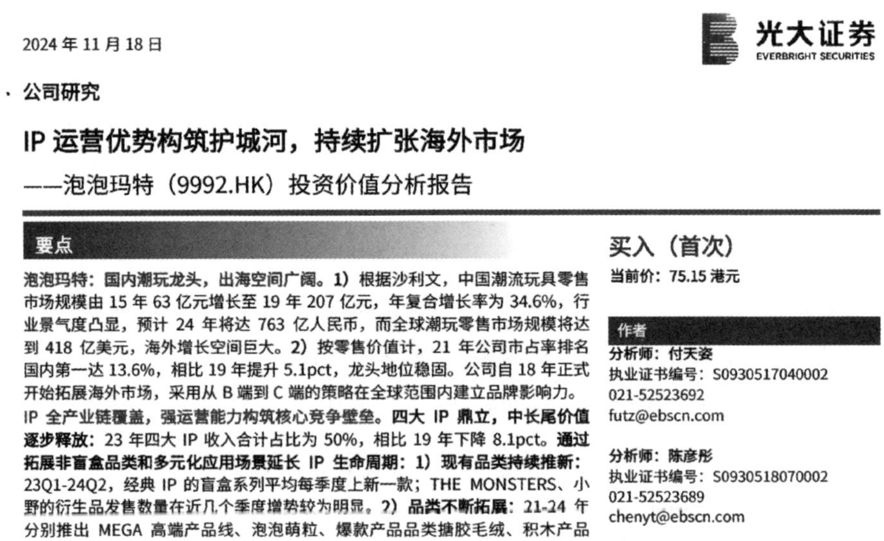

2024 年 11 月 18 日

光大证券 EVERBRIGHT SECURITIES

· 公司研究

**IP 运营优势构筑护城河，持续扩张海外市场**

——泡泡玛特（9992.HK）投资价值分析报告

**要点**

**泡泡玛特：国内潮玩龙头，出海空间广阔。1）**根据沙利文，中国潮流玩具零售市场规模由 15 年 63 亿元增长至 19 年 207 亿元，年复合增长率为 34.6%，行业景气度凸显，预计 24 年将达 763 亿人民币，而全球潮玩零售市场规模将达到 418 亿美元，海外增长空间巨大。**2）**按零售价值计，21 年公司市占率排名国内第一达 13.6%，相比 19 年提升 5.1pct，龙头地位稳固。公司自 18 年正式开始拓展海外市场，采用从 B 端到 C 端的策略在全球范围内建立品牌影响力。

**IP 全产业链覆盖，强运营能力构筑核心竞争壁垒。四大 IP 鼎立，中长尾价值逐步释放：**23 年四大 IP 收入合计占比为 50%，相比 19 年下降 8.1pct。**通过拓展非盲盒品类和多元化应用场景延长 IP 生命周期：1）现有品类持续推新：**23Q1-24Q2，经典 IP 的盲盒系列平均每季度上新一款；THE MONSTERS、小野的衍生品发售数量在近几个季度增势较为明显。**2）品类不断拓展：**21-24 年分别推出 MEGA 高端产品线、泡泡萌粒、爆款产品品类搪胶毛绒、积木产品

**买入（首次）**

**当前价：**75.15 港元

**作者**

**分析师：付天姿**
执业证书编号：S0930517040002
021-52523692
futz@ebscn.com

**分析师：陈彦彤**
执业证书编号：S0930518070002
021-52523689
chenyt@ebscn.com

图 5-4-1　一篇泡泡玛特的研究报告内容截图　资料来源：光大证券研究所

这里我准备了一篇泡泡玛特的研究报告，将它上传至 Kimi，让其帮我总结提炼这篇研究报告的大致内容。

图 5-4-2　**Kimi** 搜索页面截图（一）

得到的结果如下：

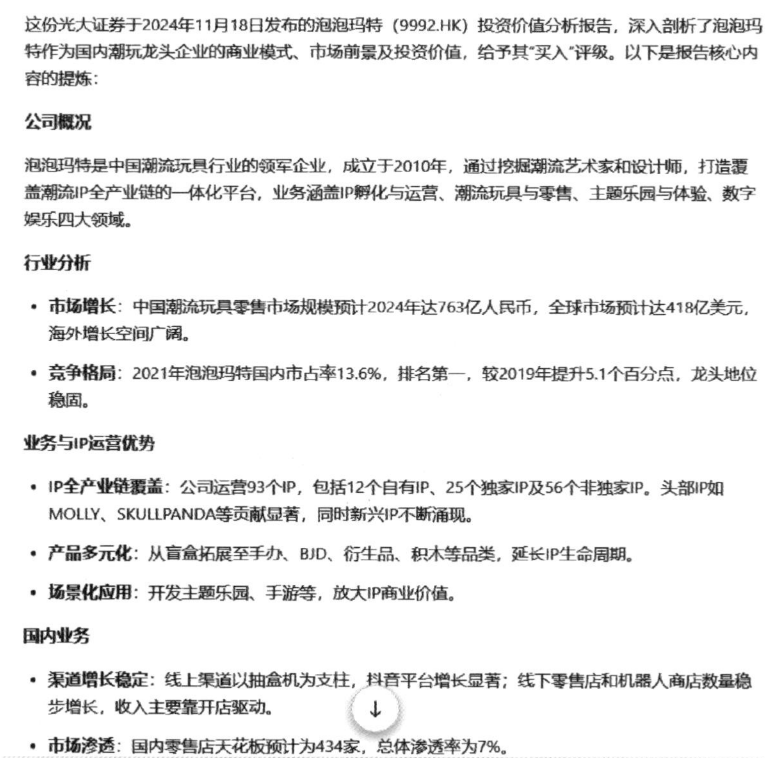

这份光大证券于2024年11月18日发布的泡泡玛特（9992.HK）投资价值分析报告，深入剖析了泡泡玛特作为国内潮玩龙头企业的商业模式、市场前景及投资价值，给予其"买入"评级。以下是报告核心内容的提炼：

**公司概况**

泡泡玛特是中国潮流玩具行业的领军企业，成立于2010年，通过挖掘潮流艺术家和设计师，打造覆盖潮流IP全产业链的一体化平台，业务涵盖IP孵化与运营、潮流玩具与零售、主题乐园与体验、数字娱乐四大领域。

**行业分析**

- **市场增长**：中国潮流玩具零售市场规模预计2024年达763亿人民币，全球市场预计达418亿美元，海外增长空间广阔。
- **竞争格局**：2021年泡泡玛特国内市占率13.6%，排名第一，较2019年提升5.1个百分点，龙头地位稳固。

**业务与IP运营优势**

- **IP全产业链覆盖**：公司运营93个IP，包括12个自有IP、25个独家IP及56个非独家IP。头部IP如MOLLY、SKULLPANDA等贡献显著，同时新兴IP不断涌现。
- **产品多元化**：从盲盒拓展至手办、BJD、衍生品、积木等品类，延长IP生命周期。
- **场景化应用**：开发主题乐园、手游等，放大IP商业价值。

**国内业务**

- **渠道增长稳定**：线上渠道以抽盒机为支柱，抖音平台增长显著；线下零售店和机器人商店数量稳步增长，收入主要靠开店驱动。
- **市场渗透**：国内零售店天花板预计为434家，总体渗透率为7%。

图 5-4-3　**Kimi** 搜索页面截图（二）

- **市场渗透**：国内零售店天花板预计为434家，总体渗透率为7%。

**海外业务**

- **出海战略**：自2018年拓展海外市场，采用从B端到C端策略，全球布局加速。
- **渠道建设**：线上渠道包括Shopee、亚马逊、官网等，收入均衡；线下零售店和机器人商店加速扩张，泰国、美国市场增长迅速。
- **本地化与盈利能力**：海外市场高定价、高收入，盈利能力优于中国大陆，毛利率较高。

**财务表现与预测**

- **营收增长**：预计2024-2026年营业收入分别为127亿、170亿、204亿元，年增长率分别为101%、34%、20%。
- **净利润增长**：预计2024-2026年经调整净利润分别为29.35亿、39.14亿、47.83亿元，年增长率分别为147%、33%、22%。

**估值与投资建议**

- **绝对估值**：运用FCFF估值法，得出合理股价为85.10港元。
- **相对估值**：采用PEG估值法，认为公司应给予估值溢价。
- **投资建议**：首次覆盖，给予"买入"评级。

**风险提示**

宏观经济压力、新品拓展不及预期、新市场推广不及预期、新业务亏损或回收期长的风险。

复制　重试　分享

图 5-4-4　Kimi 搜索页面截图（三）

Kimi 最强大的功能在于，它可以一次性阅读多个文件内容，这时我们就可以上传多篇研报，让其提炼总结，给出回答，辅助投资决策。

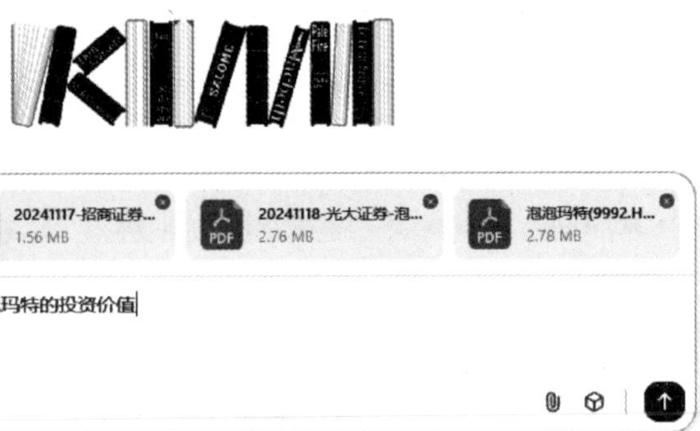


图 5-4-5　Kimi 搜索页面截图（四）

以下是对泡泡玛特投资价值的分析：

**行业前景**

- **市场规模增长迅速**：全球潮玩市场在2023年已达到约571亿美元，预计2028年将增至696亿美元，展现出稳定增长的趋势。而中国潮玩市场更是处于高速发展阶段，2023年市场规模已突破600亿元，预计2027年有望达到1,289亿元，为泡泡玛特等潮玩企业提供广阔的市场空间。
- **消费需求转变驱动**：随着人们生活水平的提高，对精神文化消费的需求日益增加，潮玩作为一种能够满足人们悦己、社交、收藏等多重需求的消费品类，逐渐受到大众青睐。尤其是Z世代消费群体的崛起，他们对个性化、独特性和情感价值的追求，更为潮玩市场的发展提供了有力支撑。

**公司竞争力**

- **IP运营优势**：泡泡玛特构建了成熟的潮玩IP商业化运营体系，拥有丰富的IP矩阵，如Molly、Dimoo、Skullpanda、Labubu等，这些IP形象具有较高的知名度和粉丝基础，能够持续吸引消费者的关注和购买。公司通过与艺术家合作、自主孵化等多种方式不断丰富和拓展IP资源，并通过多样化的产品形式和营销活动，延长IP的生命周期，挖掘其商业价值。
- **全产业链布局**：公司覆盖了IP孵化、产品设计、生产制造、渠道销售等全产业链环节，形成了完整的商业闭环。这种全产业链模式使得泡泡玛特能够更好地控制产品质量、成本和供应稳定性，同时也有助于实现IP价值的最大化，提高公司的综合竞争力。
- **品牌影响力强**：作为国内潮玩行业的领军品牌，泡泡玛特在国内市场具有较高的品牌知名度和美誉度，其品牌形象深入人心，能够吸引大量消费者购买。随着公司不断拓展海外市场，其品牌影响力也在全球范围内逐渐扩大，为未来的海外市场拓展奠定了基础。

**经营业绩**

- **营收增长态势良好**：2023年，泡泡玛特实[illegible]业收入63.01亿人民币，同比增长36%，经调整净利润达11.91亿人民币，同比增长61.1%。202[illegible]上半年，公司营收同比增长62.0%，其中中国内地市场得益于线下体验性消费需求、门店陈列优化及搪胶毛绒等热门品类驱动，同增31.5%；境外市场在店数同比翻1.2倍及平均店效高增的双重驱动下，实现259.6%的增长，业绩表现十分亮眼。
- **盈利能力较强**：泡泡玛特的毛利率保持在较高水平，2024年上半年毛利率为64%，同比增长3.7个百分点。公司通过优化产品结构、提升供应链效率、加强成本控制等措施，不断提升盈利能力。同时，随着公司规模的不断扩大和市场份额的提高，其规模效应也将逐渐显现，进一步提升公司的盈利能力。

**市场拓展潜力**

- **国内市场下沉空间大**：目前，泡泡玛特在国内的门店主要集中在一二线城市，但其在三线及以下城市的渗透率相对较低。随着公司继续拓展三线及以下城市市场，预计将为公司带来新的增长机遇。
- **海外市场增长迅速**：泡泡玛特的境外业务在近年来取得了显著增长，已成为公司业绩的重要驱动力。公司通过在境外市场开设直营门店、扩大线上渠道等方式，不断提升品牌在海外的知名度和市场份额。凭借其优质的产品和独特的商业模式，泡泡玛特有望在海外市场继续实现快速增长。

**风险因素**

- **宏观经济波动风险**：潮玩作为一种非必需消费品，其消费需求在一定程度上受到宏观经济环境的影响。如果宏观经济形势不佳，消费者可能会减少对潮玩的支出，从而对泡泡玛特的业绩产生不利影响。
- **行业竞争加剧风险**：随着潮玩市场的不断发展，越来越多的企业进入该领域，市场竞争日益激烈。如果泡泡玛特不能持续保持其在IP运营、产品创新、品牌推广等方面的优势，可能会面临市场份额被蚕食的风险。
- **IP生命周期风险**：潮玩IP的生命周期有限，如果公司不能及时推出具有吸引力的新IP或对现有IP进行有效创新和升级，可能会导致消费者关[illegible]降，进而影响公司的产品销售和业绩表现。

**图 5-4-6　Kimi 搜索页面截图（五）**

秘塔 AI 侧重于搜索，而 Kimi 更侧重于对给定资料的分析，二者各有所长，投资者可以根据个人需要来灵活使用。

Value

第 6 章

# 如何发现好公司：去有鱼的地方钓鱼

Investing

## 6.1 好行业 = 更高的成功概率

有价值的企业，才能用“两低一高”方法。企业价值一旦消失，那么估值也会不断下降，从而导致方法失效。那么我们到底去哪里找好企业呢？答案是从行业入手。

**虽然任何平庸的行业都有可能诞生伟大的公司，但不同的行业天生就有高下差别。**比如我自己曾经作为建筑师，在世界500强房地产公司任职多年，对房地产开发这个行业了解颇深，这就是一个典型的商业模式较差的行业。

房地产企业想要持续发展，就需要不断把每年赚回来的利润，再次投入到购买土地、项目开工建设周转等用途之中，陷入赚钱——买地——开工的往复循环，最终为股东留下的现金利润占比极低。

如果不是过去几十年借了中国房价飞速上涨的东风，房地产行业本身的赚钱能力其实是较差的，因此房企往往通过加杠杆的形式，向银行大额借贷，拉长供应商与施工方的账款期限，提高资金使用效率，因此高资产负债率对房企而言不可避免，**这也意味着较高的偿债压力与较大的债务风险。**

从运营的视角来看，**房地产项目开发周期漫长，**从项目前期调研、决策开发、拿地设计、施工建设到销售回款，最短也要两三年的时间，在完成销售流程以前，相当于公司需要持续性投入成本，且项目随时可能因风险而停滞，那么前期高额投入也就打了水漂，经营风险极大，这也是为什么房企都在追求高周转的原因，既是提高资金使用效率，也是为了缩短项目开发流程从而规避风险。

而在历史的长河中，**好的行业会层出不穷地诞生大牛股，比如消费和医药这两个行业**。它们为什么可以穿越时代？因为这两个行业满足了人类的基本需求，衣食住行和治病。不管什么样的年代，人总是要吃喝的，生了病总是要治疗的。不会因为时代变了，需求就没有了。所以，在这样的行业里挖到大牛股的概率就要比差行业里高很多。

**表 6-1-1　上市超过 20 年、年化收益率超过 15% 的 A 股统计　数据取自 2025 年 6 月 24 日**

| 名称 | 申万二级行业 | 上市至今年化收益率 | 上市时间 | 市值（亿元） |
| --- | --- | --- | --- | --- |
| 贵州茅台 | 白酒Ⅱ | 23.19% | 2001/8/27 | 18054.07 |
| 国电南瑞 | 电网设备 | 21.09% | 2003/10/16 | 1816.86 |
| 片仔癀 | 中药Ⅱ | 21.06% | 2003/6/16 | 1209.41 |
| 恒瑞医药 | 化学制药 | 21.02% | 2000/10/18 | 3461.30 |
| 紫光国微 | 半导体 | 20.63% | 2005/6/6 | 537.39 |
| 山东黄金 | 贵金属 | 20.55% | 2003/8/28 | 1400.18 |
| 泸州老窖 | 白酒Ⅱ | 20.39% | 1994/5/9 | 1681.41 |
| 恒生电子 | 软件开发 | 20.15% | 2003/12/16 | 569.23 |
| 思源电气 | 电网设备 | 20.00% | 2004/8/5 | 575.34 |
| 伊利股份 | 饮料乳品 | 19.93% | 1996/3/12 | 1761.44 |
| 三花智控 | 家电零部件Ⅱ | 19.66% | 2005/6/7 | 1065.72 |
| 万华化学 | 化学制品 | 19.01% | 2001/1/5 | 1671.60 |
| 格力电器 | 白色家电 | 18.98% | 1996/11/18 | 2515.03 |
| 新和成 | 化学制品 | 18.17% | 2004/6/25 | 660.79 |

续表

| 名称 | 申万二级行业 | 上市至今年化收益率 | 上市时间 | 市值（亿元） |
|---|---|---|---|---|
| 苏泊尔 | 小家电 | 17.51% | 2004/8/17 | 417.99 |
| 云南白药 | 中药Ⅱ | 17.14% | 1993/12/15 | 988.48 |
| 华域汽车 | 汽车零部件 | 16.83% | 1996/8/26 | 572.53 |
| 小商品城 | 一般零售 | 16.77% | 2002/5/9 | 1135.11 |
| 山西汾酒 | 白酒Ⅱ | 16.57% | 1994/1/6 | 2188.49 |
| 福耀玻璃 | 汽车零部件 | 16.45% | 1993/6/10 | 1499.82 |
| 华兰生物 | 生物制品 | 15.69% | 2004/6/25 | 286.94 |
| 北方稀土 | 小金属 | 15.43% | 1997/9/24 | 880.27 |
| 中信证券 | 证券Ⅱ | 15.33% | 2003/1/6 | 3988.21 |
| 航天电器 | 军工电子Ⅱ | 15.26% | 2004/7/26 | 218.84 |
| 生益科技 | 元件 | 15.13% | 1998/10/28 | 701.60 |
| 平安银行 | 股份制银行Ⅱ | 15.07% | 1991/4/3 | 2315.13 |
| 通威股份 | 光伏设备 | 15.02% | 2004/3/2 | 696.91 |
| 五粮液 | 白酒Ⅱ | 15.01% | 1998/4/27 | 4648.23 |

上表是我统计的上市时间超过 20 年、年化收益率超过 15% 的 A 股上市公司名单与行业情况，一共有 28 家企业，分布在各行各业。其中食品饮料行业诞生了贵州茅台、五粮液、山西汾酒、泸州老窖与伊利股份 5 家公司；医药生物行业则有恒瑞医药、片仔癀、云南白药和华兰生物 4 家企业，它们也是入选公司最多的两个行业。

要知道截至 2025 年，食品饮料与医药生物行业均已连续下跌 4 年之久，跌幅极大，是过去 4 年表现最差的两大板块，**在这种情况下依然诞生了最多的长期牛股，可见消费与医药板块的行业优势**。

那什么样的行业是好行业呢？我在这里给出三大标准。

应该投资哪个行业？

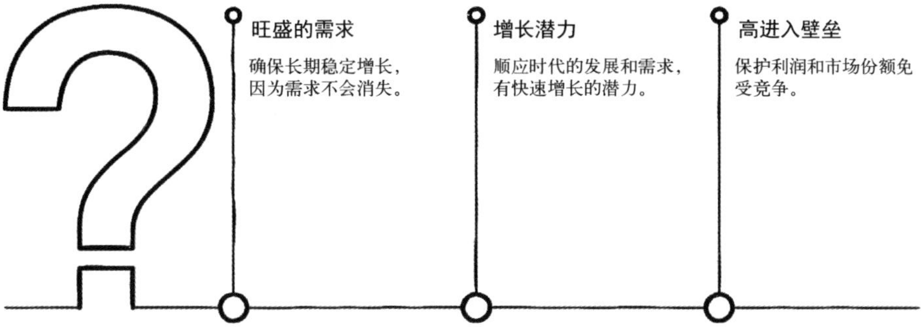


### 1. 市场始终有旺盛需求

比如之前提到过的衣食住行、生老病死，这种需求不会随着时代的发展而消失，那么相关的企业，也就更有机会长久地经营下去。比如大消费中的食品饮料、烟草、家电、医药医疗等。

### 2. 行业有巨大增长潜力

好行业会顺应时代的发展和需求，天花板更高，增长速度也会快于经济的整体增速。比如电子计算机、人工智能、工业制造、新能源行业等，都属于这一类别。所以，要在时代的背景中去定义好行业。

### 3. 行业进入壁垒高

好的行业经常有比较高的进入壁垒，比如技术壁垒、品牌壁垒、规模经济壁垒等，这会让企业能够获得比较稳定的利润和市场份额，并且不容易被新技术颠覆。新的进入者难以快速进入并占据市场份额，行业的龙头企业也拥有较强的定价权。

其实在 A 股中，保险、金融、免税等需要准入牌照的行业，都属于这一类。同时，像目前的互联网行业，也已经形成了几家独大的竞争格局，我们很难想象中国能够再出现几家跟腾讯和字节跳动规模体量相当的互联网企业了。

当然，没有一个行业可以把几个优势都占全，三个条件满足一个，就已经是很好的行业了。我们挑选行业的时候，尽量在时代的大背景下，选择生命周期处于成长期与成熟期的行业，这样挑选到好企业的概率也会更大一些。

## 6.2 买股票就是买公司

为什么很多人买了股票，跌了想割肉，涨了拿不住？这是因为我们投资股票的时候本应该先挑选，再研究，最后买入。**而大部分散户朋友的投资顺序正好是反过来的：先买吧，激情下单，套住了再研究，不行就割肉换一家。**

长此以往，不停地在错误的路径中恶性循环，大概率的结局就是认亏出局，成为“七亏两平一赚”中的七亏。

所以，**投资者应该把80%的精力放在挑选投资标的和研究上，而20%的精力用来进行买入或卖出**。重要的是挑选出那些值得投资的好公司。

这些公司即使遭遇短暂的市场波动，依旧可以被投资者发现其闪光之处，走出十年十倍的辉煌业绩，而一家劣质公司，则会把一时不慎的投资者套牢十几年。

为什么我个人更喜欢选择和研究那些行业中的龙头公司呢？不妨看看下面这张图。

它展示了美国60年来，60个行业的投资回报率（ROIC）。横轴包含了60个行业，其中每条竖线代表一个行业的投资回报率区间，中间的圆点代表该行业投资回报率的中位数。

圆点有高有低，圆点之间的差距展现了不同行业之间的盈利水平的差别，而每一条竖线的长短代表各个行业内部不同公司之间的盈利差异。

**可以看到，由于行业不同而造成的盈利水平差异，要远远小于同一个行业内不同公司之间的盈利差异。**

也就是说，在同一个行业中，**头部企业的盈利能力可能是平均值的几倍，是中后部企业的几十倍。**

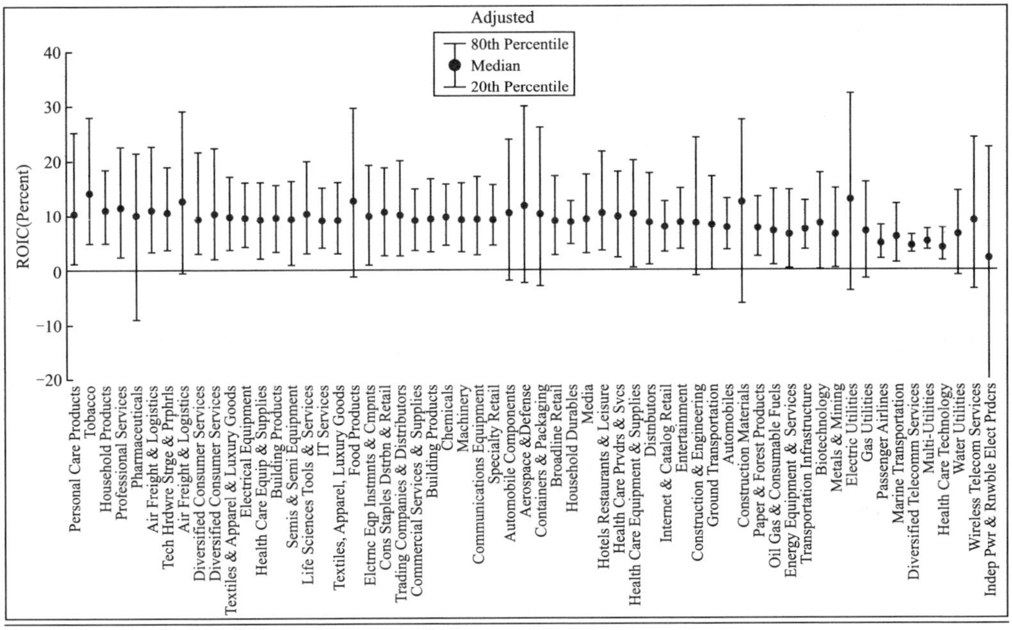


*Source: Counterpoint Global, Compustat, and FactSet.*
*Note: Minimum of 10 million of sales in 2023 U.S.dollars.*

**图 6-2-1　美国 60 年 60 个行业的调整后投资回报率（1963 年—2023 年）**
**来源：Counterpoint Global，Compustat，and FactSat.**

以 A 股市场 2024 年三季度的财报数据来看，根据财信证券的统计，**净利润前 300 强公司仅占上市公司总数的 5.6%，却贡献了高达 86.76% 的净利润，**说明 A 股市场盈利的高度集中化，利润分布的两极化趋势非常明显。一方面，顶端企业凭借资源与技术优势获得了丰厚的利润；另一方面，中小企业则在生存中挣扎，面对更大的市场压力。

我公众号后台经常有私信提问：“能否分析一下‘xx 股票’？”其中很多都是名字我从未听过、市值也很小的股票。

虽然有的时候炒这样的股票也能赚钱，但从我们前文的分析可知，这种企业的基本面往往是不如行业龙头的，就算我买了，拿在手里也不会很安心。

我们用自己的钱买了公司的股票，也就拥有了一部分公司的股权。那么你想拥有优质公司的股权，还是劣质公司的股权呢？

## 6.3 好公司的特点有哪些？

彼得·林奇曾说："我宁愿购买连裤袜公司的股票，也不愿意购买通信卫星公司的股票；宁愿购买连锁汽车旅馆公司的股票，也不愿意购买光纤公司的股票。公司业务越简单我就越喜欢。"

本节我不想罗列数据和指标，用ROE、毛利率等数字去衡量企业。**一是因为有关数据和指标的内容前文已经说了很多；二是因为我想跟大家分享一些在生活中发现好公司的方法。**

好公司往往就在你家附近，你的生活圈附近。要知道，一家公司能够把自己的产品触达千家万户，触达每一个普通人，本身就代表着它已经在激烈的商业厮杀中脱颖而出，拥有了不凡的实力。

我们的饭桌上，可以找到海天味业、贵州茅台、伊利股份的产品；

我们的家里可以找到美的集团、格力电器的产品；

我们的电梯里，可以找到分众传媒的广告；

我们的手机里，可以找到腾讯、中国移动、美团、京东、淘宝等；

我们的车库里，可以找到比亚迪、小米等品牌。

**所以好公司的第一个特点，就是不需要你主动去找它，它会主动来找你，**在不知不觉中，它已经融入了你的生活。

其次，在哪里能找到好公司呢？**我建议大家可以在自己工作的领域中找一找。**工作领域是自己最熟悉的领域，而且并不需要你从事高精尖科技行业才能找到好公司，比如最近爆火的人形机器人……

前文写过的伟明环保，是我的第一只翻倍股，就是因为家里有人从事环保行业，我才关注到了它。

当一家公司的盈利水平很高，资产负债表稳健，但它从事的业务枯燥乏味，让人提不起兴致，没有机构关注和研究它，那对我们普通人来说，长期的低价反而是很好的买入机会。

**所以，好公司的第二个特点就是，在平凡的领域，长期默默地稳健经营。**或许它没什么名气，但反而容易成为“普通投资者友好型”公司。

**还有一种公司，我称之为“海枯石烂”型公司。**顾名思义，就是直到海枯石烂都会存在和经营的公司。我不知道人形机器人明年又能开发出什么新技术，哪家公司能脱颖而出，哪家公司会倒闭，也不知道今年出了 DeepSeek，明年又会出现哪家优化更好的 AI 大模型。

但我知道长江电力的三峡大坝 100 年之后还会在发电，我也知道中国神华的煤炭 50 年之后开采出来照样能燃烧，我知道只要北京、上海还在，那么京沪铁路就在，我还知道只要人类社会还在，那么金融、保险行业也都会长久地存在下去。

新概念、新科技当然好，但是能安安稳稳地赚 100 年的钱，更好。**所以，在海枯石烂的行业里，也能够挑到很多好公司。**

Value

第 7 章

# 投资心理战：比技术更重要的事

Investing

## 7.1 耐心，是最稀缺的能力

巴菲特曾说："投资人总想要买进太多的股票，却不愿意耐心等待一家真正值得投资的好企业。每天抢进、抢出不是聪明的方法……近乎怠惰地按兵不动，正是我一贯的投资风格。"

**所谓耐心，不是简单地在 1 年中等待仅有的一次出手机会，而是说，要在 365 天中剩余的 364 天坚持关注却忍耐不出手。**

许多人总想要今天买完股票，明天、下周或者最晚下个月，就要涨起来，至少先涨个 10%，否则就觉得这只股票买错了。但不好意思，告诉大家一个事实，股市的平均年化涨幅，一年也就只有 7%～9%。

也就是说，如果你买了一只股票，在未来一年时间内，能够涨 10%，那么你就跑赢了股市长期收益率的平均水平。这说明什么？说明总是希望很快见到投资盈利，这本身就不切实际。

我们再来看一下，如果持有一只股票，在一个月内获取 10% 的收益，这个收益水平有多高，你们测算过吗？答案是，这相当于年化 213.84% 的恐怖成绩。哪怕你只投入 1 万元本金，每个月稳定赚回 10%，那么 10 年后，这笔钱将会变成 9.27 亿元，20 年后，更是会变成惊人的 859497 亿元！

大家觉得可能吗？还是现实生活中碰见哪位散户真能做到？

记得在 2021 年初的时候，我关注到一家 A 股的企业叫潍柴动力，并在 2 月 10 日对它的基本面以及财报进行了简要分析，文章发布在我的公众号上。

**潍柴动力：柴油发动机龙头就没有想象力了吗？**

原创　小瓶起子　**价值投资学习者miki**　2021年02月10日 12:30

**miki | 前言**

在此将对潍柴动力（000338）的分析分享，只用作自己投资成长的记录和学习交流，不构成任何投资建议。

本文分析柴油机龙头，潍柴动力。

**图 7-1-1　公众号文章截图**

表 7-1-1　公众号文章截图

| 潍柴动力 | 2019 | 2020 | 2021 | 2022 | 2023 | 2024 |
|---|---|---|---|---|---|---|
| 合理市盈率 | 12 | 12 | 12 | 12 | 12 | 12 |
| 净利润（亿） | 91.05 | 98.33 | 103.25 | 108.41 | 113.83 | 119.53 |
| 净利润增长率 | 8% | 5% | 5% | 5% | 5% | 5% |
| 合理市值（亿） | 1092.60 | 1180.01 | 1239.01 | 1300.96 | 1366.01 | 1434.31 |
| 总股本（亿） | 79.34 | | | | | |
| 合理股价<br>（当年合理市值 / 总股本） | 13.77 | 14.87 | 15.62 | 16.40 | 17.22 | 18.08 |
| 好价格<br>（3 年后市值的一半 / 总股本） | | | | 8.20 | | |

当时经过分析，我认为潍柴动力的合理市盈率为 12 倍，2020 年的合理价格为 14.87 元，而好价格是 8.20 元，也就是作为一个价值投资者，值得入手的价格。**文章的最后，我放上了这张估值表。**

彼时潍柴动力的股价高达 23.62 元，正处于强劲主升浪之中，如果没有耐心等待公司股价回调，就匆匆买入，那么到下一个交易日，2 月 18 日（因为间隔了春节假期），潍柴动力股价就触及了历史最高点 24.51 元，之后开始掉头一路下跌。

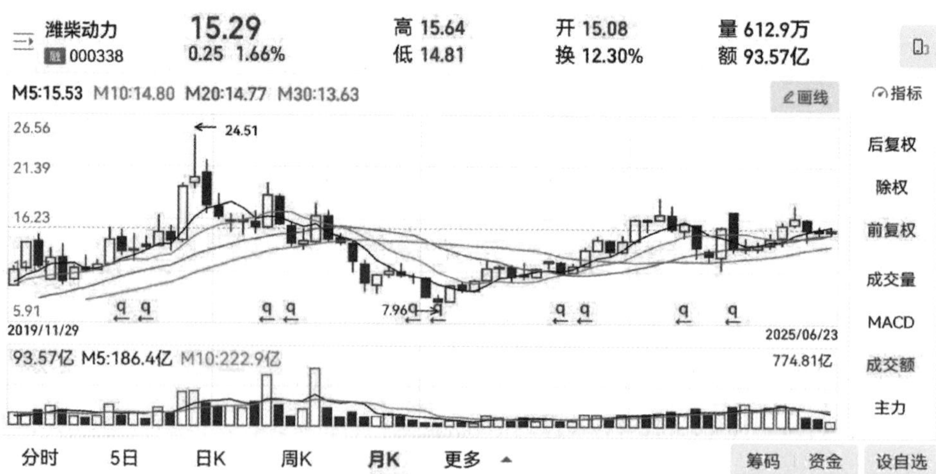


图 7-1-2　潍柴动力 2019 年 11 月—2025 年 6 月前复权股价走势图　底图来源：同花顺 APP

**这波下跌一直持续了 21 个月，**直到 2022 年 11 月，跌到了当年分析的好价格区间，大概是 8 块钱左右，潍柴动力才开始止跌回升。而这个时候，才是我们真正值得买入的区间，**距离得出分析结论已经整整两年。**

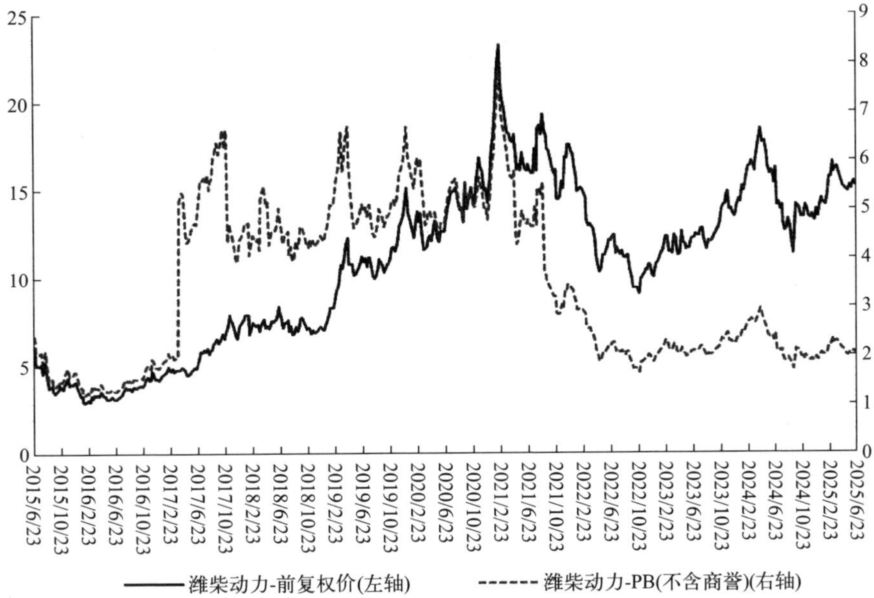


**图 7-1-3　潍柴动力前复权价与不含商誉市净率走势图**

我自己是在 2022 年 10 月与 11 月分两次定投买入潍柴动力，现在回头来看，也算精准抄到了公司的股价底部，而当时潍柴动力的 PB 估值也回到了历史底部区间。这既是认知的体现，也是我坚持耐心等待换来的回报。

**等待看上去是最容易做到的事情，因为它只需要你几乎什么都不用做，等着就可以了。但它又是最难做到的事情。股市中有太多诱惑，能够在疯狂的上涨行情中保持定力，坚持自身对价值的判断不动摇，其实是非常困难的。**

美国股市于 1970 年至 1972 年连续上涨了三年，许多投资者在赚钱效应的驱使下纷纷杀入股市，然而股神巴菲特却不为所动，耐心等待。果然，自 1973 年开始，美股大幅回调，当年下跌 14.8%。这时又有一部分投资者急匆匆地进入市场抄底，但巴菲特依然耐心等待。直到 1974 年，美股又继续大跌 26.4% 后，巴菲特开始大规模抄底，并于 1975 年赚回 21.9%，1976 年赚回 59.3%。

有人说 5 年时间很长，但巴菲特的买卖周期往往在 10 年以上，正是耐心等待买入时机，买入后耐心持有，才成就了股神的投资神话。

**股市投资不是一场百米赛跑，而是一项贯穿人生的马拉松。**买卖操作很容易，在交易软件中动动手指即可；难的是什么都不做，保持耐心。我希望大家可以慢慢地用理性去决策，不要被情绪左右，股市这棵大树的成长，需要耐心之水的浇灌。

## 7.2 如何战胜贪婪与恐惧?

我在前面的章节里写道，对于投资个股或者 ETF 指数基金，我习惯在历史估值百分位低于 1% 时买入，**有读者在交流中说，这么低的估值，太难达到了。**

我在公众号“思索的瓶起子”里，每周日都会更新观察个股的估值跟踪情况。在 2024 年 1 月 7 日、8 月 18 日、9 月 15 日写的文章中，都如实记录了当时跟踪个股的估值百分位情况，当时 PE 或者 PB 历史分位值低于 1% 的股票，那真是太多了。只有长期跟踪估值，熟悉个股情况，当好机会出现时，才不会错过。

所以问题又来了，为什么散户找不到这样的机会呢？在我看来，大多数散户在上面那三个日期，根本不关心股市，觉得这个市场完了，觉得在 A 股不可能赚钱，觉得这里都是骗子。

**当真正的市场底部与投资机会出现时，你都不在场，当然就买不到估值分位数在 1% 以下的股票。**天天看我的文章，每天学习投资知识，坚持一两年，没准你也可以的！

人是感性动物，其行为往往受到情绪支配。我长期跟踪估值变化，主要是为了对抗人性，对抗自身的恐惧与贪婪。可能很多人都没发现，真正操控你的投资的，往往是自己的情绪。

**在我看来，投资情绪分为 3 种：理智、贪婪与恐惧。而主导投资行为的，主要是后两种。**按照不同投资阶段，由不同情绪主导来划分，又可以进一步拆分为：不够恐惧、过于恐惧、不够贪婪、过于贪婪。

不够恐惧，往往出现在熊市下跌的初期，这时股民并未意识到熊市的来临，希望趁着股价回撤时抄底，殊不知这是接了刀子，抄底抄在了半山腰，如下图所示。

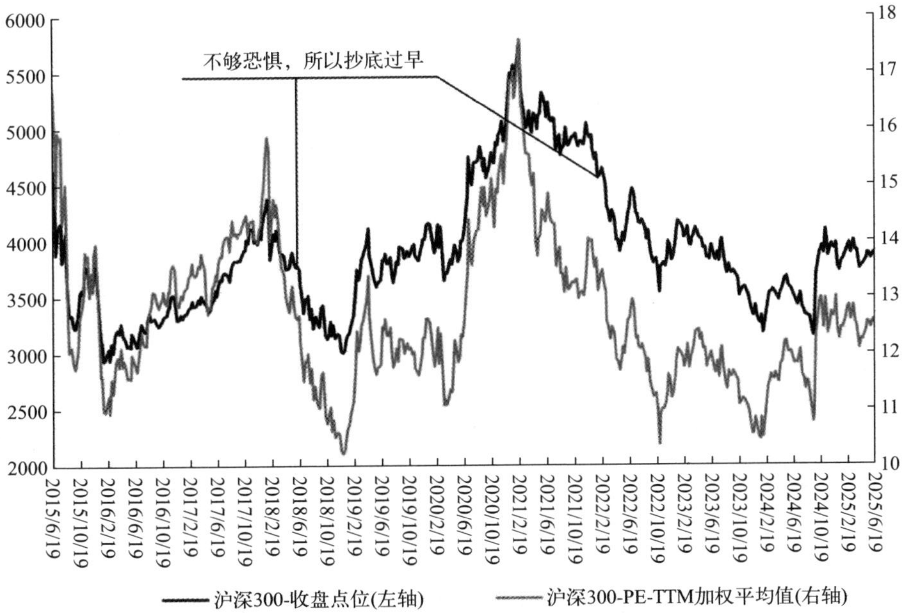


**图 7-2-1　沪深 300 指数收盘点位与加权滚动市盈率走势图（一）**

过于恐惧，一般出现在市场的绝对底部，叠加某些大利空的出现，这时悲观情绪蔓延，股市不讲理式大跌，好像这个市场就要完了，所以散户股民出于恐惧心理，反而不敢加仓抄底，如下图所示。

不够贪婪，往往出现在牛市初期，此前的深度被套和多次假突破，早已让这些投资者如惊弓之鸟。因此，刚刚解套或者赚了一点小钱，就选择卖出，等过了一段时间，才发现自己卖飞了。

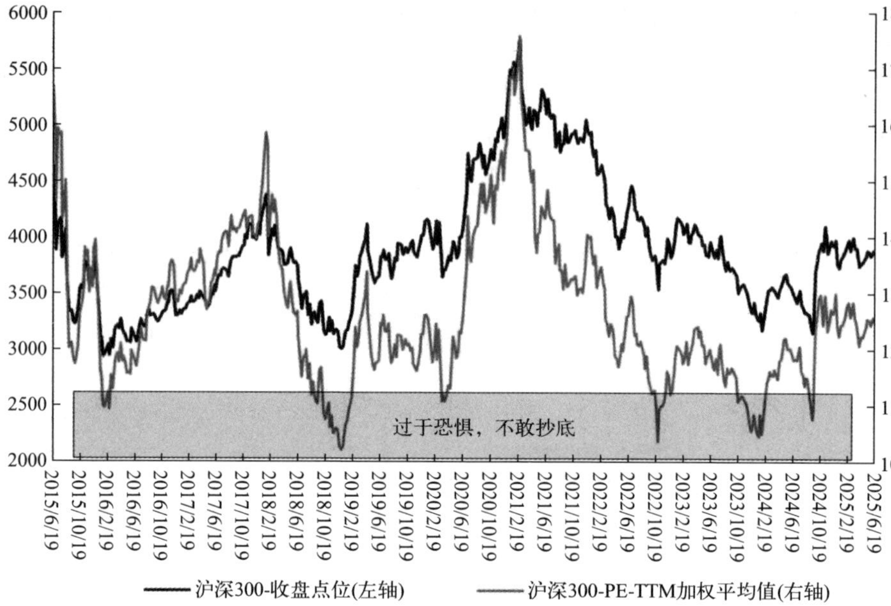


图 7-2-2　沪深 300 指数收盘点位与加权滚动市盈率走势图（二）

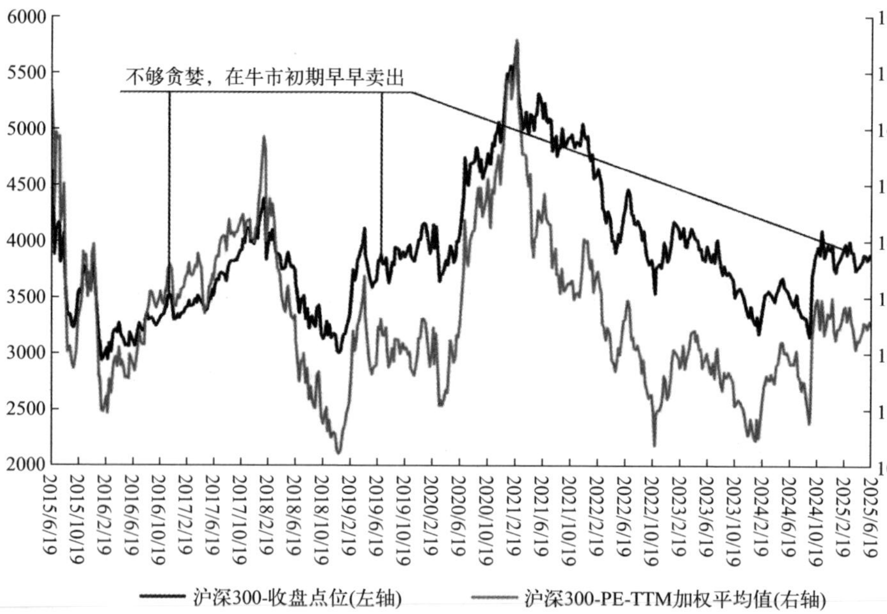


图 7-2-3　沪深 300 指数收盘点位与加权滚动市盈率走势图（三）

过于贪婪，一般出现在牛市顶部或者个股被爆炒的顶点，投资者因为过于贪婪而没有及时卖出，轻则坐了一波过山车，重则直接被套牢，如下图所示。

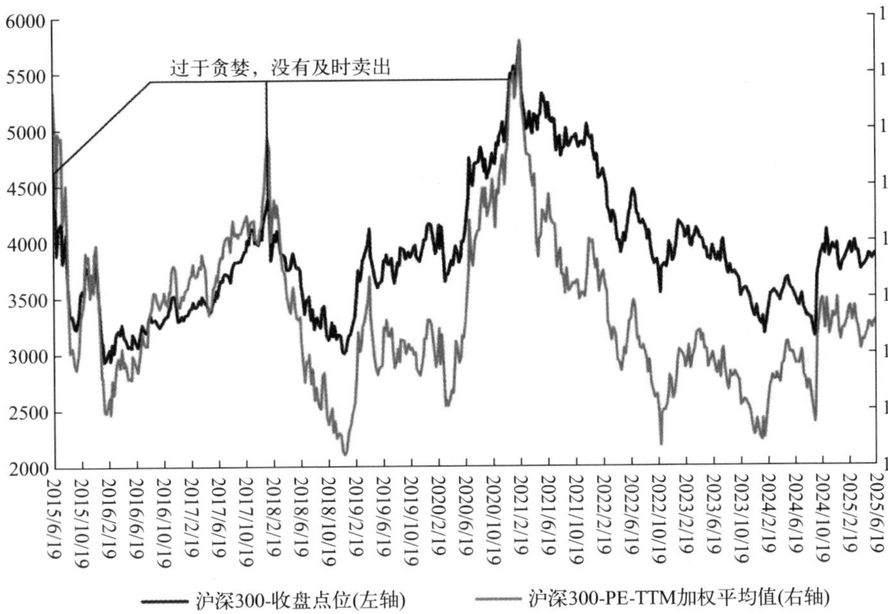


**图 7-2-4　沪深 300 指数收盘点位与加权滚动市盈率走势图（四）**

其实如果从估值的视角来看，不够恐惧以及不够贪婪，二者买入估值其实相差不多，都是在估值处于中等的位置。人们过于恐惧时，反而是绝佳的买点；过于贪婪时却是最好的卖点。

从以上的例子也能看出，投资风险源于贪婪，贪婪是一种非常强大的力量，大到足以让人丧失理智，忘记过去种种记忆深刻的痛苦教训，加入逐利的人群，最终付出代价。而恐惧则代表着过度保守，属于极端的、非理性的风险规避情绪，在过度忧虑的情绪控制下，阻碍我们采取正确投资决策。

正如查理·芒格所说的那样："自欺欺人往往是最容易的，因为人们总是倾向于相信自己所希望的。"

**所以我一直强调，要用估值来衡量买卖标准，代替个人主观判断，因为个人**

**思想一定会在不知不觉间受到情绪的干扰，而估值是冷冰冰的死物，永远不会因人的意志而转移。**“两低一高”投资方法为什么有效，股市投资为什么这么难，其实都是情绪惹的祸。

## 7.3 不做“思考的逃兵”

时常听到朋友跟我吐槽，说A股太烂了，又被套在里面了。我挺纳闷的，就比如2024年9月底启动的行情，上证指数由2700点涨到了3300点，600点的空间，20%多的涨幅，不说赚多少，怎么也不至于亏钱吧？

结果朋友和我说，9月底的时候根本没有仓位，“十一”放假回来才急忙冲进去，然后就挂旗杆了。当时行情火爆，抖音股神大行其道，每天听消息、追热点，半导体、小市值、重组概念都追了一遍，结果越陷越深……

听完这套操作，我惊讶不已，股市盈利，难道如此轻松？

这个世界是非常公平的，虽说不是付出总有回报，但我能100%地确定，不付出大概率是没有回报。**如果你想通过投资稳定赚取收益，却不花费时间精力研究公司、行业与市场，指望着动动手指就能在股市获取巨额回报，这种期望本身，就构成了投资中最危险的幻觉。**

美团的创始人王兴说过，多数人为了逃避真正的思考，愿意做任何事情。为什么？因为思考很多时候带来的并不是快乐，而是痛苦。就像下面这幅漫画，多数人都会选择平坦宽阔的道路前行，麻木、被动地前行，会因为路边出现的各种事物分心，就如同梦游一般；只有极少数人会选择攀爬崎岖不平的山路，虽然通向山顶的路途云雾缭绕，然而这类人内心坚定，思路清晰，知道山顶一定有不同的风景在等待着他们。

当你开始真正地思考，就会突然发现，自己积累的知识不够用，自己的逻辑不成体系，自己的决策框架是那样的模糊，以致内心深处完全不敢信任自己做出的任何决策。

这个时候怎么办？只能选择去市面上看消息或者随波逐流、追涨杀跌，在乌合之众的裹挟下，为自己寻求一丝安全感。长此以往，人们丧失了思考的能力，只能陷入亏损的怪圈，成为“金融消费者”“韭菜”……

很多事情是需要付出时间、精力去思考的。

就像投资，这是为自己的钱负责的事情。**你的投资依据，必须是经过自己的深入思考的。**我们当然可以凭着感觉买卖，是赚是亏也不深究，就图一乐。可最后如果没有稳定的盈利体系，亏的钱不会再回来，终究是一场空。

就像我们要考大学，不可能从高考前一天开始准备，要从高一，甚至初一开始，制订学习计划并按部就班执行，最后才能考出好成绩。

就像我们自己的养老规划，不可能从退休前一天开始才去看账户里有多少钱，这些钱能不能够支持我们过上一个舒适的老年生活，是否能在我们生了重病，甚至瘫痪在床的时候，提供一大笔资金来治病或者渡过难关。

大家都管哥伦布叫“冒险家”，因为他坐着船驶进大海，开往那不知能否到达的彼岸。**然而对哥伦布本人来说，这是他经过深入地研究和思考，坚信“地球是**

**圆的”之后，才做出的理性决策，而最终他也获得了可观的商业回报。**

投资也一样。逃避了思考的痛苦，就要承受随机的后果。如果你不满意，可以赖别人，赖证监会，但是最终承担后果的，还是自己的钱财。

## 7.4 别“爱上”你买的股票

如果有两样东西摆在你面前：1. 一个马克杯；2. 一袋糖果。这两样东西都值 20 块钱，你选哪个？相信大多数人都会随便选一个或者无所谓选哪个。

但是，假设把这两样东西随机分配到一些人手中，再去问他们是否愿意与其他人交换，却得到了意料之外的结果。

加拿大西蒙弗雷泽大学的经济学家杰克・奈奇教授就做了上述实验。实验数据表明，在分到马克杯的人中，只有 11% 的人选择去换糖果；而在分到糖果的人中，只有 10% 的人愿意去换马克杯。**显然，大多数人都认为自己手里的东西比别人的更好，所以不愿意去交换。**

这种情况，**经济学家们将其描述为“禀赋效应”。它是指当个人一旦拥有某项物品，那么他对该物品价值的评价要比未拥有时大大提高。**

在投资中很容易有这种情况发生。一般来说，在买入一只股票前，我们对这只股票的看法都会是很理性的。你知道这只股票的优点在哪里，缺点在哪里，也知道买入之后股价有可能会涨，也有可能会跌。

但是，一旦买入这只股票，随着时间的推移，很多人就会不知不觉地喜欢上这只股票了。**因为它已经成为你“拥有的东西”，更不用说是通过我们认真分析，耗费了时间和精力研究才买入的一个“宝贝”。这时，我们在“人性”机制的作用下，就很容易高估股票的价值。**

如果这只股票涨了，我们内心就会出现决策的积极反馈与正向循环，觉得自己的决策非常明智，果然赚钱了；但是当这只股票出现下跌的时候，我们往往也会找各种理由不去止损，告诉自己股票未来一定会涨回来，结果却被深深套牢。

其实，**股票本身是没有任何感情的，它不会因为你买了它而感谢你，从而好好表现，也不会因为你卖掉它就伤心欲绝。**同时，市场也是没有感情的，你在市场里赚了钱，它不会为你庆祝；而你亏了钱，它也只会冷眼旁观。

**我经常说：“我们要做一个‘没有感情’的投资机器。”**

记得在 2021 年左右，我曾经在伟明环保这只股票上赚了约 100% 的收益。当年因为在雪球网站详细记录了买入以及卖出的思考逻辑，吸引了很多读者关注和跟随。

当我于 2021 年底卖出伟明环保之后，就很少再关注这只股票了，反而是读者们还会经常在评论区和后台询问有关伟明环保的信息和动态。我能明白，这只股票帮大家赚到过钱，所以很多人对它产生了“感情”，忍不住持续地关注这只股票，幻想着它还能像当初一样，持续地为自己提供赚钱的机会。

**但是在 A 股中，一般来说大涨过的股票，短时间内就不会再大涨了，它也需要时间来消化之前透支业绩产生的涨幅，甚至需要消化因股价暴跌而出现的大量**

**套牢盘**。我们要做的就是静静等待下一次估值合适的时机出手，而不是时刻关注着K线的变化，每当有一点反弹，就在想它是不是又要启动了。从而浪费了自己的时间和精力，去关注一只短时间内可能已经没有盈利机会的股票。

所以作为一名投资者，我们在持股的时候要客观冷静，不以物喜，不以己悲，该买就买，该卖就卖。在卖掉股票之后，无论它再怎么吸引你、诱惑你，短时间内都不要再理它。

在投资市场中，只有盈利是第一位的，其他的感情都要靠边站。当你修炼成一个没有感情的投资机器后，你就会发现自己再也不会被股票的涨跌耍得团团转啦。

# 结语 | 长期主义者，终会与好运相遇

我的老家在东北四线城市，用现在流行的话说，我就是一个“小镇青年”。在人生的前二十几年，除了学习，似乎也没有更多擅长的事情。

和千千万万“小镇做题家”一样，通过自己的学习和奋斗，我来到上海成为一名房地产行业的职业经理人，每天加班加点，被沉重的工作包围，过着“牛马”的生活。那个时候偶尔会想，等赚够钱了，就有时间陪家人、陪爱人，有时间自己做好吃的、追剧、出去旅游、陪伴孩子长大。

但是，钱似乎没有赚够的那一天，孩子不知不觉就长大了，自己不知不觉就变老了，而在旅行 App 里看好的行程，也难有成行的那一天。

在 2012 年—2020 年，我经历了房地产行业的辉煌与波澜壮阔，也见证了它由盛转衰的全过程。我会感谢这个行业，它不仅让我赚到了人生第一桶金，而且因为身处地产行业，能够第一时间接触到大量前沿信息，这让我当机立断，在房价还没有迅猛上涨的时候，买了自己的第一套房子。还因为这是一个离钱很近的行业，它培养了我对商业逻辑的初步认识和投资嗅觉，埋下了一颗关乎投资哲学的种子。

当一个行业开始下行的时候，它就会变得越来越内卷。这一点，我相信不光是房地产行业，身处光伏、新能源汽车、医药等行业的朋友们，大概都会很有共鸣。

所以当年，虽然已经是一级注册建筑师，我又一次“当机立断”，离开了房地产行业，选择投资作为自己接下来的人生方向。

我很难准确定义自己的状态，到底是职业股民，还是灵活就业，还是 FIRE（财务独立，提早退休）？我现在已经不需要上班，依靠投资收入就可以维持生活，因为奉行长期投资的价值理念，平时不需要盯盘，操作也不频繁，所以业余时间会研究一些 A 股以及港股、美股的公司，并把自己的研究和学习内容写到公

众号“思索的瓶起子”中。

剩下的时间，可以多多陪伴家人和孩子，同时也在做一些自己喜欢的、想做的其他工作，比如运营设计方向的自媒体，又比如申请了香港身份，成为一个港险代理人……

现在我发现，人生并不需要把自己禁锢在某个特定的框架里。朝九晚五上班也好，在家自由投资也罢，都是很好的路，只要健康快乐地度过每一天，都是成功的人生。

我很感谢投资这件事，它彻底改变了我的生活、人生和认知世界的方式。

全职股民虽然在中国的语境之下，跟无业游民差不多，论社会地位那可能是不好意思开口提的。但这个选择，却让我意外拥有了梦想中的生活，那就是不需要上班通勤，不需要应付领导，时间都是自己的，而自己拥有全部的支配自由。这何尝不是一种藏于平凡日子里的魅力呢。